法学与法治建设研究文丛

孟庆瑜 主编

RESEARCH ON JURISPRUDENCE AND RULE OF LAW

17

河北大学一流大学建设项目经费资助

河北省高等学校人文社会科学重点研究基地
——河北大学国家治理法治化研究中心资助

2020~2021年度河北省高等教育教学改革研究与实践项目（课程思政类）“立德树人与创新卓越法治人才培养”（2020GJJG512）研究成果

河北省教育厅教育规划项目“创新卓越法治人才培养问题研究”（GH181005）研究成果

# 立德树人与创新卓越法治人才培养

The Relation Between Civic Virtue Cultivation and Innovation Outstanding Legal Talents

陈玉忠 著

法律出版社 LAW PRESS·CHINA

——北京——

图书在版编目(CIP)数据

立德树人与创新卓越法治人才培养 / 陈玉忠著. --
北京 : 法律出版社, 2020(2022.6 重印)
(法学与法治建设研究文丛 / 孟庆瑜主编)
ISBN 978-7-5197-4451-9

Ⅰ. ①立… Ⅱ. ①陈… Ⅲ. ①法律-人才培养-研究
-中国 Ⅳ. ①D926.174

中国版本图书馆 CIP 数据核字(2020)第 272753 号

立德树人与创新卓越法治人才培养
LIDE SHUREN YU CHUANGXIN ZHUOYUE FAZHI RENCAI PEIYANG

陈玉忠 著

策划编辑 陈 妮
责任编辑 陈 妮 王美懿 黄 筝
装帧设计 马 帅

出版发行 法律出版社
编辑统筹 法治与经济出版分社
责任校对 王晓萍
责任印制 吕亚莉
经 销 新华书店

开本 710 毫米×1000 毫米 1/16
印张 14.25 字数 253 千
版本 2020 年 12 月第 1 版
印次 2022 年 6 月第 2 次印刷
印刷 北京虎彩文化传播有限公司

地址:北京市丰台区莲花池西里 7 号(100073)
网址:www.lawpress.com.cn
投稿邮箱:info@lawpress.com.cn
举报盗版邮箱:jbwq@lawpress.com.cn

销售电话:010-83938349
客服电话:010-83938350
咨询电话:010-63939796

书号:ISBN 978-7-5197-4451-9
定价:86.00 元
凡购买本社图书,如有印装错误,我社负责退换。电话:010-83938349

# 总　　序

“完善和发展中国特色社会主义制度，推进国家治理体系和治理能力现代化”是党的十八届三中全会确立的全面深化改革的总目标。在实现这一总目标的过程中，法治发挥着至关重要的作用。《中共中央关于全面推进依法治国若干重大问题的决定》进一步深刻指出，“依法治国，是坚持和发展中国特色社会主义的本质要求和重要保障，是实现国家治理体系和治理能力现代化的必然要求”。因此，如何将国家治理的现代化目标与全面推进依法治国的战略布局相结合，实现国家治理的法治化，不仅是党和政府需要全面推进的重大改革任务，而且是广大社会公众，特别是广大法律、法学工作者必须积极参与的重大系统工程。正是在这样一个特定的时代背景下，河北大学国家治理法治化研究中心适时成立和运行，并成功获批为河北省高等学校人文社会科学重点研究基地。

河北大学国家治理法治化研究中心是依托河北大学人大制度与地方立法研究中心、河北省人民政府法治研究中心等学术机构，整合法学、政治学、经济学、社会学等多方面的科研力量创建的，与河北省人大常委会法制工作委员会、河北省人民政府法制办公室、河北省人民检察院和河北省高级人民法院等国家机关和法律实务部门之间已建立交流与合作长效机制。中心拥有一支政治素质高、业务能力强、富有团队协作和创新精神的专兼职相结合的学术队伍，主要围绕人大制度与地方立法、政府法治与政府执行力、社会治理与法治创新、京津冀协同发展与地方法治等方向开展科学研究、人才培养和社会服务等工作。迄今为止，中心在课题研究方面，承担国家社会科学基金项目近10项，其中，中心负责人孟庆瑜教授主持承担的国家社会科学基金重点项目“京津冀区域生态环境协同治理政策法律问题研究”实现了河北省在该领域的突破；在决策咨询与服务方面，接受省人大法制工作委员会、省政府法制办公室、省人民检察院等部门委托，承担委托起草、专家论证、立法后评估、检察公信力测评等工作40余项；在学术交流方面，承办或协办第三届海峡两岸能源经济与能源法学术交流会、第六届中国农村法治论坛、第九届中国财税法前沿高端论坛、中国经济法学研究会2015年年会等多次全国性学术会议。

“法学与法治建设研究文丛”是河北大学国家治理法治化研究中心创设的，由法律出版社负责出版的研究成果转化平台，着力对法学研究和法治建设方面的原创性或实用性成果予以资助出版，以期能为推进国家治理体系和治理能力现代化这一总目标的实现提供必要的理论支撑和决策参考。

河北大学国家治理法治化研究中心
“法学与法治建设研究文丛”编辑委员会
2015年12月

# 目录

# 第一章　立德树人基本问题探讨

## 第一节　立德树人的基本内涵、内在要求和地位

### 一、立德树人的基本内涵

在中国传统语汇中，“立德”与“树人”并未并称，而是独立存在，各有其意。“立德”语出《左传·襄公二十四年》：“大上有立德，其次有立功，其次有立言，虽久不废，此之谓不朽。”“树人”语出《管子·权修》：“一年之计，莫如树谷；十年之计，莫如树木；终身之计，莫如树人。”“立德”与“树人”并提，直至合而为一，始于当代的教育实践。2007 年 8 月 31 日，胡锦涛同志在全国优秀教师代表座谈会明确提出：“要坚持育人为本、德育为先，把立德树人作为教育的根本任务。”至此，“立德树人”开始成为教育领域一个重要的理论命题。党的十八大报告提出要“把立德树人作为教育的根本任务，培养德智体美全面发展的社会主义建设者和接班人”。这是立德树人首次作为教育的根本任务得以正式确立。在党的十九大报告中，习近平总书记指出：“要全面贯彻党的教育方针，落实立德树人根本任务，发展素质教育，推进教育公平，培养德智体美全面发展的社会主义建设者和接班人。”再一次强调了立德树人的重要性。2016 年 12 月 7 日，在全国高校思想政治工作会议上，习近平总书记立足高校“培养什么样的人、如何培养人以及为谁培养人这个根本问题”，对立德树人的重要性作了进一步的强调和阐述，指出“我国高等教育肩负着培养德智体美全面发展的社会主义事业建设者和接班人的重大任务，必须坚持正确政治方向。高校立身之本在于立德树人。只有培养出一流人才的高校，才能够成为世界一流大学。办好我国高校，办出世界一流大学，必须牢牢抓住全面提高人才培养能力这个核心点，并以此来带动高

校其他工作"[1]。可以说,把"立德树人"作为教育的根本任务,充分体现了党和人民对教育的殷切期望,集中反映了中国特色社会主义教育理论与时俱进的创新。[2]

在国外教育史上,许多杰出的教育家、思想家都强调,教育首先要重视学生德性的培养。柏拉图认为教师"如果不指出什么是正确,什么是不正确;什么是值得赞扬的,什么是羞耻的;什么是神圣的,什么是渎神的;什么是应该做的,什么是不应该做的,他就无话可说,无事可做"[3]。捷克教育学家夸美纽斯认为,教育的目的是要培养人的博学、德行和虔信的品质,从而使人顺利完成从"今生"到"永生"的过渡。洛克认为,教师的责任在于使学生形成良好习惯,怀抱德性和智慧,在学生向善的时候,给他力量、活力和勉励。"学问是应该有的,但是它应该居于第二位,只能作辅助更重要的品质之用。"[4]美国当代教育家马修·桑格也认为,"教育的最基本目标是培养有道德的人,即以有人性、自我反思、负责任的方式为人处世的人"[5]。他将教育的最基本目标与德性培养画等号,意味着德性是教育中最底线要求也是最高要求。理想信念、道德情操是形而上的精神层面上的东西,如果把知识比作血和肉,那么能力就是筋和骨,理想信念、道德情操就是灵和魂。一个健全的人固然需要血肉丰满,强筋健骨,但更需要高贵的灵魂。雅斯贝尔斯在《什么是教育》中有一句充满诗意的话:"教育的本质是一棵树摇动另一棵树,一朵云推动另一朵云,一个灵魂唤醒另一个灵魂。"因此,教育是塑造人的灵魂的伟大事业,是"心灵与心灵的沟通,灵魂与灵魂的交融,人格与人格的对话"。

目前学界关于"立德树人"的研究,大多是从国际、国家、学校和个人等层面对"立德树人"作为教育根本任务的时代背景、现实意义等进行深入阐述,指出"立德树人"是我国教育在新形势下抓住机遇应对挑战的战略要求,是确保

---

[1] 习近平:《把思想政治工作贯穿教育教学全过程》,载新华网,http://www.xinhuanet.com/politics/2016-12/08/c_1120082577.htm。

[2] 张力:《纵论立德树人——教育的根本任务》,载《人民教育》2013年第1期。

[3] [苏联]B.H.契尔那葛卓娃等:《教师道德》,严缘华、盛宗范译,华东师范大学出版社1982年版,第3页。

[4] 张焕庭:《西方资产阶级教育论著选》,人民教育出版社1964年版,第82页。

[5] [美]马修·桑格、理查德·奥斯古索普:《师德教育培训手册》,刘玉琼译,中国青年出版社2015年版,第11页。

党和人民事业后继有人的战略要求；强调“立德树人”教育理念的提出，有助于推动德育工作的科学化和现代化。[1] 立德树人的基本内涵，大致可以分为立德与树人两个层次，“立德”为确立品德、树立德业，“树人”为培植成长、培养成才。[2] 高校的立德树人问题，尤其是立德，既是一个教育问题，也是一个意识形态问题。因此，从教育研究的视角研究立德树人，要特别注意它的意识形态色彩，坚持正确的研究导向，以有效展现中国特色社会主义的道路自信、理论自信、制度自信和文化自信。[3] 立德，就是培养确立崇高的思想品德；树人，就是培养高素质的人才。“立德”强调的是道德养成；“树人”强调的是能力培养。“立德”是“树人”的前提，“树人”是“立德”的目标，“立德树人”体现了“立德”和“树人”的唯物辩证关系。一方面，“立德”是“树人”的前提，“树人”是“立德”的归宿，“立德”最终是为了“树人”；另一方面，“树人”是“立德”的途径，“立德”是“树人”的追求，“树人”是为了更好地“立德”。可见，无论立什么德，最终的旨归依然是要落脚于“树人”，因为任何道德价值和观念，都不会单纯因为得到确立和宣扬而自动地根植于人们的内心，进而内化为德性品质和行为规范。

“立什么德”“树什么人”的问题，实质是涉及“立德树人”的内容和价值取向问题。“立德树人”的关键是“立德”。“德”是中国社会伦理的核心概念之一，也是中华民族文化的核心概念之一。[4] 在中国古代高度重视“德”，始终遵循“德者本也”“德，国家之基也”的原则。《尚书·尧典》中称赞帝尧“克明俊德，以亲九族”。周王朝就是一个尚“德”王朝，其统治者总结夏、商王朝没落的原因就是“惟不敬厥德，乃早坠厥命”。他们认识到“皇天无亲，惟德是辅”，要“疾敬德”，提出了“敬天、明德、慎罚、保民”的治国理念，其中“明德”之义在统治者的修身正心，在教化人民。因此，“德”是西周“礼乐文明”中的核心，其外化为“礼”，即在心为“德”，发之于心而表现出来的行动为“礼”。孔子推崇以

---

〔1〕 参见《深入学习贯彻党的十八大精神　把立德树人作为教育的根本任务——访党的十八大代表、教育部党组书记、部长袁贵仁》，载《思想理论教育导刊》2013 年第 1 期。

〔2〕 参见张力：《纵论立德树人——教育的根本任务》，载《人民教育》2013 年第 1 期。

〔3〕 参见杨兴林：《关于高校立德树人问题的思考》，载《重庆高教研究》2018 年第 1 期。

〔4〕 参见付晓玲、徐东辉：《论“立德树人”思想内涵的传承及其哲学意义》，载《黑龙江工业学院学报(综合版)》2017 年第 4 期。

“德”为核心的西周之礼，他开创的儒家学说强调道德是礼制的基础，道德的教化是治国理政的基础；要把外在的、强制的礼制规范建立在人们的道德自觉基础之上。个人之“德”的内涵最早见于《尚书·虞书·皋陶谟》中记载皋陶与大禹的对话，说有九德，“宽而栗，柔而立，愿而恭，乱而敬，扰而毅，直而温，简而廉，刚而塞，强而义”，意思是一个有德行的人应具有宽容博大又缜密坚实、温和纤柔又自强自立、诚实自持又谦虚恭敬、才能出众又恭敬谨慎、驯顺可亲又果断刚毅、正直无私又温和近人、粗犷豪放又收敛约束、刚正不阿又充实不虚、暴烈奋发又一心向善的九个方面的品格。[1] 庄子曾言：“通于天地者，德也。”[2]管子亦言：“德者，道之舍，物得以生生，知得以职道之精。故德者得也。得也者，其谓所得以然也。”[3]这些对“德”的论述都具有哲学本体论的意义，在本体论层面，“德”指万物的本性或生成状态，并且具有获得、占有的含义。先秦以后，“德”的含义扩展为“内得于己，外得于人”的人伦关系，许慎在《说文解字》中将“德”解释为：“德者，得也，从直从心，外得于人，内得于己。”“内得于己”强调个人修养，遵守做人规范，当个体的行为出于良好的个人修养时，其主体的行为源于自我道德需求，而不是对自身以外的荣誉或形象的关注。“外得于人”强调处理好自身与他人的关系。[4] 有“德”还要“立德”，中国古代的先人们认为，确立德行十分重要，是最大的功业，倡导“德厚者流光，德薄者流卑”。孔子曾说：“君子进德修业。”左丘明也指出：“大上有立德，其次有立功，其次有立言。虽久不废，此之谓不朽。”[5]

“立德树人”是一个历史概念。也就是说，“立什么德”“树什么人”的内涵是随着时代变迁而不断发生改变的，具有一定的历史性与阶级性。比如，在原始社会就以能维护氏族整体利益为“德”，这样的人也就能得到整个社会的认可与尊重。我国西周初期“德”所对应的“人”仅限于统治者，“德”主要指的也是“为政之德”。进入春秋战国时期，“德—人”关系的内涵与外延进一步拓展，

---

〔1〕 参见中共安徽省委宣传部、安徽省社会科学院编著：《经典天天读》（第2辑），黄山书社2011年版，第28页。

〔2〕《庄子·天地》。

〔3〕《管子·心术上》。

〔4〕 参见俞世伟、白燕：《规范·德性·德行——动态伦理道德体系的实践性研究》，商务印书馆2009年版，第86页。

〔5〕《左传·襄公·襄公二十四年》。

“德”不仅包括“为政之德”，也纳入了个人如何处理日常人际关系以及自处的“修身之德”。春秋时期，“立德”开始具有了教育的内涵，教育教化成为“德”之养成的重要途径。出现了“成德之教”的道德教化思想，强调“德”的养成除了需要个人自身的主观努力，也需要进行专门教育培养，创设相应环境和氛围。孔子把道德教化的政治功用提升到“德治”的高度，强调“道之以政，齐之以刑，民免而无耻；道之以德，齐之以礼，有耻且格”。其中，“道之以德”就是强调要用德来教化和引导百姓。他认为相较政令与刑罚，德礼教化是一种更高明的国家治理方式，不仅可以规范人的行为，而且更能“化人心”，形成一种无形的政治向心力，使“政”达至理想状态：“近者说，远者来。”〔1〕就当下而言，“富强、民主、文明、和谐；自由、平等、公正、法治；爱国、敬业、诚信、友善”等德目，则成为人们当前所要极力倡导的“德”，而具有“自主性、能动性以及创造性”品质的人，也是当代主体所要努力追求的“成人”目标。〔2〕从理论上看，作为新时期我国教育改革发展根本任务的立德树人，是以德治国、以人为本、办人民满意的教育等国家战略的具体落实，是过程性思维和人本化立场的集中体现，将“立德”和“树人”看作两个同步进行、不竭进取的过程。就“立德”本身而言，有小德也有大德、有私德也有公德，而就中国特色社会主义高校所立之“德”而言，包括两个方面：时代性道德知识和超越性道德信仰。其中，时代性道德知识是我们平时所说的“四德”，即社会公德、职业道德、家庭美德和个人品德；而超越性道德信仰则主要指大德和公德，即共产主义理想和信念之德。在明确了立何种“德”的问题之后，还需要明确“树何种人”的问题。教育的根本是培养人，培养何种人却因时而定、因势而为。习近平总书记多次强调，立德树人是教育的根本任务，教育的根本目标是培养造就中国特色社会主义事业合格建设者和接班人。这实际上是将教育根本任务、教育培养目标和教育的政治性紧密结合起来，揭示了教育的本质，阐明了我国教育的社会主义性质和立德树人的质的规定性，从而进一步丰富和发展了中国特色社会主义教育理论。教育的本质属性就是根据一定社会需要进行的培养人的活动，或

〔1〕 参见高地：《立德树人：文化基因、世界经验与中国道路》，载《东北师大学报（哲学社会科学版）》2018 年第 1 期。

〔2〕 参见卞桂平、焦晶：《浅议立德树人：内涵、实质及要求》，载《南昌工程学院学报》2014 年第 2 期。

者说是培养人的过程。从教育者的角度来看,教育就是向下一代传递文化,培养社会发展所需要的建设者和接班人。从我国当下来看,为了实现立德树人的根本任务,学校教育应当遵循思想政治工作规律、教书育人规律和学生成长规律,深度融合思政课程与课程思政,引导学生明确"四个正确认识",增强"四个意识",坚定"四个自信"。构建全员、全过程、全方位、全天候"四全"教育大格局,把理想信念教育和社会主义核心价值观教育融入教育教学全过程各环节,全面落实到质量标准、课堂教学、实践活动和文化育人中;深入开展道德教育和社会责任教育,引导学生养成良好的道德品质和行为习惯,培养堪当民族复兴大任的时代新人。可见,立德之关键不仅在于认知掌握德目,更在于养成道德判断的自主性品质和能力;树人之关键不在于市场导向、批量化生产千人一面的精致利己主义者,而在于培养自由、自主、全面发展的人。[1] 立德树人命题特意突出立德的地位,立德本身不是目的,而是为了牢牢把握树人的正确方向,实现更好地树人,更好地为中国特色社会主义培养合格的建设者和接班人。

## 二、立德树人的现实意义

高校践行"立德树人"的根本任务就是要坚持育人为本,尊重学生、服务学生、塑造学生。坚持正能量的输送,坚持师表垂范的影响,坚持学生的个性发展与全面发展相统一,将思想培树、知识传授、能力培养、立业励志教育结合起来,培养学生做社会主义核心价值观的坚定信仰者、积极传播者、模范践行者,专业知识和能力的出色修为者,把高校办成治理有方、管理到位、风清气正的大学生成长、成才的摇篮,为新时代中国特色社会主义事业培养合格接班人。

### (一)立德树人是对党的教育方针的重大发展

新中国成立后直至党的十六大,在党的教育方针的表述中,始终强调受教育者德智体美全面发展。毛泽东同志在 1957 年指出:"我们的教育方针,应该使受教育者在德育、智育、体育几方面都得到发展,成为有社会主义觉悟的有文化的劳动者。"1978 年,邓小平同志在全国教育工作会议上指出:"把毛泽东

---

〔1〕 参见韩丽颖:《立德树人:生成逻辑·精神实质·实践进路》,载《东北师大学报(哲学社会科学版)》2016 年第 6 期。

同志提出的培养德、智、体全面发展,有社会主义觉悟的有文化的劳动者的方针贯彻到底,贯彻到整个社会的各个方面。”2002 年,党的十六大报告提出:“坚持教育为社会主义现代化建设服务,为人民服务,与生产劳动和社会实践相结合,培养德智体美全面发展的社会主义建设者和接班人。”党的十七大报告提出,“坚持育人为本、德育为先,实施素质教育,提高教育现代化水平,培养德智体美全面发展的社会主义建设者和接班人,办好人民满意的教育”,首次提出了“育人为本、德育为先”。党的十八大报告则进一步强调把立德树人作为教育的根本任务,培养造就中国特色社会主义事业的建设者和接班人。党的教育方针从一贯强调“全面发展”到党的十七大、十八大报告在坚持全面发展的同时,突出强调“德育为先”“立德树人”,并将“立德树人”的定位置于“全面发展”之上,这是以习近平同志为核心的党中央继承、丰富和发展党的教育方针的集中体现,是对党的全面发展的教育方针的重大发展,是党的教育理论创新的最新成果。教育的本质是培养人,这是古今中外的共同认识。党的十八大把立德树人作为教育的根本任务,无疑是对教育如何培养人这一本质的新认识。[1]

### (二)立德树人是对人才成长规律的深刻把握

立德是人类的共识。中外教育思想发展史表明,“立德”不仅是个体人生的最高境界,也是国家赖以存在延续的根本和兴旺发达的依托。教育是一种社会活动,它区别于其他社会事物的本质属性,是人的培养。人是活生生的生命体,有思想、有情感、有个性、有自己的精神世界。人是一个整体,德、智、体、美不可分割,而德是方向、是人生发展的关键。大学生既要成才,又要成人,成人是成才的前提。人才培养是决定大学之为大学的最基本的功能或者根本功能,但是人才培养绝非仅仅是智力的开发、才能的发现和培养,也是人格、心理的形塑和陶冶,高尚道德情操的养成和升华,是立德与立智的有机统一,并且德在其中居于价值引领和导向的重要地位。没有崇高理想和良好品质,知识再多,身体素质再好,美感和美育技能再强,也不可能成为优秀人才。在人才培养中,如果学生的智慧潜能没有得到很好的激发,实践、创新能力没有得到

---

〔1〕 参见张志勇:《立德树人是教育的根本任务——深入学习习近平总书记教育思想(三)》,载《中国教育报》2017 年 8 月 9 日,第 1 版。

很好的培养,学生就可能成为“次品”;但如果德育没抓好,或不认真抓,优良的道德情操、心理品质未能养成,辨别是非的能力和自觉性没有得到应有的培养,学生极可能成为“危险品”。[1] 正如陶行知所言,因为道德是做人的根本,根本一坏,纵使你有一些学问和本领,也无甚用处。[2] 可见,立德树人的提出,具有强烈的现实针对性,抓住了我国人才培养问题的实质和核心,是对教育本性的匡正和回归,是一个“正本清源的重要命题”,是对人才成长规律的深刻把握。

### (三)立德树人是人民满意教育的根本要求

教育是国之大计、党之大计。党的十八大以来,以习近平同志为核心的党中央全面加强党对教育工作的领导,坚持立德树人,加强学校思想政治工作,推进教育改革,加快补齐教育“短板”,教育事业中国特色更加鲜明,教育现代化加速推进,教育方面人民群众获得感明显增强,我国教育的国际影响力加快提升,14 亿多中国人民的思想道德素质和科学文化素质全面提升。

办好人民满意的教育,必须系统回答和解决“培养什么人、怎样培养人、为谁培养人”这一根本问题。我国是中国共产党领导的社会主义国家,这就决定了我们的教育必须把培养社会主义建设者和接班人作为根本任务,培养一代又一代拥护中国共产党领导和我国社会主义制度、立志为中国特色社会主义奋斗终身的有用人才。教师是立教之本、兴教之源,必须把教师队伍建设作为基础工作,建设一支宏大的高素质专业化教师队伍。改革是教育事业发展的根本动力,必须更加注重教育改革的系统性、整体性、协同性,以改革激活力、增动力。加强党对教育工作的全面领导,是办好教育的根本保证,必须牢牢掌握党对教育工作的领导权,坚持党对教育事业的全面领导。

教育是培养人的事业,在高等教育中,就业通常成为最急迫的任务,成为判断大学品质最关键的指标。如果就业成为我们整个高等教育的根本目标,成为教育的重要追求,就严重偏离了党的教育方针,违背了教育的根本任务。立德树人,是教育的最高目标。培养什么样的人,体现了一个国家的教育价值观。教育是培养人的事业,是通过培养人,让人类不断走向崇高、生活得更加

---

[1] 参见杨兴林:《关于高校立德树人问题的思考》,载《重庆高教研究》2018 年第 1 期。

[2] 邹良伟:《以家庭德育教育为先导有效开展德育教育》,载《辽宁教育》2012 年第 6 期。

美好的事业。因此,教育最重要的任务,是塑造美好的人性,培养美好的人格,使学生拥有美好的人生。

## 三、立德树人的内在要求

随着时代的发展,社会整体所认同的道德价值会出现一定的调整和相应的更新。在当前的特定时代和社会情境中,立德树人的提出,同样包含着丰富而具体的社会与时代要求。在21世纪的今天,更加需要把人才的价值观培养放在高等教育重中之重的位置,改变那种重"器"轻"道"的理念,把价值观念的培养贯彻到人才培养的全方位、全过程之中,这样才能培养出对国家、对社会、对人民的有用之才。[1] 党的十八大以来,习近平总书记围绕青年人成长发展发表了系列重要论述,他指出,思想政治工作从根本上说是做人的工作,必须围绕学生、关照学生、服务学生,不断提高学生思想水平、政治觉悟、道德品质、文化素养,让学生成为德才兼备、全面发展的人才。[2]

### (一)立德树人必须以社会主义核心价值观为引领

"立何德"是立德树人的根本问题。对这一问题的不同回应,是一个国家或民族在某一时代整体精神面貌和价值取向的特色所在。今天,我们面临的是一个价值多元、诱惑较多的变革时代,因此比以往任何时候都要求高等教育将价值观念的塑造放在核心位置,这是当今高等教育改革创新的首要任务。要通过系统的教育教学完成价值认同、价值传承、价值传导。通过人文教育、通识教育、经典阅读等形式,引导学生正确认识个人与社会、与国家、与人类之间的辩证关系,促使学生将个人的价值和理想与社会的整体发展目标结合起来,在追求个人目标、实现个人价值的基础上推动社会的点滴进步。党的十八大以来,我国高度重视培育和践行社会主义核心价值观。党的十九大报告中明确指出,"社会主义核心价值观是当代中国精神的集中体现,凝结着全体人民共同的价值追求"。社会主义核心价值观兼顾国家、社会、个人三个不同层面的价值倡导和价值追求,社会主义核心价值观是具有社会主义本质特征的

---

〔1〕 参见靳诺:《立德树人:高等教育的根本任务和时代使命》,载《中国高等教育》2017年第18期。

〔2〕 参见习近平:《把思想政治工作贯穿教育教学全过程》,载新华网,http://www.xinhuanet.com/politics/2016-12-08/c_1120082577.htm。

价值观和行为准则。社会主义核心价值观是社会主义核心价值体系的集中提炼和概括,代表全体社会成员的价值诉求、价值理念、价值取向和价值原则。一方面,社会主义核心价值观内含绵延五千多年的中华优秀传统文化,在党领导人民进行革命、建设、改革伟大实践中形成牢固的革命文化和社会主义先进文化,孕育着立德树人的文化根基;另一方面,社会主义核心价值观整合了国家、社会和个人之"德",集中回答了应该建设什么样的国家以及培养什么样的公民等问题,凸显了立德树人的价值追求。当前,我国对外开放深入推进,经济社会发展处于攻坚期和深水区,文化之间的交流、交锋必然会越来越频繁,其必然会对高校学生的思想认知、价值判断带来相应影响。在多样化的社会思想文化现象并存的时代背景下,传统与现代、国内与国外、积极与消极、吸收与排斥等形式的冲突,成为其主要表现特征。用一种主流价值观引导大学生的价值追求,是高校立德树人教育目标提出的根本使命。当代大学生群体要肩负起时代赋予的重任,就必须在纷繁复杂的文化思潮中,认清形势、把握大局、坚定正确的政治方向、坚守正确的政治立场,善于运用马克思主义理论的观点和方法,分析问题、明辨是非,以社会主义核心价值观作为思想和行动的指南。唯有如此,大学生才能保持清醒的政治头脑,才能成为中国特色社会主义建设的合格人才。为此,高校在社会主义核心价值观教育中应当把握好以下三点:一是强化教育引导。着力建构以社会主义核心价值观为引领的一体化德育体系。要突出主线,把理想信念教育、时代精神教育、道德法治教育、文化传统教育等核心内容贯穿始终。二是强化实践养成。"立德"是人的道德认知、道德情感与道德行为统合发展的过程。解决道德发展中出现的不协调、不充分问题,如智情分离、知行不一等,需要引导学生走进社会生活的"大课堂",在丰富多彩的实践锻炼中辨别是非,坚定信念,养成良习。三是强化制度保障。制度内在地蕴含着鲜明的价值导向,且直接影响人们对社会主义核心价值观的认知、认同与践行。要把社会主义核心价值观的理念和要求融入制度建设之中,形成软硬结合、刚柔并济的培育环境和氛围。[1]

---

〔1〕 参见高地:《立德树人:文化基因、世界经验与中国道路》,载《东北师大学报(哲学社会科学版)》2018年第1期。

### (二)必须加强受教育者的理想信念教育

理想信念是人们的人生观、世界观和价值观的集中反映,是人们对于自身及国家和民族未来发展所持有的坚定不移的态度。科学而崇高的理想信念,无论是对社会发展还是对个人成长都至关重要。理想信念教育的最终目标,就是塑造人才和培养人才。因此,高校在担当立德树人根本任务时,必须首先坚持德性人格训练、价值理性塑造、人文精神培育、非智力素质提升等原则,解决好"人之为人""培养什么人"等根本性问题,并最终使受教育者能够自觉锤炼德性品质、正确进行行为选择、勇于承担社会责任等。[1] 著名哲学家、柏林大学的第一任民选校长费希特说过:"教育首先是培养人,不是首先着眼于实用性,不是首先去传授知识与技术,而是要去唤醒学生的力量,培养他们自我学习的主动性、归纳力、理解力,以便他们在无法预料的未来局势中做出有意义的自我选择。"[2]

党的十八大以来,以习近平同志为核心的党中央对理想信念教育给予了自新时期以来前所未有的重视。党的十八大政治报告在阐述党的思想理论建设时开宗明义地强调,党员要"坚定理想信念,坚守共产党人精神追求"。"对马克思主义的信仰,对社会主义和共产主义的信念,是共产党人的政治灵魂,是共产党人经受住任何考验的精神支柱。"习近平总书记不但对党员、党员干部提出了坚持理想信念的要求,而且对在青年学生中进行理想信念教育给予了高度关注。一方面,他在同各界优秀青年代表座谈时的讲话勉励道,"把理想信念建立在对科学理论的理性认同上,建立在对历史规律的正确认识上,建立在对基本国情的准确把握上,不断增强道路自信、理论自信、制度自信和文化自信,增强对坚持党的领导的信念,永远紧跟党高高举起中国特色社会主义伟大旗帜"[3]。另一方面,他强调"做好老师"的首要条件是"要有理想信念","让有理想的人讲理想、有信仰的人讲信仰"。[4] 没有崇高理想和良好品质,知识再多,身体素质再好,美感和美育技能再强,也不可能成为优秀人才。因此,高校必须拥有崇高的社会责任感,牢固树立德育为先意识,把德育工作放在教

---

[1] 参见龚成:《高校立德树人的价值内涵与实践策略》,载《煤炭高等教育》2014 年第 6 期。
[2] 蒋太岩:《中美高校学分制下的人才培养》,辽宁大学出版社 2006 年版,第 229 页。
[3] 杨德山:《大学生理想信念教育如何"入脑入心"》,载《人民论坛》2016 年第 21 期。
[4] 同上。

育教学的优先地位,自觉地将高等教育发展方向与我国现实目标和未来方向紧密联系起来,为改革开放和社会主义现代化事业培养德智体美全面发展的"精品",避免出现有才无德的"危险品"。[1] 理想信念教育是大学生德育的重要组成部分,也是提高大学生思想道德修养和基本素质的主要内容之一。应当看到,虽然当代高校大学生理想信念的主流是积极、健康、向上的,但是伴随着经济全球化进程的日益深入,潮水般涌入的各种文化思潮和价值观念冲击着大学生的思想,某些腐朽落后的思想观念也侵蚀着高校学生的心灵。高校中某些学生不同程度地存在政治信仰迷茫、理想信念模糊、价值取向扭曲、诚信意识淡薄、社会责任感缺乏、艰苦奋斗精神淡化、团结协作观念较差、心理素质欠佳等问题。当代大学生肩负实现中华民族伟大复兴的历史之责,若要承担好这个时代重任,大学生就必须成为有理想、有道德、有文化、有纪律的合格人才,要实现中华民族的伟大复兴、国泰民强的伟大理想,大学生群体的理想信念是一个非常重要的因素。高校学生的素质是确保我国在激烈的国际竞争中能否始终立于不败之地的关键条件,而理想信念是学生素质的核心要素。只有对高校学生进行理想信念教育,强化学生社会责任担当和人格塑造,才能在复杂的国际环境中培养出高素质人才,才可能使高水平的人才不辱使命,为社会做出应有的贡献。

(三)不断提升教育者的道德水准

教育者"立德"是"树人"的前提。然而,从当前的情况看,对"物质"的穷奢极欲正不断蚕食着教育领域(尤其是高等教育领域)。因此,恢复教育者应有的"德性",已成为摆在教育领域的重大难题。当处于主导地位的教育者"缺德"的时候,不仅不能"树人",甚至会"害人"。只有夯实教育领域的"道德"基础,才有可能培育出品德高尚、能力突出的现代人才。[2] 因此,只有教师具有高尚的道德品质,才能在教育和教学过程中培养学生良善的德行。立德树人,"德"字为先。"学高为师,身正为范",立师德,就是树立教师良好的德行,为人师表,做人楷模。作为"人类灵魂工程师"的教师,其自身的一言一行、品行修

---

〔1〕 参见杨兴林:《关于高校立德树人问题的思考》,载《重庆高教研究》2018 年第 1 期。

〔2〕 参见卞桂平、焦晶:《浅议立德树人:内涵、实质及要求》,载《南昌工程学院学报》2014 年第 2 期。

养必然会对学生道德的形成产生潜移默化的影响。它是一种无声的教育,它爆发的内驱力不可估量。实现立德树人根本任务,教师应率身示范,教育者必须有道德、有理想,弘扬高尚师德,自觉承担教书育人的社会责任,根据学生的思想特点探索立德树人的规律与艺术,实现教育的最高目标。一方面,教师要有正确的思想价值理念,努力在教育和教学过程中培养学生健康向上的世界观、价值观与人生观。当下,广大教师应围绕国家富强、中华民族复兴、人民生活幸福的伟大目标,将社会主义核心价值观融入践行立德树人的全过程,培养学生正确的世界观、人生观、价值观和高尚的道德品质及社会美德。把倡导和践行社会主义核心价值观融入教师教书的全过程,转化为教师和学生坚定的内在道德信念和行为准则,是立德树人的关键。另一方面,教师要有家国情怀和世界眼光,努力培养学生的爱国主义与国际主义胸怀,成为国家发展和人类文明进步的积极参与者和推动者。我国社会主义现代化建设的伟大事业,需要一代又一代人为之努力奋斗。教师是为祖国和人类的未来而工作的人,站在继往开来、培养更有希望的年青一代的历史前沿。习近平总书记反复强调加强教师的职业道德建设,教师的工作是塑造灵魂、塑造生命、塑造人的工作。他要求广大教师必须把立德树人作为自己的根本任务,要做“四有”好老师,要做“四个”引路人。习近平总书记在全国高校思想政治工作会议上强调“加强师德师风建设,坚持教书和育人相统一,坚持言传和身教相统一,坚持潜心问道和关注社会相统一,坚持学术自由和学术规范相统一,引导广大教师以德立身、以德立学、以德施教”。可见,“立师德”是树人的前提,师德不立就不能树人。[1]

## 四、立德树人:我国高等教育的基本目的

纵观世界各国的教育改革,高等教育改革所要破解的根本性难题,并不是经费投入、基础建设、校园环境等硬件方面的问题,而是让高等教育回归本位,围绕“立德树人”来开展教育教学,培养具有正确价值观念、完善知识结构、扎实创新能力、宏大国际视野的高素质人才。[2] 2016 年 12 月 8 日,习近平总书记在全国高校思想政治工作会议上明确指出,高校立身之本在于立德树人,

---

〔1〕 参见戴锐、曹红玲:《“立德树人”的理论内涵与实践方略》,载《思想教育研究》2017 年第 6 期。

〔2〕 参见靳诺:《立德树人:高等教育的根本任务和时代使命》,载《中国高等教育》2017 年第 18 期。

“要坚持把立德树人作为中心环节,把思想政治工作贯穿教育教学全过程,实现全程育人、全方位育人,努力开创我国高等教育事业发展新局面”。2017 年 2 月 27 日,中共中央、国务院印发的《关于加强和改进新形势下高校思想政治工作的意见》也强调指出,高校要“坚持社会主义办学方向,扎根中国大地办大学,以立德树人为根本,以理想信念教育为核心,以社会主义核心价值观为引领”。将“立德树人”作为中国特色社会主义大学的立身之本,这既是对中国特色社会主义高校办学目标的科学界定,也是对中国特色社会主义高校“培养什么样的人,如何培养人以及为谁培养人”这一根本问题的战略回应。将立德树人作为我国高等教育的基本目的,主要是基于以下思考:

第一,立德树人是对教育本质的深刻认识。教育的本质是培养人,这是古今中外的共同认识。立德树人的目的是促进人的全面发展,教育是把“自然人”转化为“社会人”的过程,最根本是促进人的道德层次提升的过程。[1] 党的十八大把立德树人作为教育的根本任务,无疑是对教育如何培养人这一本质的新认识。教育的根本目标是培养造就中国特色社会主义事业合格建设者和接班人。中国特色社会主义教育,必须坚持正确的政治方向,坚持社会主义性质,自觉服务人民、服务中国共产党治国理政、服务巩固和发展中国特色社会主义制度、服务改革开放。立德树人是党和国家站在全局和战略高度对“培养什么样的人、如何培养人以及为谁培养人”这个教育根本问题的“总思考”,是对马克思人学理论、我国优秀传统育人文化和中华人民共和国成立后党的几代领导人德育思想的传承与升华,深刻回答了新时代中国特色社会主义教育究竟要“立何德、树何人”的问题。在新的历史时期,高校必须承担起培养合格建设者和可靠接班人的历史任务,这是关系到中国特色社会主义道路有没有接班人的重大问题。

第二,立德树人揭示了德育在人的全面发展中的突出地位。无论教育的理念随着时代的需求而呈现怎样的变迁,教育以道德目的为根本这一点,却始终是不变的主题。立德树人可以说是教育最初也是最终的依归,不能也不应将其仅仅视为教育的构成部分。教育在本质上是一种道德实践,道德目的总

---

〔1〕 参见谢安国:《习近平立德树人思想的科学内涵和重大意义》,载《国家教育行政学院学报》2018 年第 8 期。

是内嵌于教育本身。可见,教育工作与立德树人密不可分。《说文解字》对“教育”一词的解释为:“教,上所施下所效也;育,养子使做善也。”教育就是教师或家长把自己懂得的人生道理、掌握的文化知识和技能传授给青少年一代,并最终教下一代人成为善人、行善。苏霍姆林斯基指出:“培养全面发展的、和谐的个性的过程,就在于教育者在关心人的每一个方面特征的完善的同时,任何时候也不要忽略这样一种情况,即人的所有各方面特征的和谐,都是由某种主导的,首要的东西所决定的。在这个和谐里起决定作用的、主导的成分就是道德。”[1]当然,在不同性质的社会中,道德的内涵和作用是不同的。当下我国强调“立德树人”,说到底就是立社会主义之德,树社会主义事业的建设者和接班人。因此,高校必须拥有崇高的社会责任感,牢固树立育人为本、德育为先的理念。“育人为本”就是要求高校把人才培养摆在学校工作的中心位置,把学生看成学校的生存之本和发展之基,一切为了学生、为了一切学生、为了学生一切,努力为大学生的健康成长和全面发展创造良好条件。“德育为先”就是要求高校把德育放在一切教育工作的首位,注重德育对于整体教育具有的先导性和引领性作用,发挥德育对于各种知识学习的促进和激励作用,把握品德对于人的知识、才能、业绩的主导性和主控性作用,努力提高大学生的科学文化素质和思想道德素质。[2]

第三,立德树人揭示了道德发展与人的全面发展的辩证关系。强调德性成长是人的全面发展的根本保障,体现了党对教育规律的深刻认识。习近平总书记要求各级各类学校必须坚持立德树人。他在会见中国少年先锋队第七次全国代表大会代表时寄语全国各族少年儿童,广大青少年要从小学习做人。要学会做人的准则,就要学习和传承中华民族传统美德,学习和弘扬社会主义新风尚,热爱生活,懂得感恩,与人为善,明礼诚信,争当学习和实践社会主义核心价值观的小模范。2013 年 10 月 1 日,习近平总书记在给中央民族大学附属中学全校学生的回信中,要求学校承担好立德树人、教书育人的神圣职责。2016 年 4 月 22 日,在致清华大学建校 105 周年贺信中习近平总书记强调,站在

[1] 杜殿坤:《瓦·阿·苏霍姆林斯基的德育观点概述》,载《外国教育资料》1980 年第 1 期。

[2] 参见陈勇、陈蕾、陈旻:《立德树人:当代大学生思想政治教育的根本任务》,载《思想理论教育导刊》2013 年第 4 期。

新的起点上,清华大学要坚持正确方向、坚持立德树人、坚持服务国家、坚持改革创新。目前,我国社会正处于深化改革开放和发展社会主义市场经济的关键时期,在这种现实境遇下,强调立德树人显得格外重要。立德树人是高校立身之本,这是基于解决当前教育发展过程中存在的问题而重申的命题。当前,学校教育重智育轻德育、重分数轻育人的现象较为普遍,培养出的人缺乏生命的"灵气",缺乏想象力和创新能力。教育应该是一种"精神上成人的事业",教育之本,化智引识,即使人拥有自我发展、自我实现的能力。而当教育缺失了立德之人文情怀的熏染,只把目光投向知识的传授时,教育便丢失了其本质,使人成为"知识的容器",毫无生机,更遑论创新能力。[1]

如果教育不能正本清源,发挥育人的引领作用,那么整个社会的风气都将被利益湮没,又何谈所育之人能对社会、对国家、对人类有所贡献呢?近几年发生在大学生中的一些恶性案件,如复旦投毒案、药家鑫案等,让人们不得不反思当前教育存在的问题。社会的道德失范问题,使人们的心灵和社会的秩序受到巨大冲击,因而使人们重新认识到立德对人才培养乃至整个社会发展的重要性。在经济全球化、社会信息化、价值多样化的时代背景下,学校如何有效地推动中国特色社会主义理论体系进教材、进课堂、进头脑,如何有效开展理想信念教育,弘扬民族精神和时代精神,如何深入开展爱国主义、集体主义、社会主义教育,如何有效帮助学生树立社会主义核心价值观,确立和坚守正确的社会主义道德观,如何帮助学生把握成长的方向和规律,培养学生优良的品德和健全的人格,把学生培养成品学兼优、德才兼备的栋梁之材,已成为突出的时代性课题。大力倡导和深化立德树人,正是破解这一时代性课题的迫切需要。[2]

## 第二节　立德树人的实现路径

### 一、坚持育人为本、德育为先的育人理念

从人才成长的规律看,德和才是不可偏废的。高校培养的人才首先有一

---

〔1〕 参见李晓华、袁晓萍:《高校立德树人的时代内涵和实践路径》,载《高等教育研究》2018 年第 3 期。

〔2〕 参见骆郁廷、郭莉:《"立德树人"的实现路径及有效机制》,载《思想教育研究》2013 年第 7 期。

个为谁服务、怎样服务的问题，其次才是服务能力的问题。因此，高校的根本任务就是要教书育人、立德树人，就是要使学生牢固树立为国家的社会主义现代化建设事业服务、为人民服务的理想信念，同时又具备为国家、为人民服务的实际本领，在国家的经济和社会发展中作出自己应有的贡献。坚持育人为本、德育为先的育人理念就是强调高校在教育工作中要把德育放在中心位置，使德育成为整个教育的先导和引领，发挥德育对于各种知识的激励和促进作用。具体来说，需要着力加强党的领导，建立健全高校德育工作体制机制，培育全员育人、全方位育人的环境氛围；切实发挥思想政治理论课的主渠道作用，同时将思想政治教育渗透于其他课程的教育之中，实现教育的协调一致。同时，要牢固树立育人为本意识，把人才培养置于高校一切工作的中心。在人才培养与科学研究和社会服务关系的处理上，坚持把人才培养置于优先地位。

高校“立德树人”就要充分发挥德育主阵地、主课堂、主渠道作用，落实好“四个一”：坚持党政一把手抓德育；把育人作为学校教育的第一职责；把育人质量作为衡量学校办学水平的第一标准；把德育摆在学校各项工作的第一位。[1] 尤其要贯彻习近平总书记在全国高校思政会议上关于“各类课程与思想政治理论课同向同行，形成协同效应”的讲话精神，牢牢把握专业成才和全人教育的共通点，构建全员、全课程的大思政教育体系，形成“各门课程都有育人功能，所有教师都负有育人职责”的工作思路，才能将核心价值观教育落细、落小、落实在每一堂课程，消除目前在我国高等教育中一定程度存在的教书而不育人、授业而不传道的现象。以此，高校应当自觉强化课程教学的教育意识，切实加强和改进思想政治理论课的建设，充分发挥其在大学生思想政治教育中主渠道作用，教书育人、授业传道，积极探索各门课程尤其是专业课程实现育人功能的途径和艺术，把课程育人功能的发挥，牢牢建立在教师对专业知识和专业课程各自特点的深刻把握上，及时建立健全有利于各门课程和所有课程的教师都认真践行育人职责的制度和机制。通过大力推动以“课程思政”为目标的课堂教学改革，优化课程设置，修订专业教材，完善教学设计，加强教学管理，梳理各门专业课程所蕴含的思想政治教育元素和所承载的思想政治教育功能，融入课堂教学各环节，实现思想政治教育与知识体系教育的有机统

---

〔1〕 方晓珍：《高校“立德树人”的理论指导与实践路径》，载《思想理论教育导刊》2013 年第 6 期。

一。就目前而言,应当深入推动习近平新时代中国特色社会主义思想进教材、进课堂、进头脑。完善课程设置管理、课程标准和教案评价制度,实施高校课程体系和教育教学创新计划,推动面向全体学生开设提高思想品德、人文素养、认知能力的哲学社会科学课程,创新高校思想政治理论课建设体系。修订各类专业教材,加强课堂教学设计,推进马克思主义理论研究和建设工程教材、思想政治理论课统编教材编写修订,研制课程育人指导意见,充分挖掘和运用各门课程蕴含的思想政治教育元素,作为教材讲义必要章节、课堂讲授重要内容和学生考核关键知识。发挥专业教师课程育人的主体作用,健全课程育人管理、运行体制,将课程育人作为教师思想政治工作的重要环节,作为教学督导和教师绩效考核的重要方面。加强教材使用和课堂教学管理,建立哲学社会科学专业核心课程教材目录,研制引进教材选用管理办法,建立国家优秀教材评选奖励制度,制定高校课堂教学管理指导意见,明确课堂教学的纪律要求。培育一批"学科育人示范课程",建立一批"课程思政研究中心"。

## 二、深化思政课程改革是落实立德树人根本任务的必由之路

思想政治理论课是对大学生进行思想政治教育的主渠道,也是落实"立德树人"根本任务的重要抓手。党的十八大报告中提出:"加强社会主义核心价值体系建设","推动中国特色社会主义理论体系进教材进课堂进头脑。"习近平总书记强调,推动思想政治理论课改革创新,要做到"八个统一"。我们既要把思政课当作培养学生成长成才的"普通课""专业课",更要把思政课当作对学生进行思想引领和价值引领的"特殊课""综合课",兼顾校内校外两个大课堂,推进思政课的改革创新。思政课作为专业课,需要在健全学科支撑体系上下功夫。学校思想政治教育的核心内容是坚持马克思主义的指导,做到用习近平新时代中国特色社会主义思想铸魂育人。作为一门专业课,思政课建设需要有综合性的哲学、历史学、教育学、经济学、新闻学等人文社会科学的学科支撑和专业滋养。思政课作为综合课,需要在推动各类课程协同合力上下功夫。思政课的终极指向是立德树人,培养担当民族复兴大任的时代新人,培养德智体美劳全面发展的中国特色社会主义建设者和接班人。要实现这一目的,在传统的思政课基础上,更需要挖掘、发挥其他各类课程所蕴含的思想引领、政治引领、价值引领、道德教育的功能,推进"学科德育""课程思政"建

设,实现各类课程与思想政治理论课的协同合力。[1] 课程思政是以构建全员、全程、全课程育人格局的形式将各类课程与思想政治理论课同向同行,形成协同效应,把“立德树人”作为教育的根本任务的一种综合教育理念。课程思政在本质上还是一种教育,是为了实现立德树人。“育人”先“育德”,注重传道授业解惑、育人育才的有机统一,一直是我国教育的优良传统。思想政治教育是做人的工作,解决的是“培养什么样的人”“如何培养人”的问题,是我们党和国家的优良传统和各项工作的生命线。它始终坚持以德立身、以德立学、以德施教,注重加强对学生的世界观、人生观和价值观的教育,传承和创新中华优秀传统文化,积极引导当代学生树立正确的国家观、民族观、历史观、文化观,从而为社会培养更多德智体美劳全面发展的人才,为中国特色社会主义事业培养合格的建设者和可靠的接班人。课程思政本身就意味着教育结构的变化,即实现知识传授、价值塑造和能力培养的多元统一。现实的课程教学往往由于各种原因而将这三者进行了割裂,课程思政从某种意义上来说正是对这三者重新统一的一种回归。课程思政要求教师要在教育中积极探索实质性介入学生个人日常生活的方式,将教学与学生当前的人生遭际和心灵困惑相结合,有意识地回应学生在学习、生活、社会交往和实践中所遇到的真实问题和困惑,真正触及他们默会知识的深处,即他们认知和实践的隐性根源,从而对之产生积极的影响。课程思政建设通过深化课程目标、内容、结构、模式等方面的改革,把政治认同、国家意识、文化自信、人格养成等思想政治教育导向与各类课程固有的知识、技能传授有机融合,实现显性与隐性教育的有机结合,促进学生的自由全面发展,充分发挥教育教书育人的作用。

同时,发挥课程之间的协同效应是中国特色社会主义高校立德树人的关键。就课程协同而言,它不仅包括课程外的协同也包括课程内的协同。所谓课程外的协同是指思想政治理论课与其他哲学社会科学类课程以及自然科学类课程之间的协同。就哲学社会科学而言,要发挥好协同效应就必须以马克思主义的基本立场、观点和方法作为尺度来衡量各课程的建设情况,牢牢树立马克思主义的理论指导地位;就自然科学类课程而言,也必须体现马克思主义

---

[1] 参见程建平:《聚焦立德树人根本任务　努力推进思政课改革创新》,载《光明日报》2019 年 5 月 13 日,第 6 版。

世界观和方法论，不能使意识形态缺位。课程内的协同，是指思想政治理论课内部之间的协同，它包括阶段协同和内容协同两方面，阶段协同就是要求协同好本科、硕士和博士之间的课程，使之构成完整体系；内容协同则就思想政治理论课本身而言，要做到世界观、人生观、价值观、法治观和道德观等具体内容之间的协同。[1] 只有将思想政治教育理论课与其他哲学社会科学课程和自然科学类课程以及思想政治教育课本身协同好，才能真正发挥课程协同效应，也才能使立德树人落到实处。

## 三、师德师风建设是实现立德树人的重要保障

"才者，德之资也；德者，才之帅也"。高尚的师德为知识的运用指明方向，而精湛扎实的学识又是践行师德的基础，两者相辅相成、相互促进。教师是人类灵魂的工程师，是人类文明的传承者，承载着传播知识、传播思想、传播真理，塑造灵魂、塑造生命、塑造新人的时代重任。立德先立师，树人先正己，培养和造就一支学高身正的教师队伍，是立德树人成功的关键。教师不但要教授知识，而且要塑造人格，既要精于"授业""解惑"，更要"明道""信道""传道"。立师德是教师的终生之责。要自觉加强师德修养，将外在规范要求内化为道德观念和自觉行动，以德立身、以德立学、以德施教，彰显新时代的师德风采。要坚定信念，锻造师德之魂。教师承担着最庄严、最神圣的教书育人的使命，要明白"为了谁、依靠谁、我是谁"，要清楚"我从哪里来，要到哪里去"，以远大的理想和坚定的信念作为人生的目标，树立正确的价值取向和政治方向。[2]

党的十八大以来，习近平总书记在关于教育工作的系列重要讲话中，把师德师风建设作为提升新时代教师素质、办好人民满意教育的首要任务，先后用"大先生""筑梦人""引路人"等表现力极强的称谓表达对广大教师的殷切期望，并提出"四有好老师""四个引路人""四个相统一"等师德建设标准和要求，将教师队伍建设特别是师德师风建设提到了一个前所未有的战略高度。党的十九大报告指出，建设教育强国是中华民族伟大复兴的基础工程，高校教

---

[1] 参见王学俭、杨昌华：《立德树人：中国特色社会主义高校的立身之本》，载《新疆师范大学学报(哲学社会科学版)》2018年第1期。

[2] 参见邹联克：《加强新时代师德师风建设要把握"五个度"》，载《贵州日报》2018年10月16日，第18版。

师是落实立德树人根本任务的主力军，教师只有自身拥有高尚的道德情操，才能使学生“亲其师而信其道”。因而，加强高校师德建设，是实现立德树人教育理念的关键条件。总体来看，我国高校师德师风的状况是好的。但是，人们的多元化思想观念和多样化的价值取向，使学校容易受外界影响，导致教师队伍中出现一些错误观念和不良意识，影响了教师的思想道德文化素养。目前，只有少数教师能够正确地对待自己的理想信念，但是因社会上一些不良思想的影响，往往也使他们存在一些有失道德的现象。如个别高校教师认为学习中国特色社会主义理论与学习马克思主义理论只是思想政治理论课教师的事情，从而放松自己学习政治理论的要求。有的高校教师在市场经济的冲击下，职业认同感降低，对自己所从事的教育教学工作缺乏应有的责任感和使命感。同时部分高校在师德考核体系中，缺乏明确的量化指标体系，不能科学、公平地评价一个教师的师德水平。部分高校对师德的考核往往流于形式，由于师德考核对教师缺乏约束力，使教师放松了对自己的师德修为。[1]

高校师德师风建设是一项长期的、基础性的工作，为此，一是加强师德师风建设，要重视制度建设。首先，加大力度做好制度体系建设工作，通过顶层设计，使党中央和全社会对建设师德师风的基本要求全面体现出来，同时完善高校对师德师风建设的基本规范，明确其有效措施；其次，主体责任得到落实，完善工作体系建设，确保工作机制的责任明确、及时沟通、协调到位，促使各方面工作能形成合力；最后，抓好工作的落实，做到规范程序、标准细化、层层落实、加强监督，避免出现师德师风建设工作“走过场”的问题，最终能落细落小、一以贯之，执行更为到位。二是深化对加强师德师风建设的价值引领。一方面，要引导教师以师德师风建设为本，力求打造高超的育人水平。与此同时，还要做到言传和身教相统一、教书和育人相统一、学术自由和学术规范相统一，潜心问道和关注社会相统一，尽可能做到学为人师，形成优良学风和诚实守信、严谨治学的学术品格。另一方面，引导高校教师潜心治学，加强业务能力培养。教师要在教育教学工作及学术研究上多下功夫，树立终身学习理念，科学运用先进技术，及时更新知识结构，在教改实践中投入工作热情，通过高

---

〔1〕 参见郑家娜：《新时代加强高校师德建设的思考》，载《淮海工学院学报（人文社会科学版）》2019 年第 5 期。

水平的科学研究将教育教学工作支撑起来,引领学生探求真知、追逐梦想。[1]三是在师德师风建设过程中需要建立健全师德师风建设长效机制,为师德建设保驾护航,推动高校师德师风建设工作常态化、制度化。要依据《中华人民共和国教师法》《高等学校教师职业道德规范》《新时代高校教师职业行为十项准则》,制定切实可行的高校师德考核标准,将高校师德考核指标细化、量化,增强师德考核的可操作性。同时,要将高校师德考核作为教师年度考核的重要内容,纳入教师考核评价体系,并将考核结果存入教师档案。尤其要严格执行师德师风"一票否决制"。同时应当构建高校教师、学生和领导、督导组等多方参与的师德建设监督体系,充分发挥教职工代表大会、工会等在师德建设和监督中的作用。

## 四、文化育人与实践育人是实现立德树人的基本途径

### (一)高校文化与立德树人

围绕学生,营造全方位育人环境,就是要树立以学生为中心的理念,将立德树人融入学校文化,打造全方位一体的育人大环境。高校是文化传承与创新的高地,是弘扬先进文化、引领社会文化的重要阵地。高校文化本质上应是育人文化。高校文化在育人过程中发挥价值导向、规范约束、凝聚激励和能力提升的功能。2004 年 10 月 14 日中共中央、国务院发出的《关于进一步加强和改进大学生思想政治教育的意见》中指出,高校文化具有十分重要的育人功能,要构建展示我国社会主义特色、时代特点和高校形象的校园文化,从而形成良好的教风、校风、学风。高校文化属于文化发展的产物,是高校在长时间教育实践中创造和形成的所有精神财富和物质财富的总和,包括高校物质文化、高校制度文化、高校行为文化和高校精神文化,而精神文化是高校文化的核心和最高表现形式。在这个意义上,高校文化就是一所高校生存和发展的根基和精粹。

高校的文化育人主要表现在:一是通过价值导向实现立德树人。高校文化对大学生的发展方向也起重要影响,控制和影响学生的思维方式、价值判

[1] 参见石红梅:《高校师德师风的时代性及其建设路径分析》,载《黑龙江教育学院学报》2019 年第 5 期。

断、行为习惯,是每一个学生内心深处的精神需求和严格遵守的行为准则。在高校文化的引导下,大学生能够找到自己的精神家园,从而探寻大学的精神文化。而指引大学在学生培养过程中坚持正确的价值取向,是高校文化最重要的功能。高校的办学定位与发展战略、规章制度、人才培养目标、教学体系、学术规范、教风学风、课程设置、教学方式方法等因素,都是根据这一核心价值观所设定的。高校文化每时每刻都在影响学生的价值判断、行为习惯和思维方式。通过文化认知过程和对社会现实的分析,大学生能够塑造适应现实和社会发展需求的价值观。从价值观层面,高校文化限定了大学生对社会的认知,从而促使学生限制和调整自身行为。作为一个社会组织,高校的文化应该是其内部组织的全体成员都能够自觉遵守和实践的。二是通过对学生的情感陶冶实现立德树人。高校文化对学生的影响带有深刻性、潜在性与持久性。除知识外,高校对于学生真正有意义的东西,就是高校及其周边的环境和生活。在这样的文化氛围中,大学生接受情操的陶冶、文化的沐浴、人格的升华和道德的洗礼。高校文化的真正价值就在于其文化氛围对大学生心灵的美化作用,高校给予学生们的除了知识之外,还包含道德观、价值观、思维方式、荣辱观、行为习惯等。这些虽然不一定是老师能够教导他们的,但一定依存于大学的浓郁文化氛围当中。因此,提升校园文化的涵养作用是中国特色社会主义高校立德树人的支撑。习近平总书记在全国高校思想政治工作会议上也强调:“要坚持不懈培育优良校风和学风,使高校发展做到治理有方、管理到位、风清气正。”

要实现高校文化育人,必须要进一步加强高校校园文化建设。高校校园文化是高校的精神支撑,它是由历代师生所积淀下来的文化形态,通过校园文化来达到育人效果是立德树人的隐性路径。首先,加强物质文化建设,夯实校园文化的基础和条件。校园物质文化是立德树人的基本条件,因此应当重视校园环境的建设,增强立德树人的氛围。其次,加强精神文化建设,完善校园文化的核心和灵魂。校园精神文化是立德树人的精神支撑,它包括教学理念、文化积淀以及学风和校风等多个方面的内容,要达到校园精神文化的涵育作用,就需要培育优良的学风校风,开展丰富多彩的校园文化活动。最后,加强制度文化建设,健全校园文化的中介和机制。校园制度文化是立德树人的制度保障,我们要加强大学制度建设使立德树人能够在高效有序的环境中进行,从而维护立德树人的人文秩序。[1]

(二)实践育人与立德树人

高校实践育人就是通过对学生进行知识、经验的传授和方式方法的创新,来促进学生的价值认同。高校实践育人工作,不能单纯地理论讲授,更应注重理论与实践育人的有效衔接,彰显实践育人的特色。实践教学要围绕人才培养目标,将社会实践活动特别是思想政治理论课的社会实践活动与第一课堂有机结合,要让学生坚定政治信念、认识发展大势、勇担时代责任。充分整合社会资源,通过实习实践、学科竞赛、科研活动等形式促进高校大学生人文素养和科学素养的提升,培养他们服务社会的意识和社会责任感,强化奉献精神教育,提高学生综合素质。[2]

实践育人的体制机制创新是一项复杂的工程,需要谨慎对待,逐步推进。主要应从以下几方面入手:一是完善实践育人的顶层设计,突出宏观战略筹划、递呈性和科学性。宏观战略筹划就是要明晰核心目标和基本战略定位,这是推进实践育人的内核和灵魂支撑;递呈性就是指实践育人要追根溯源,从实际出发,注重用历史思维、逻辑思维和理性思维去分析各种症结,不断提升制度和政策的供给质量,不断提升解决实际问题的能力;科学性就是指实践育人的全过程都要体现合规律性和合意志性的统一,既符合经济社会发展的实际状况,也符合个体发展的目标追求。二是强化资源保障。资源是高校实践育人取得实效的重要保障。资源保障主要包括软资源保障和硬资源保障。软资源保障就是要对诸如孝道文化、廉政文化、红色文化等中华文化和中国特色社会主义文化的内核、要义,进行深入挖掘,为实践育人提供自信保障。硬资源保障就是要从人力、物力、财力、信息资源、政策资源等多个角度,为实践育人提供支撑。三是注重适时评估。实践育人工作具有一定的持续性和渐进性,但这并不意味着可以忽略其效果。为此,必须提升评估意识,加强对实践育人效果的分析与诊断,做到及时梳理、及时矫正、及时评价,解决好问题,总结好经验,确保各项工作扎实有效进行。[3]

---

〔1〕 参见王学俭、杨昌华:《立德树人:中国特色社会主义高校的立身之本》,载《新疆师范大学学报(哲学社会科学版)》2018 年第 1 期。

〔2〕 参见连忠锋:《强化立德树人　提高人才培养能力》,载《中国大学教学》2018 年第 5 期。

〔3〕 参见肖建国:《实践育人的关键点》,载《中国教育报》2017 年 4 月 13 日,第 5 版。

在实践育人过程中，第二课堂是大学生成长成才必不可缺的大环境和平台，学生的兴趣爱好、个性发展、多方面能力的提升，都需要他们亲身参与实践才能得到训练，因此，要将立德树人工作覆盖到学生社团、社会实践、科技创新等活动中，将德育内容渗透到校园文化活动中，使学生在潜移默化中接受思想教育和价值观熏陶。[1]

## 五、完善高水平人才培养体系是实现立德树人的关键

人才培养体系涉及学科体系、教学体系、教材体系、管理体系等，而贯通其中的是思想政治工作体系。习近平总书记指出，人才培养体系须立足于培养什么人、怎样培养人这个根本问题来建设，可以借鉴国外有益做法，但必须扎根中国大地办大学。高水平人才培养体系的建构和完善过程，既是对人才培养目标和人才培养要求的设计与实现过程，也是人才培养的具体实践过程，因此完善高水平人才培养体系是实现高校立德树人的关键。在高水平人才培养体系的建构与完善中，一是必须要做好人才培养体系的顶层设计。各门课程、各教学环节都要贯彻立德树人的教育思想，提升大学生的人文和科学素养，增强社会责任感，提高思想素质，为大学生的全面发展奠定基础。要牢牢把握教学、教材、教师三个关键和知识、能力、价值观三个要素，注重从培养模式、课程体系设置、教学内容、教学方法和教学手段等方面，重点培养学生的思维能力、职业能力和社会责任，将思想政治教育贯穿于教学全过程，落实于课程全体系。二是必须充分发挥课堂教学的主渠道作用。马克思主义理论课程要让学生听得到、听得懂、听得进；人文素质课程和专业课程在传授知识、培养能力的过程中，要教育学生用唯物辩证的方法分析问题、解决问题，注重价值观引导。坚持高校第一使命是立德树人，第一教育是理想信念、世界观、人生观、价值观教育，第一学科是马克思主义理论学科，第一责任是培养中国特色社会主义事业的合格建设者和可靠接班人。三是必须加强教材的建设与管理工作。建立健全高校教材的编写出版管理机制，统一使用马克思主义理论研究和建设工程重点教材，把党的先进理论、先进理念和先进成果纳入教材之中。加快建设

---

[1] 参见李晓华、袁晓萍：《高校立德树人的时代内涵和实践路径》，载《高等教育研究》2018 年第 3 期。

一批哲学社会科学专业核心课程教材，推动教材优势向教学优势转化、教材体系向教学体系转化。完善外文原版教材引进与使用的审核审批制度，明确责任划分，严把政治关、质量关。[1] 四是必须完善相关制度建设。通过制度落实专业课教师、专职学生思想政治教育工作者、教学辅助人员等的育德职责，强化考核，并与职务的晋升、评优评先结合起来，有目的、有计划地把育德渗透各个部门、各类成员的工作中，通过目标分解，把“教书育人、管理育人、服务育人”落到实处。

[1] 参见连忠锋：《强化立德树人　提高人才培养能力》，载《中国大学教学》2018 年第 5 期。

# 第二章　立德树人与法学本科教育培养目标

## 第一节　法学本科教育培养目标的内涵与构成

### 一、法学本科教育培养目标的内涵

培养目标在教育活动中占有举足轻重的地位，它关系教育目的的实现、教学计划的制定、课程的结构设计、教学过程的进行、教学方法的选择和教学手段的运用。从根本上说，培养目标问题关系到能否培养出符合社会需要和人的自身发展需要的人才。培养目标是指在教育目的的直接制约下特定类型、特定层次、特定形式的教育在人或人才培养上所期望达到的理想结果。培养目标包括普通教育目标和专业教育目标两种类型。

我国法学教育主要分为本科教育和研究生（法学硕士、法律硕士、法学博士）教育，两个层次共同构成了我国高等法学教育体系，也决定各自的教育理念和具体的培养目标。普通本科法学教育的性质是由该种教育的形式、层次、类型等要素决定的。[1] 从形式上看，一方面它区别于继续教育，有其培养的特定对象，即主要以具有中等教育文凭而未从业者为培养对象；另一方面又不是一般意义上的普通教育，而是具有专业性质的教育。基于此，有学者对于法学本科教育培养目标作了以下理解：以教育目的为直接依据，以中等教育为基础的具有一般教育（人文教育）、学位教育与职业教育属性的法学科学教育所培养的专业人才及其规格。[2] 从我国法学教育的发展历史来看，新中国法学教育建立以后，法学教育界一直未能提供一锤定音之论，多年来一直在通识教育

---

〔1〕 参见马涛：《普通本科法学教育培养目标研究》，载夏利民、李恩慈主编：《法学教育论》，中国人民公安大学出版社2006年版，第7页。

〔2〕 同上书，第7~8页。

说、精英教育说、职业教育说之间争论不休、纠结不前。直到2018年4月10日,教育部法学教指委发布《普通高等学校法学类本科专业教学质量国家标准》,这种争论才告一段落。徐显明教授认为,党的十八届四中全会要求法学教育要培养懂国情、能贯彻中国特色社会主义法治理论的法治人才,这一目标决定了法学未来的教育模式就是职业教育。[1] 教育部法学教指委《普通高等学校法学类本科专业教学质量国家标准》将法学专业的培养目标界定为:法学类专业人才培养应坚持立德树人、德法兼修,适应建设中国特色社会主义法治体系,建设社会主义法治国家的实际需要。培养德才兼备,具有扎实的专业理论基础和熟练的职业技能、合理的知识结构,具备依法执政、科学立法、依法行政、公正司法、高效高质量法律服务能力与创新创业能力,熟悉和坚持中国特色社会主义法治体系的复合型、职业型、创新型法治人才及后备力量。应当说,《普通高等学校法学类本科专业教学质量国家标准》中所确立的法学专业人才培养目标是比较合理的。这一目标包括了以下内涵:

一是明确了法学专业人才培养应当秉持的基本要求和方向。法学类专业人才培养的基本要求应坚持立德树人、德法兼修,这是国家对新时期法治人才培养的要求和期许。法学教育不应仅以培养具有理论素养和职业素养的法律职业者为目标,而应以培养具有法治精神、人文情怀、科学理性和社会责任感的高素质法治人才为追求。"德法兼修"的最终目的是培养学生的高尚道德品质,促进学生道德人格的养成。深层含义指培育法律信仰,即塑造法治人格。法学类专业人才培养的方向是要适应建设中国特色社会主义法治体系,建设社会主义法治国家的实际需要。中国特色社会主义法治体系的含义是在中国共产党领导下,坚持中国特色社会主义制度,贯彻中国特色社会主义法治理论,形成完备的法律规范体系、高效的法治实施体系、严密的法治监督体系、有力的法治保障体系,形成完善的党内法规体系,坚持依法治国、依法执政、依法行政共同推进,坚持法治国家、法治政府、法治社会一体建设,实现科学立法、严格执法、公正司法、全民守法,促进国家治理体系和治理能力现代化。法学类专业人才培养适应建设中国特色社会主义法治体系,建设社会主义法治国

[1] 参见徐显明、黄进、潘剑锋、韩大元、申卫星:《改革开放四十年的中国法学教育》,载《中国法律评论》2018年第3期。

家的实际需要，也就是要求法学专业人才培养应当立足于我国法治建设的实践，培养能够服务于中国特色社会主义法治体系和社会主义法治国家建设需要的高素质法治人才。新中国成立后的很长一段时期，我国的法律体系受苏联法律体系的影响，之后，又借鉴发达国家的法律经验，法学教育是在这样的情况下发展的。因此，在新形势下，法学教育的"本土化"应该在参考国外法治有益经验的基础上充分体现马克思主义法学思想和中国特色社会主义法治体系等内容，加强中国特色社会主义法治理论教育，大力弘扬中华优秀传统。党的十九大报告指出，"推动中华优秀传统文化创造性转化、创新性发展，继承革命文化，发展社会主义先进文化，不忘本来、吸收外来、面向未来，更好构筑中国精神、中国价值、中国力量，为人民提供精神指引。"习近平总书记在中国政法大学视察时指出："我们有我们的历史文化，有我们的体制机制，有我们的国情，我们的国家治理有其他国家不可比拟的特殊性和复杂性，也有我们自己长期积累的经验和优势，在法学学科体系建设上要有底气、有自信。要以我为主、兼收并蓄、突出特色，深入研究和解决好为谁教、教什么、教给谁、怎样教的问题，努力以中国智慧、中国实践为世界法治文明建设作出贡献。对世界上的优秀法治文明成果，要积极吸收借鉴，也要加以甄别，有选择地吸收和转化，不能囫囵吞枣、照搬照抄。"对西方思潮和理论，要辨析甄别、过滤净化，不能照单全收，当传声筒、扩音器。因此，法学教育人才培养应该扎根中国、融通中外，立足时代、面向未来，鼓励法治人才自觉把个人理想融入国家和民族的法治事业中，培养法治人才解读中国现实、回答中国问题，做中国学术的创造者、世界学术的贡献者。

二是明确了法治人才的知识和能力方面的要求。法治人才要具有扎实的专业理论基础和熟练的职业技能、合理的知识结构。通过对法治人才的培养，能够使其掌握法治知识和技能，全面覆盖法治体系。法治知识不仅包括部门法律的具体知识，而且涵盖立法、司法、执法等法治运行的动态知识。

三是具备依法执政、科学立法、依法行政、公正司法、高效高质量法律服务能力与创新创业能力。法治人才的培养应该着眼于中国特色社会主义法治体系的各个环节，即立法人才、司法人才、执法人才、法律服务人才等都是依法治国所需要的法治人才，在培养法治人才时要注意均衡。以往的法治教育过分关注对司法人才和法律服务人才的培养，忽略了对立法人才和执法人才的培养。随着依法治国的深入推进,立法人才和执法人才的需求量进一步扩大,法治人才培养的不均衡会进一步显现。法治是系统的,不是几个要素的简单相加,而是各个环节的有机统一,忽略任何一个环节的人才培养都是对法治建设的片面理解。对立法人才和执法人才的培养应当引起法治人才培养单位的高度重视,法治人才的多元化培养和均衡化发展应当成为未来中国法治教育的新课题。[1]

## 二、法学本科教育培养目标的一般构成

培养目标的构成是指构成培养目标的要素或内容。专业教育培养目标的内容包括人才及其规格两个方面。人才是相对于普通初级教育和普通中级教育所培养的具有一般科学文化素质的“人”来说的。法学本科教育培养的是法治人才。人才规格是指所培养的人才所要达到的素质结构,是培养目标的明确化、具体化,是培养目标的内容所在;或者说是受教育者在培养过程完成后,受教育者应达到的教育要求和能从事的工作,是培养目标在人才形式上的内容规定。

法治人才是指具备法律职业伦理道德,驾驭中国特色社会主义法治体系,具备国际法治视野,掌握具体法治知识和技能,从事法治系统各个运行环节工作的高素质专业人才。法治人才是一个多序列、多层次的动态有机结构,既有不同的类型,又有不同的层次。其中有的适用于普通本科教育培养,从而成为普通法学本科教育培养目标的内容之一。法治人才规格由形式和内容两方面构成。从法学教育的功能考量,法学教育培养目标规格在形式上表现为身体素质和精神素质、品德素质与才智素质、知识素质与智能素质的统一。虽然各种级别、各种形式的法学教育培养目标规格在形式结构上大同小异,但形式结构中每一方面的内容却相去甚远。普通法学本科教育培养目标规格在形式结构上相似于其他特定层次、类型、形式的法学教育培养目标规格,但有其特定的内容结构,即培养水平和程度上的要求。

法治人才的具体种类与法治人才的规格之间呈相辅相成的关系。一定的

---

〔1〕 参见董娟、赵威:《从法律人才到法治人才:法律硕士培养目标的新转变》,载《学位与研究生教育》2019年第5期。

人才类型要求与其一定的规格相适应,否则就名不副实。法治人才类型的多样化导致法治人才规格结构模式的多样与复杂。不但规格结构形式构成要素之间的关系不同,如理论与实践的关系、素质与能力的关系,而且规格内容的水平和程度也不同。法学本科教育的时代性和国别性特征是培养目标多样性的内因,教育者对法学本科教育所持的不同的教育价值观,是培养目标多样性的外因。

## 第二节　两大法系主要国家的法学本科教育及其培养目标

### 一、英美法系国家的法学本科教育

#### (一)英国的法学教育及培养目标

总体来看,英国整个法学教育包括了大学的法律教育和律师学院的职业培训两个环节。早期英国的法律教育是由律师学院来进行的。英国早期的这种法律教育状况是与英国普通法的产生及特征分不开的。随着英国 11 世纪中央集权体制的建立,英国建立了王权统治下的司法体制,并逐渐实行巡回审判等司法制度,在此基础上逐渐产生了以各地习惯为基础、以法官判例为表现形式的普通法。这种法是典型的判例法,是司法实践的记录和总结。一个人只有经过长期的学习,全面了解法院的判决,并进行具体的比较分析,才能发现普通法的真谛和原则,才能驾驭法律。普通法的这种专业性和特殊性决定了法律职业队伍的专业化。除具有丰富经验的律师和法官以外,几乎没人知道法律到底是什么,于是律师和法官完全控制了法律的整个运行过程,而且法律职业的特殊的社会地位吸引很多人来学习法律。一般认为,英国的律师学院起源于 13 世纪后期被称作“法律学徒”的特殊社会集团,这些学习法律的学生为方便业务学习,基于自由结合寄宿在伦敦三大中央法庭所在地威斯敏斯特区附近的客栈或酒馆,聘请开业律师讲课或提供辅导,居住在一起的学徒逐渐自发组成一所所具有自治团体性质的、行会式的简易法律学院,这些简易法律学院大多集中在威斯敏斯特区的道路两侧。14 世纪以后形成了后来著名的四大律师学院,即林肯律师学院、中殿律师学院、内殿律师学院、格雷律师学院。除上述四大律师学院以外,还有一个资格比较低的具有同样组织和职能的衡平法律师学院,该学院是作为收容那些在四大律师学院收容不下的人的教育机关而产生的。[1] 到了15世纪,律师学院逐渐形成了一种学徒制的法律知识传递方法,这种古老的师傅带徒弟的训练方法在律师学院里得到了最好的应用,且对法律知识的传递发挥重要的作用。学员们的学习内容主要包括阅读、模拟法庭以及持续的正式和非正式的辩论。17世纪后半叶以后,随着英国大规模扩张,法律业务量增多,律师学院的正常教学被打乱,出庭律师没有太多时间顾及学徒们,这种古老的学徒制的法律知识传递方式受到挑战,而且随着法律文献的迅速增加和法律知识的积累,"以至于'阅读'取代了老式的'通过观察和实践去学习'的方法,由律师学院所提供的传统的法律教育受到并且已经被忽视"[2]。鉴于这种情况,1852年四大律师学院联合设立法学教育委员会,并举办了宪法、法制史、罗马法、普通法、衡平法、不动产法等讲座。此后,随着牛津等大学开始兴办法学教育以及1872年独立的法律学校的出现,大学法学教育开始兴起,律师学院逐渐演变成为单纯的职前培训场所。在20世纪中叶后,大学已经取代律师学院逐步成为英国法律教育的主要阵地。律师学院逐步演变成为单纯的职前培训场所。特别是在20世纪70年代,律师学院更多地成为获取出庭律师资格的一种形式化的机构。[3] 从学徒制向学院制的改革是英国社会法律大众教育发展的一个重要阶段,普及法律知识的同时有助于英国社会的稳定。经验和理论结合的教育模式、多元化教育内容的方针为英国社会培养了一批又一批高素质的法律人才,这些人不论是从事律师、法官还是法学家,都极大限度地提高了英国法律职业共同体的力量,在现代法治建设中发挥各自的力量。

在英国近代法律教育发展的历史上,法律教育的培养目标从根本上决定了由大学和法律职业组织在分工与合作基础上的新型法律教育模式、课程设置、教学方法、教育管理,教育的各环节基本都按照培养目标和大学与法律职业组织本身的特点进行设置和安排,在充分发挥各个机构作用的基础上强调各种资源之间的优化配置,法律教育制度日趋完善,在教育体制上,形成了大

---

〔1〕 [日]东京第二律师协会编:《各国律师制度》,朱育璜、王舜华译,法律出版社1989年版,第15页。

〔2〕 何勤华主编:《外国法律史研究》,中国政法大学出版社2004年版,第214页。

〔3〕 参见张丽英:《英国的法律职业与法学教育及其借鉴》,载《西安电子科技大学学报(社会科学版)》2007年第6期。

学学院和法律职业组织并驾齐驱，互相促进，互为补充的良好格局。早期英国的法学教育以学徒制的经验传授为主，多以培训法律实务人员为首要目的。威廉·布莱克斯通教学理论的出现使法学理论教育普遍被公众重视，培养具备专业素养的新型法律人才成为后来法学教育的新目标。如今，世界发展的演变导致社会的主要矛盾在不断地变化，法律的涵盖面已经不仅拘泥于单纯的人权维护、惩治犯罪以及利益纠纷，频繁的国际贸易、知识产权的维护、网络暴力、环境污染等都能延伸到法律的管辖区，社会文化的多元是促进全面专业人才培养的推动力。而所谓专业化培养，要求法学学生既要具备基本的法律历史及法律理法等专业理论知识，又要练就娴熟的实务处理能力，除此之外更要加强培养学生的全面学术能力，这也是法学教育顺应时代的特征。目前来看，英国各大学的法学院主要是为培养职业性的法律从业者服务的，通过法学院的培养，使学生掌握成为法律从业者所需的知识和能力，为进入法律职业创造条件。英国的法学院教给学生的是：最基本的法律知识、基础法学理论和法律技巧、法律职业特有的思维方式和分析、判断、解决问题的能力，教会学生能像律师那样去思考问题和驾驭、运用法律资源的能力。[1] 通过这一阶段的教学，使学生具备进入法律业作为一名法律从业者的学术要求。在法律教育的第二阶段，越来越多的法学院与律师学院联合开设法律技术训练课程。如口头论说技术、询问技术、调解与协商的技巧、辩护的技术，这些技术的传授都是以小组为单位，达到师生之间的即时的和大量的相互交流。其他课程则提供一些更为传统的各种法律文件起草的写作技巧，如合同、法规和条例等的起草。这些课程的性质说明了许多法学院逐渐把法律实践同课程放到日益重要的位置上。第三阶段是在律师事务所实习，主要是熟悉律师业务和法律文件。学生主要来自应届高中毕业生，也招收部分已取得非法学专业本科学士学位的学生。

纵观英国法学教育的历史发展及其现状，可以看出英国法学教育具有以下特点：一是注重把知识传播和能力培养有机地结合起来，重视培养学生的分析能力与批判精神。在大学期间培养学生像律师那样思考是学校的重要任

---

〔1〕 参见张丽英：《英国的法律职业与法学教育及其借鉴》，载《西安电子科技大学学报（社会科学版）》2007 年第 6 期。

务。对学生分析、判断、解决问题能力的培养贯穿于教学活动的始终。在教学过程中,教师时刻结合判例供学生思考,启发学生始终保持积极的思维状态,使学生开动脑筋,认真思考,获得答案。二是注重参与式教学方法的运用。在英国法律教育机制下,学生置身于具体的实践活动中,因而学生的参与意识强,主动性和积极性都得到了极大的发挥。这种方法不仅向学生阐明了法学的基本理论和基本原理,而且提高了学生在实践中运用所学知识解决具体实际问题的能力。教师的主导地位和学生的主体地位,二者在教学活动过程中地位是平等的,教师可以就判例阐明自己的观点,学生也可以就判例发表自己的意见。在讨论课这种模式的判例教学中,学生和学生之间,学生和教师之间均可自由讨论、辩论,双方都可以充分陈述自己的观点和理由。这样,各种观点、理由及其论据得到充分表述,使大家对相应问题认识越来越清晰、理解越来越深刻,从而加强对法律规范和法律条文的理解。

(二)美国的法学教育及培养目标

美国的法学教育性质上属于职业教育,是一种本科后的职业教育,这是美国的独特之处。报考法学院的学生,要求已获得某个学院或者大学的文学学士学位(BA)或理学学士学位(BS)。法学院提供的学位主要有三种。第一种是法律博士学位(Juris Doctor,JD)。在历史上,美国法学院颁发的学位主要是法学学士学位(Bachelor of Laws,LLB)。但是,由于法学院的教育都是本科后教育,学制也有三年的时间,学生三年辛苦奋战之后又拿了"学士"学位,貌似对学生不公。所以,自20世纪60年代以来,美国法学院参照医学院,以JD取而代之,但是不同于其他博士的培养,JD仍以培养实务工作者为己任。JD是美国法律教育的初级法律学位,也是参加某一州或州际律师资格考试的先决条件。第二种学位是法学硕士学位(Master of Laws,LLM)。该学位的学制是一年,合格后可以取得该学位。在美国,攻读该学位的学生很少。该硕士学位有两种:一是为从事法律教育或者法律研究的学术方向而设置的,二是为深化某一专门学科的技能和专长而设置的,其中最普遍的是税法方向。第三种学位是法律科学博士学位(Doctor of Jurisprudence或者Doctor of Judicial Science,SJD或JSD)。该学位培养从事法学理论研究的人士,学制稍长,美国大概只有20余所法学院提供这种学位,攻读这一学位的美国人更是非常稀少。最后,对于在美国从事高级研究的外国法律专家,美国法学院还会为其授予一种"比较法硕士”学位(Master of Comparative Law,MCL);对社会作出突出贡献的公民,美国法学院可以颁发一种“荣誉法律博士”学位(Doctor of Laws,LLD)。

美国的法学教育模式早期完全来自英国,最初是学徒制(apprenticeship)模式。学生不是通过学校或学院的组织机构来学习法律,而是在律师执业机构或执业场所学习。这种教育模式非常传统,历史悠久,能够直接训练学生的实践能力,适应当时相对简单的法律环境。虽然当时有了少量的专门法律院校,但是学徒制在19世纪仍然是主流。[1] 在美国法律教育中,强调“像律师一样思考”并认为“优秀法学院的课程不是教授法律原则,而是教给学生律师式的思维方式——这是他们适用不断变化的法律原则的基本工具”。[2] 可见,培养律师从一开始就是美国法学教育的动机和目的。因此,美国法学教育一向注重法学实践教学,使用判例分析方法从最初以讲授法律规则为主,发展到包括教授分析问题的技能,口头辩护以及语言表达的技能在内的全面教育。18世纪到19世纪早期,具体教学方法主要有两类。一是实践型,即以学徒方式训练表达能力、思考方式和关键知识。在律师事务所,他们阅读布莱克斯通和科克的书,复印各种法律文件,在教师(律师)的带领下进行法律训练,学办各种案件。二是原理型,即以教科书、讲授或者两者结合的方式传授法律原则知识。学生们听教师讲(一般有教师,但许多是由法官和职业律师进行的讲授),然后阅读教科书,讲授是分专题进行的。1835年巴特勒在纽约大学采用专业讲座教学方法,这种按专业进行教学的形式,作为法学院全部课程的基础,一直沿用至今。教授们采用教科书作为他们讲授的基础。这些教科书是从判例中抽出来的原则,最初是模仿布莱克斯通的体系,但随着教学的发展,美国人自己编写的教科书大量出版。这些教科书的编写人包括:肯特、斯托里、格林里夫、帕森斯和沃什泊思,他们既是实践家又是教师。教科书涉及许多重要课题和对已经采纳的普通法原理的权威性说明。它的广泛应用,为美国法的统一起了重要作用。[3] 由于各大学纷纷设立法学院,1870年前,教科书讲授方法成为

---

[1] 参见[美]刘朱胜:《从巴尔的摩大学法学院看美国法学教育的发展趋向》,载《山东大学法律评论》第2辑,山东大学出版社2004年版。

[2] K. S. Okamoto, *Learning and Learning-to-Learn by Doing: Simulating Corporate Practice in Law School*, Journal of Legal Education, 1995.

[3] 参见[美]伯纳德·施瓦茨:《美国法律史》,王军等译,法律出版社2007年版,第95页。

法律教学的主要方法。随着美国工业化在19世纪的迅猛发展和社会的飞速变迁,美国法院制定的各种判例也层出不穷,以个案教育为主的传统学徒制越来越无法满足学员的要求。在这种背景下,1870年,哈佛大学法学院院长兰德尔开创了影响深远的判例教学法(Cases Method)。判例教学法是科学思维影响法学教育的产物,其原理是在众多判例的基础上,采取归纳推理的科学方法,提炼出一个个法律原则和理论,从而组成一门作为科学的法学。案例教学法将繁杂的判例梳理成条理清晰的法律原则,学生可以在较短时间内了解和掌握大量的判例法。这种教学法可以在一定的规模基础上培养学生,比“手把手教学生”的学徒制教育有明显优势,也更适于组织化的教学。哈佛法学院的这一教育改革,开创了美国现代法学院的雏形和法律教育的标准模式,使法学成为一门科学,在现代大学体制中有了合法的地位。[1] 兰德尔将法律视为一门科学,将判例教学法称为科学方法。兰德尔指出:“首先,法律是一门科学;其次,这门科学所有可获得的材料都包含在出版的书中。如果它不是一门科学,而是一门手艺,则最好可以通过一个开业律师做学徒来学习它。”“作为科学来考虑,法律包含着某些原则或原理,把握这些原则,以便能始终将它们熟练和准确地运用于纷繁复杂的人类事务中是一个真正的律师应当具备的,因而获得并理解它们是每个认真的法学生的工作。每个原则都是逐渐达到其今天的状态。换句话说,是在几个世纪的判例发展中成长起来的。这种成长可以通过一系列的判例去追溯出来,如果学习包含这种原理的判例是掌握它的唯一方法的话,则越短越好。”[2]

## 二、大陆法系国家的法学本科教育

### (一)法国的法学教育及培养目标

法国将高等教育分为大学教育和精英教育,不同的教育机构实施的招生原则区别很大。[3] 法国比较独特,在大学之外,设有大学校。大学是开放型的高等教育机构,是法国高等教育民主化、平等化的象征。相比之下,大学校则

---

〔1〕 参见孟涛:《美国法学教育模式的反思》,载《中国政法大学学报》2017年第4期。

〔2〕 Edmund M. Morgan, *The Case Method*, Journal of Legal Education, Vol. 4, p. 329, (1951).

〔3〕 参见王蔚:《法国高等教育平等权的法律保护及其对中国的启示》,载《中国法学教育研究》2015年第2期。

相对封闭,是专门培养精英的学校。两类高等教育机构在投资经费、学习条件、教育和管理模式、修业年限、学位文凭和就业前景等方面都大不相同。

法国法学院在旧制度下便是培养治国精英的重镇,所以大革命后的社会改革很大程度上通过法学院改革完成。现代法学院的组织最直接成型于第三共和国时期,同时,第三共和国也是法国经济、社会、政治和法律转型的关键时期。在法国,从 1984 年开始(大学)法学院或者法学高等学院在行政上统一命名为“法律教育研究单位”(法律 UFR),其使命是作为大学的一个部门进行法学和政治学的教育,为学生将来从事法律或司法领域的工作做准备。

从总体上来看,法国的法学教育是由法学院基础法学教育和职业教育这两种相衔接的教育模式组成。基础法学教育是通过法学高等教育实现的,是由综合性大学来承担的。大学法学院为学生打下法律知识的基础并着重训练学生的学术能力。而职业教育则主要由国家法官学院和律师学院来承担,注重对学生法律实践能力的培养。

在法国,大学法学院主要致力于对学生基础法律知识的教学并着重训练学生的学术能力,培养一种法学思维方式,为未来的职业培养打下理论和能力基础。在第一次世界大战之前,法国法学院逐渐确立了以私法、公法作为主要划分的学科分类,形成了以法律实务为主要取向的教育安排,以判例作为解释成文法的分析材料也在此时成为普遍接受的教学方法。法国大学法学基础教育的目标是使学生掌握法律学科的基础知识,获得概括的、坚实的和多样化的法律文化基础知识,熟悉法律学科的学习方法,同时提高外语水平、计算机技术以及交流能力。具体来讲,通过第一年的法学本科学习,学生不仅要获得法律基础知识(包括公法和私法);同时,通过对法学院的了解,掌握不仅是法学院也包括其他方向的大学学习方法。第二年的法学本科学习是为了让学生掌握更多更专业的法律知识。学生不仅要提高外语水平,也要形成自己学习法律的方法。第三年也是法学本科最后一年,要引导学生选择一个更细化的方向。学生和教师两者共同选择学生未来的职业方向,这些职业方向也对应硕士阶段的八个法律专业。[1] 同时,法国法学教育也非常注重对学生法律思维

〔1〕 参见王蔚:《法国法学教育论纲》,载黄进主编:《中国法学教育研究》2017 年第 2 辑,中国政法大学出版社 2017 年版,第 109 页。

能力及实践能力的培养。法国大学课堂教学虽然以教师讲授为主,但其教学过程高度重视最高法院及法国高级法院的判例,判例的讲解及考察在法国教学中地位突出。“法国法学教育更注重理论联系实际,特别关注司法实践。法国虽然是成文法系国家,但判例研讨在法学教育中占有举足轻重的地位。各阶段的学生都要研习经典判例和法院有代表性的最新判决。”[1]在2002年法国高等教育改革以前,法国的法学教育分为相互独立的三个阶段:一是基础教育阶段。其目标是通过理论、方法、实践与应用相结合的培养方式,使学生获得基础学科知识,使其掌握一定的治学方法和文献资料使用方法,养成对学科的敏感性,为其继续深造奠定基础。对于希望立即就业的学生,第一阶段的教育还应当确保其获得未来进入较广择业领域所需的职业知识与技能。此阶段进入大学学习的法科学生经过两年的学习,可以获得大学普通学习文凭(DEUG)。二是专业教育阶段。该阶段教育强调以渐进的方式引导学生进行专业选择。通过组织程度不同的通识教育和专业教育,帮助学生规划、设计个人培养方案,将课堂学习与实践活动相结合,为其进入某种或某类职业做好准备,将学生培养成为同时适应公营与私营部门职位需要的专业人才。在注重培养应用型人才的同时,这一阶段的法学教育还强调使学生进一步完善其知识内容与体系,加深其文化修养,逐步培养学生的科研能力与学术实践能力,引导他们从事相应的研究工作。学制为期两年但又相对独立,学生可以经过一年学习获得法学本科文凭(licence)或者经过完整两年的学习获得硕士文凭(master)。在此阶段,法国学生允许选择学习公法或者私法的课程,法学学位中也存在公法与私法这两个领域的区分。三是深入培养阶段。这是一种“研究型培养和通过研究进行的培养”。其培养目标是通过研究型培养方式使学生能够独立完成具有一定创新性的科研工作,推动知识进步,实现理论创新,同时使其掌握未来从事法学教学与研究所需的一整套方法,为国家法学教育与研究的发展积蓄力量。

目前,传承至今的法国法学教育也面临各种挑战:欧盟法深刻改变了法国法的版图,全球化导致规范的一再碎片化,法律职业也更加多元化。为了应对时代变革,许多大学也通过小规模的实验尝试改革。正在进行的改革明显以

---

〔1〕 徐航:《法学教育职业导向性——从历史与比较的观点看》,载《比较法研究》2012年第4期。

"律师"而非"法学家"作为大学法学毕业生的典型形象。但是法学院培养的律师应该是适应全球化竞争的律师而非传统的律师。

(二)德国的法学教育及培养目标

当代德国教育思想基于德国古典哲学"主观改造客观的理念",即人类的未来完全取决于对自身创造力的开发。经济自由、政治民主及思想多元的社会中的公民唯有具备最低限度的知识水准,才能尽其应尽的责任和实现自身的权利。教育同科学、技术、经济一样,旨在确保个人的基本生存和国家的普遍福利。[1] 德国的法学教育是大学教育,且有着悠久的历史。法学院属于大学产生之初就设置的四个学院之一,其他的是文学院(起初为预科)、医学院和神学院。德国现代法学教育根源于19世纪,具有悠久的法律历史和深厚的学术文化传统,因其培养了兼具坚实法学知识基础与精湛专业能力的法律人而一直备受赞誉。在原则上,德国法学教育的目标要与高等学校的任务和教学目的相一致。"高等学校的任务在于,通过研究、教授和研习,培植和发展科学、艺术,并为学生将来从事需要运用科学知识和科学方法或艺术创造能力的职业做准备。""教授和研习应为学生从事某种职业做准备,应根据专业传授给学生职业所需要的知识、能力和方法,以使学生能在一个自由、民主和法治的国家里,胜任科学或艺术工作和具有责任性的事业。"[2]

德国的法学教育旨在培养"全能法律家",即培养能够从事法官职业的法律工作者。这种培养目标使大学法学教育注重培养学生的裁判思维,教授学生法官应具备法学概念、规则、原理与理论体系,并擅长运用法教义学与案例解析,培养学生理解、解释与适用法律的专业能力。因此,德国法学教育为德国培养了大批具有扎实法学知识与专业能力的法官,也使德国司法判决享有很高的声誉与信任度。[3] 然而,这种单一的法学教育培养目标在教育改革讨论中备受质疑与批评。法律实务界更是一致认为,法学教育教学重点过于狭窄,忽略了学生其他法律专业能力的培养,毕业后的学生进入律师行业后并不

---

〔1〕 参见李道刚:《德国法学教育述评》,载《甘肃政法学院学报》2005年第5期。

〔2〕 郑永流:《知行合一　经世致用——德国法学教育再述》,载《比较法研究》2007年第1期。

〔3〕 参见张慰:《成为德国法官的教育之路——基于在德国联邦宪法法学的访学经历》,载王瀚主编:《法学教育研究》第16卷,法律出版社2017年版,第291页。

具备辩论、磋商等法律专业技能。[1]

近年来,德国高等法学教育改革的动力与压力来自内部与外部两方面。在内部方面,德国现代法学教育模式设立之初,很好地适应了当时社会对法学教育与法律人才的需求。然而,随着时代的发展,法律事务日益增多、法律问题更为复杂多元、法律职业领域不断扩展,法学教育如不进行改革,将无法适应现代社会提出的新挑战。在内部和外部压力之下,德国法学教育如果仍然想要保持其竞争力,为学生提供优质、有竞争力的法学教育,就必须适应新的形势进行改革。基于此,德国法学教育改革的呼声日益高涨,法学理论界、实务界、政界多次展开关于法学教育改革的激烈讨论,分析了德国法学教育中存在的各种问题,如德国高等法学教育历时过长;大学法学教育只是围绕司法考试进行;教育目标为"培养法官",过于注重的是法律职业中法官思维的培养;法学教育各阶段淘汰率高,学生学习、就业缺乏灵活的选择;学生外语能力不强,对国际、欧盟、国外法律掌握不够,缺乏国际竞争力。

为了解决法学教育中存在的这些问题,德国法学教育改革对培养目标作出了相应的调整与改变。尽管2003年的《法学教育改革法》仍然将法学教育培养目标确定为"取得法官任职资格",但是在立法材料中提出法学教育要培养"具有全方位能力的法律人"[2]。《法学教育改革法》的法律规定表明法学教育实际上已不再以培养法官作为单一目标,而是注重培养学生各方面的法律专业能力,如律师实务所需的专业技巧。法学教育培养目标的改革不仅是反映在《法学教育改革法》的法律内容之中,更是体现并落实在大学法学教育过程中相应的各项改革措施之中。

## 三、对两大法系法学本科教育培养目标的评析

### (一)两大法系法学本科教育培养目标的差异

通过对两大法系主要国家法学教育的考察,可以发现两大法系相关国家的法学教育培养目标存在一定差异。

英美法系国家的法学教育主要定位于满足法律职业的需求。法律作为一

[1] 参见李婧嵘:《德国法学教育改革发展的经验与借鉴》,载《法学教育研究》2018年第3期。
[2] 邵建东:《德国法学教育最新改革的核心:强化素质和技能》,载《比较法研究》2004年第1期。

种社会实用技术被教授，学生要求掌握的是诉讼实践经验。在这一理念的指导下，法学教育的目标被界定为培养法律职业所需的专业人才，学校注重学生实务技能的训练，而不是基础理论知识的教授。英美国家将培养职业法律人作为了自己的法学教育目标，开设的多是培养实务技巧等方面的课程。为了能够最大限度地提高学生运用法律解决实际问题的能力，教师采用法律诊所和模拟法庭为代表的实践性教学方式，积极开展学生与教师的互动，鼓励学生的创新意识与批判精神。

大陆法系国家的法学教育主要定位于法律科学的研究。大陆法系国家认为，法律教育是"倾向于一般的，而不是职业的训练"教育。[1] 法律被看作一门人文科学，学生要求掌握的是理论基础知识。在上述认识的影响下，法学院侧重的是学生的人文素质的培养，要求学生掌握法学基础理论，而对于法律职业所需的知识和技能并不教授。大陆法系国家侧重于培养具有系统法律知识的专业人才，开设的多是基础理论课程。教师采用传统的教学方式，以教师的积极讲授和学生的被动学习为主。为了使学生打下坚实的理论基础，教师教授学生运用具有普遍性的法律原则来寻求解决案件的常规办法，培养的是学生的理论研究能力。

### （二）两大法系法学本科教育培养目标的差异的成因

第一，法律观不同。英美法系国家法学教育的培养目标是在实证主义法律观的指导下形成的。实证主义法律观以经验主义哲学为基础，将研究的逻辑起点界定为经验，通过对经验事实的观察和分析来建立和检验各种理论命题。其法律推理采取的是类比或归纳的方式，也就是同样案件给予同样裁决。英美法系国家具有悠久的实用主义的传统，由英美法系国家首创或流行的分析实证主义法学、实用主义法学、行为主义法学等法学流派，都具有明显的实证主义色彩。可以说，实用主义就是英美国家社会民众精神生活和物质生活的支柱力量。[2] 英美法系国家的实证主义法律观是建构在英美法律家的思维模式之上的。对于英美法学家的思维模式的特点庞德有过深入的分析，庞德认为："在普通法法律家富有特性的学说、思想和技术的背后，有一种重要的心

---

〔1〕 参见[美]格伦顿等：《比较法律传统》，米健等译，中国政法大学出版社 1993 年版，第 46 页。

〔2〕 参见董琳：《两大法系法学教育价值观之比较研究》，载《理论界》2012 年第 7 期。

态。这种心态是：习惯于具体地而不是抽象地观察事物，相信的是经验而不是抽象概念；宁可在经验的基础上按照每个案件中似乎正义所要求的从一个案件到下一个案件谨慎地进行，而不是事事回头求助假设的一般概念；不指望从被一般公式化了的命题中演绎出面前案件的判决……这种心态根源于那种根深蒂固的盎格鲁撒克逊的习惯，即当情况发生时才处理，而不是用抽象的具有普遍性的公式去预想情况。"[1]在这种思维习惯下，英美法系国家的学者逐渐形成了经验主义的思维模式，经验主义的思维模式又对法学教育领域产生了深刻影响，最终在法学教育中形成了以司法经验为核心的培养目标和教学模式，具体培养目标表现为通过训练学生从具体到抽象的思维方式，培养学生的实务工作经验。

大陆法系国家在长期的法律文化演进中形成了一种理性化的法律教育模式。理性主义法律观是在承续罗马法时代的理性主义传统的基础上，受自然法思想的强烈影响而形成的对法的认知方式和方法。在大陆法系国家，理性主义法律观的盛行主要是基于大陆法系的法律家习惯于理性抽象的思维方法。大陆法系的学者们以演绎方式，从最一般的、有牢固理性法基础的基本原理中获得最具体的个别法律规定，其法律制度就像是完全艺术化分类的、系统而明确设计的建筑。学者们将这种严谨、理性的思维习惯运用到法学教育领域，自然要求对学生进行理论基础的训练，将教学的重点放在对学生逻辑思维能力的培养上。

第二，法律渊源不同。在英美法系国家，虽然制定法和判例法都是法律的正式渊源，但判例法居于主要地位。英美法系国家传统的法律渊源就是判例，只是到了近代以后，制定法的数量才日益增多，但它们也是法官对司法判例所确立的法律规则经过系统整理而形成的，因此判例的核心地位并没有受到动摇。由于判例作为司法实践的创造物，就是对司法实践经验的总结，因此，以判例法作为主要教学内容之一的法学教育，必然将教学的视角聚合于司法实践经验。同时，法官在对判例进行适用时，按照"遵循先例"的原则，需要将作为先例中的事实和法律问题与现在审理案件中的事实和法律问题进行比较，而这种精妙的"区别技术"，正是来自法学教育的训练。由此可见，判例在英美

---

〔1〕［德］H. 茨威格特、K. 克茨：《比较法总论》，潘汉典等译，贵州人民出版社 1992 年版，第 458 页。

法系国家法律制度中的核心地位，直接影响英美法系国家法学教育培养目标的设计，使其对学生的教育集中在法律职业素养方面。

大陆法系国家虽然也同时存在制定法和判例，但制定法才是正式的法律渊源，判例并无独立的法源地位，虽然从近代以后，判例也受到了一定程度的重视，但它仍然只具有某种程度的说服力，而不具备拘束力，成文法的核心地位从来就没有改变过。由于成文法已经以抽象的、条文的形式预设了一定的法律事实，所以，发现法律的技术相对来说较为简单。法官在对案件进行裁判时，只需将抽象的条文与具体的案件事实结合起来进行判断即可。这种制度模式必然决定法学教育将以满足人们对系统的法律知识和抽象的法律规则的需要作为教学的核心，而不以职业技能为价值指向。

第三，法律职业者的地位不同。在英美法系国家，法官、律师等法律职业人员具有显赫的社会地位。从法官层面来看，一方面，法官拥有绝对的立法权，他们通过对案例的判决，就可以形成法律规范；另一方面，很多法官也是著名的法学家，他们通过司法判决发表法律见解，阐述法律思想，在学术界处于举足轻重的地位，具有重要影响。如英国的格兰维尔、利特尔顿等法官，他们留下的各种著作曾经被看作对他们的时代的法的陈述，具有极高的权威性。[1]从律师层面来看，英美法系国家采用对抗制诉讼模式，使律师在法庭上可以充分施展才华，公众对律师的依赖感与日俱增。法律职业者在社会中的显赫地位，促使法学院按照职业利益和思维方式来训练学生，这种教育观念延及至后来的大学法学教育，也就形成了以职业素养为价值取向的法学教育价值观。

大陆法系国家的法律职业者身份相对较低。真正塑造大陆法系法律精神的主体力量是法学家。不管是古代，还是近现代，大陆法系的法学家们一直掌控国家立法权力。他们通过著书立说主宰立法，影响司法领域。同时，法学家通过他们在大学的优势条件，积极培养其思想的继受者和传播者，从而保持其思想和学说的影响力与发展的后续力。[2] 正是法学家将他们的超出具体生活经验的理性思维、严谨的学术风格和演绎的推理方法带进大学，形成了侧重于培养具有系统法律知识的专业人才的培养目标。

---

〔1〕 参见［日］大木雅夫：《比较法》，范愉译，法律出版社1999年版，第116页。

〔2〕 参见董琳：《两大法系法学教育价值观之比较研究》，载《理论界》2012年第7期。

## 第三节　立德树人与我国法学本科教育培养目标的重塑

### 一、我国法学本科教育培养目标的理论与实践

#### (一)对我国传统法学本科教育培养目标的反思

自1977年恢复法学教育后,我国法学教育经过40多年的发展,已经取得丰硕的成就,为我国法治建设培养了数以十万计的优秀法治人才,为新时代中国法学教育厚植了基础。同时,在我国法学教育40多年的发展过程中,对法学本科教育的培养目标始终是法学界关注的重要问题。

法学专业人才培养的目标定位究竟是大众教育、精英教育,还是兼而有之?法学教育培养的究竟是通才还是专才?换言之,法学教育究竟应当成为培养未来的律师、法官、检察官等法律职业者的职业教育,还是应当成为一种培养国民素质的通识性教育或培养学者和法学专家而教授法学理论和系统法律知识的研究性教育,始终是各方争论的核心问题,一直没有明确的结论和导向。虽然经过多年的实践,但我国高校对法学本科教育的培养目标并没有予以准确定位,主要体现在:

首先,法学本科职业教育属性不明显。我国的法学院系在短短的40余年内就已经比改革开放初期增长了200多倍,法学本科毕业生堪称各专业毕业生之最,但是法学本科毕业生的就业却不容乐观,这与我国粗放式的法学教育发展模式以及法学教育的职业教育属性未能凸显是分不开的。孙笑侠教授认为,法学的基本特点就在于它是一种职业知识体系。时至今日,在就业率连年走低的背景下,就业评价指标经由媒体舆论的不断放大对整个法学人才培养的目标定位产生了重大影响。以就业指标为核心评价要素、以实现就业的功利主义为价值依归的"就业至上论",在理论与实务界渐成强势。就业差似乎成为任何法学教育研究所不可回避的现实议题,其在相当程度上误导了未来法学教育改革的目标与方向。在此基础上,有关大众教育还是精英教育、通才抑或专才的核心追问逐渐不再那么重要,能否解决学生就业问题、扭转学科就业表现逐渐"篡夺"了法学教育原本的目标与宗旨,成为决定法学人才培养目标的核心甚至是唯一要素。

其次,法学本科精英教育属性的遗没。法学本科教育培养目标问题在法

学教育领域一直备受争议。作为基础性问题它不仅影响法学教育改革的走向,甚至决定法学教育改革的成败。近年来,我国法学教育得到蓬勃发展,但在法学本科教育培养目标问题上,存在分歧,总结起来包括法学素质教育主导模式、法学职业教育主导模式和法学多元目标模式。法学素质教育模式的目标实质上也就是"精英说",即将我国法学教育目标定位于法律精英教育。其认为,精英教育是作为高度经验理性的法治需要。同时,法律职业者作为"产品"要有众多的知识,更需要高尚的职业道德和职业品格。法律职业教育目标,则认为我国法学教育目的在于培养适应社会经济、政治、文化等各方面发展要求的职业法律人才。对有志于从事法律实务的人进行科学且严格的职业训练,使他们掌握法律的实践技能及操作技巧,能够娴熟地处理社会当中各种错综复杂的矛盾。因此法学教育的使命在于进行职业教育或者进行职业训练。当前法学教育界的主流认识是:法学教育是素质教育和专业教育结合基础上的职业教育,这种认识实际上综合了不同法学教育主体对法学教育的差异化定位。在这种定位下,目前国内很多法律院校在课程讲授过程中,还是坚持中国传统教育模式主导下的灌输式讲授方式,过于偏重探讨法学学科与其他学科之间在学理上的交流与沟通,注重对学理的探讨与法学流派的各种争论。这使法科学生在走出课堂之后,发现课堂所讲授的知识并不能够得心应手地加以使用,法律院校的产品总是与实际需要存在隔膜。[1] 法律职业从业人员是社会公平正义与制度正常运转的维护者,要求其具有良好的职业道德与特殊的职业技能。此外,社会关系是法律职业所面对的主要处理对象,其必然要求从业者具有丰富的社会生活经验与阅历,但是我国接受法学教育的大部分对象是只经历过基础教育的学生,同时我国基础教育的状况也颇让人担忧,并不能满足法律职业的基本性要求。

由于培养目标的设计影响教学计划的制订、课程的结构设计、教学过程的进行、教学方法的选择和教学手段的运用,如果对法学本科教育的培养目标不能予以准确定位,势必还会引发法学本科人才培养中的一系列问题。

---

〔1〕 余涛:《从法学的学科属性谈卓越法律人才培养——法律职业能力导向下的法学教育改革》,载《朝阳法律评论》2012 年第 2 期。

## (二)由卓越法律人才到卓越法治人才培养对培养目标的进一步明确

### 1.卓越法律人才培养目标定位存在的问题

2011年7月,教育部、财政部联合发布《关于“十二五”期间实施“高等学校本科教学质量与教学改革工程”的意见》,明确在“十二五”期间继续实施“高等学校本科教学质量与教学改革工程”(以下简称“本科教学工程”),并从质量标准建设、专业综合改革、国家精品开放课程建设与共享、实践创新能力培养和教师教学能力提升等五个方面对“本科教学工程”的建设内容进行全面规定,其中,在专业综合改革方面,明确提出,支持“卓越工程师教育培养计划”“卓越医生教育培养计划”“卓越农林人才教育培养计划”“卓越法律人才教育培养计划”和“卓越文科人才教育培养计划”相关专业建设。这是对于“卓越法律人才教育培养计划”在政策方面的首次明确定位。为确保这一计划的真正落地,2011年12月,教育部、中央政法委员会联合发布了《关于实施卓越法律人才教育培养计划的若干意见》(以下简称《卓越意见》),《卓越意见》从指导思想、总体目标、主要任务、工作措施、组织实施、政策保障等方面对“卓越法律人才教育培养计划”的落实进行了系统性规定。与之对应的,《卓越意见》又将“卓越法律人才”分为三类,即应用型、复合型法律职业人才,涉外法律人才,西部基层法律人才,每类人才又有相应的要求与描述,但同样缺乏具体标准。2012年5月,由教育部、中央政法委联合举办的卓越法律人才教育培养计划启动工作会议在北京召开,来自法院系统、检察系统和高等学校的代表共商法学人才培养规划和方案,正式成立了由公检法等多部门和高等学校负责同志组成的卓越法律人才教育培养计划指导委员会和专家委员会。2012年12月,教育部办公厅、中央政法委员会办公室联合发布了《关于公布首批卓越法律人才教育培养基地名单的通知》,“批准北京大学、中国人民大学、清华大学、北京师范大学等58所高校为应用型、复合型法律职业人才教育培养基地,中国政法大学、复旦大学、山东大学、武汉大学等22所高校为涉外法律人才教育培养基地,内蒙古大学、西南民族大学、甘肃政法学院、新疆大学等12所高校为西部基层法律人才教育培养基地”。《卓越意见》的出台,无论是应对法学教育困局还是对法学教育进行优化组合,这一计划的意义非常深远。这是国家层面针对法学教育和法学人才培养颁布的第一个指导性文件,也亮明了国家决心改革法学人才培养方式的鲜明态度。

卓越计划的实施就是要培养一大批具有良好的职业道德和职业修养，具有深厚的法律知识功底，能够熟练地运用法律知识解决实际问题，具有国际视野的优秀法律人才。[1] 因此，“卓越计划”的提出，至少是在法学本科教育层面，为法律人才培养目标的确定指明了方向，即应培养造就“信念执着、品德优良、知识丰富、本领过硬的高素质法律人才”，其中，应用型、复合型法律职业人才的培养应成为工作的重点。这一目标的确立是对社会需求的准确把握，是对社会发展的及时回应。社会对人才的需求是多样的，而且是不断变化的，每个时代对人才的需求无不客观地反映这个时代的脉络和特征，因此法学教育与法律人才培养必须紧扣时代脉搏，准确把握并及时回应社会发展需求，以满足社会的需要。[2] 改革开放以来，随着社会主义市场经济体制的逐步确立、依法治国方略的日渐落实以及与国际社会的日益接轨，中国社会发生了巨大的变迁，与此相适应的，社会对法律人才的需求也发生了较大变化，主要表现为社会对复合型、应用型法律人才的需求大大增加。在今天的现实生活中，许多法律问题的处理不再是一些单纯的法律问题的应对。法律人才不仅要具备扎实的法律基础知识，而且要具备与实际问题相关的一些专业知识，并且具有把法律知识和其他专业知识融会贯通加以灵活应用的能力。[3] 因此，在法律人才培养过程中，要格外强调法学基础与相关专业的结合，着重强化法律人才知识的广博性、整体性和内在结构性，切实提高法律人才的实践能力，这是时代赋予法学教育和法律人才培养的重任，[4]这对于促进我国社会经济持续快速健康发展具有重要意义。及时更新法学教育理念，适时修正法律人才培养目标是反映社会需求、适应社会发展的必然之需和应有之义，卓越计划目标的准确定位为我国的法律人才的培养指明了方向，有助于推动法学教育和法律人才培养工作的科学开展，进而极大地提高我国法律人才的培养质量，对于法律

---

〔1〕 参见王利明：《卓越法律人才培养的思考》，载《中国高等教育》2013 年第 12 期。

〔2〕 参见刘根、杜辉：《地方高校应用型法律人才培养模式探讨》，载《法制与经济》2008 年第 11 期。

〔3〕 参见张月明：《论复合型法律人才的培养》，载《广西大学学报（哲学社会科学版）》2005 年第 4 期。

〔4〕 参见范水兰：《“应用法学”视野下法律人才培养模式创新路径探索》，载《科教导刊（中旬刊）》2014 年第 3 期。

人才职业素养、专业能力和职业技能的培养都大有裨益。[1]

当然,我们也应当看到,尽管卓越计划的实施,对统一法学专业人才培养目标具有重要影响。但在推进卓越计划的教育改革实践中,我国法学学者及相关高校对卓越法律人才计划中所阐述的培养目标和培养模式仍然是缺乏一定程度的统一认识。事实上,培养目标关系卓越法律人才培养的方向与定位,而培养模式则与卓越法律人才培养的实践效果息息相关。不难想象,在对两者欠缺统一认识的前提下,不同高校的法学教育在法学人才的培养上可能较难达到教育部的预期成效。虽然法学教育应当定位为法律职业教育,就这种观点已经基本达成共识,但是对于职业教育的具体内容仍然存在模糊认识。以“卓越法律人才教育培养计划”的基地院校为样本,对中国政法大学法学院、北京大学法学院、中国人民大学法学院、对外经贸大学法学院等41所法律院校的培养方案中的“培养目标”进行比较和分析,发现各院校对培养目标的设定也不同。[2] 不可否认,卓越计划所提出的法律人才培养目标,是因应一定时期法治建设的特殊需求而确定的,这从《卓越意见》的表述中可以得到印证。卓越计划的核心要义针对实务型法律人才培养不足的问题,强调提升实务能力是法学专业提升人才培养质量的关键。因此立足于现实需求上的卓越计划,更强调学生职业能力的培养。有研究者已经指出过分关注法律人才培养的倾向过于功利或现实,尤其是在卓越计划实施后,一些高校的法学专业矫枉过正,过度改革和重视应用型人才培养,使法学教育沦落为法律“技术”教育。[3] 对于专业教育而言,强化实践教学环节固然非常重要,但也绝不能忽视系统的法学专业理论知识、法学方法的学习和法律思维养成的重要性,因为失去了坚实厚重的法学理论和法律思维作为基础,高等法学教育就会成为“无源之水、无本之木”。因此,要达成卓越法律人才培养目标与培养模式的统一认识,必须要正确地理解通识教育、专业教育和职业教育这三者在法学教育中的内涵以及各自的地位、关系。只有从真正意义上理解这三者的内涵以及相互之间的关系,才能确立清晰明确的培养目标,并以此为方向指导法学教育中的教学

---

〔1〕 参见包玉华、颜士鹏、侯璐:《“3321”应用型法律人才培养模式创新体系的构建》,载《东北农业大学学报(社会科学版)》2011年第3期。

〔2〕 参见刘坤轮:《中国法律职业伦理教育考察》,中国政法大学出版社2014年版,第109~214页。

〔3〕 参见何伦坤:《法学教育中的功利化倾向及其克服》,载《教育评论》2012年第6期。

内容和课程的设置，建立行之有效的培养模式。[1]

2. 卓越法治人才培养目标的进一步完善

鉴于卓越计划实施中出现的一些问题，同时也是为了实现全面依法治国总目标，党的十八届四中全会在《中共中央关于全面推进依法治国若干重大问题的决定》中提出，创新法治人才培养机制。创新法治人才的培养机制，回应全面推进依法治国的现实需要，也是法学教育急需改革而不可回避的问题。从《中共中央关于全面推进依法治国若干重大问题的决定》中我们应深刻理解全面推进依法治国离不开"法治人才"，"法治人才"与"法律人才"一字之差，其中蕴含通过法律提高国家治理能力和完善国家治理体系，建设创新型国家的更深远目标。2017 年 5 月 3 日，习近平总书记到中国政法大学考察并发表重要讲话，指出"建设法治国家、法治政府、法治社会，实现科学立法、严格执法、公正司法、全民守法，都离不开一支高素质的法治工作队伍。法治人才培养上不去，法治领域不能人才辈出，全面依法治国就不可能做好。"2018 年 10 月 13 日，为深入贯彻习近平新时代中国特色社会主义思想和党的十九大精神，贯彻落实习近平总书记在中国政法大学考察时重要讲话精神，根据《教育部关于加快建设高水平本科教育全面提高人才培养能力的意见》，在卓越法律人才教育培养计划基础上，教育部和中央政法委公布了《关于坚持德法兼修实施卓越法治人才教育培养计划 2.0 的意见》。卓越法治人才培养计划 2.0 被认为是卓越计划的升级版。卓越法治人才教育培养计划 2.0 的总体思路是，坚持以马克思主义法学思想和中国特色社会主义法治理论为指导，围绕建设社会主义法治国家需要，坚持立德树人、德法兼修，践行明法笃行、知行合一，主动适应法治国家、法治政府、法治社会建设的新任务新要求，找准人才培养和行业需求的结合点，深化高等法学教育教学改革，强化法学实践教育，完善协同育人机制，构建法治人才培养共同体，做强一流法学专业，培育一流法治人才，为全面推进新时代法治中国建设提供有力的人才智力保障。目标要求是，经过 5 年的努力，建立凸显时代特征、体现中国特色的法治人才培养体系。建成一批一流法学专业点，教材课程、师资队伍、教学方法、实践教学等关键环节改革取得

[1] 参见张靖：《卓越法律人才培养目标和培养模式的创新研究》，载《当代教育论坛》2016 年第 3 期。

显著成效;协同育人机制更加完善,中国特色法治人才培养共同体基本形成;高等法学教育教学质量显著提升,培养造就一大批宪法法律的信仰者、公平正义的捍卫者、法治建设的实践者、法治进程的推动者、法治文明的传承者,为全面依法治国奠定坚实基础。卓越法治人才培养,一方面要培养适应国家法治建设需要的人才;另一方面要以高素质的法治人才带动和提升全面依法治国的水平。国家法治环境的发展,对卓越法治人才培养提出了新阶段的要求。要从单纯服务于司法体制改革为先导,向立法、执法、行政、守法等全方位国家治理能力和治理体系需要的方向转变。[1] 基于全面依法治国,培养卓越法治人才的现实需要,2018 年教育部法学教指委发布《普通高等学校法学类本科专业教学质量国家标准》,将法学专业的培养目标进一步界定为:法学类专业人才培养应坚持立德树人、德法兼修,适应建设中国特色社会主义法治体系,建设社会主义法治国家的实际需要。培养德才兼备,具有扎实的专业理论基础和熟练的职业技能、合理的知识结构,具备依法执政、科学立法、依法行政、公正司法、高效高质量法律服务能力与创新创业能力,熟悉和坚持中国特色社会主义法治体系的复合型、职业型、创新型法治人才及后备力量。

同卓越法律人才培养目标相比较,卓越法治人才培养背景下的培养目标有了进一步的完善:一是指导思想更加明确。卓越法律人才培养"坚持以中国特色社会主义理论体系为指导",卓越法治人才培养则要求"以马克思主义法学思想和中国特色社会主义法治理论为指导",前者显得宏观和宽泛,后者则明确具体,针对性更强。二是培养目标更加精准。卓越法律人才培养下的培养目标是强调"信念执着、品德优良、知识丰富、本领过硬",而卓越法治人才培养背景下则立足全面依法治国的实际需要,提出培养造就一大批宪法法律的信仰者、公平正义的捍卫者、法治建设的实践者、法治进程的推动者、法治文明的传承者,这就为精准施策提供了坐标和遵循。三是高度强调德育在法治人才培养中的核心地位。《关于坚持德法兼修实施卓越法治人才教育培养计划 2.0 的意见》明确提出"厚德育,铸就法治人才之魂",具体举措是推进中国特色社会主义法治理论进教材进课堂进头脑,将社会主义核心价值观教育贯穿

---

〔1〕 参见杨松:《深化法学教育改革的关键性措施探讨》,载黄进主编:《中国法学教育研究》第 3 辑,中国政法大学出版社 2017 年版。

法治人才培养全过程各环节，加强社会实践，开展系统的法律职业伦理教育等。[1]

## 二、立德树人对我国法学本科教育培养目标的要求

立德树人作为教育的根本任务，其要求必然要落实到教育工作的方方面面。因此，法学专业人才培养目标的设计和达成，也必须要体现立德树人根本任务的要求。

### （一）强化对学生思想道德素养的培养

万事德为先。无论做什么事情，首要的问题是如何做人，而做人的道德标准是德行问题。一个人再有本事、再有能耐，如果德行不好，就会出问题，就会偏离做人的正常轨道。所以，“立德”是做人之第一要务。在法学专业人才培养中强化对学生思想道德素养的培养，是落实立德树人根本任务的具体体现。事实证明，如果高等法学教育在人才培养目标体系中缺失了“道德”这一重要因素或者没将其放在首要的位置，将会带来各种各样的社会问题。在立德树人这一教育根本任务视域下，使培养的人符合“德才兼备”的要求应当是法学专业人才培养的首要目标。

习近平总书记在视察中国政法大学的讲话中特别强调：“法治和德治两手抓、两手都要硬。法学教育要坚持立德树人，不仅要提高学生的法学知识水平，而且要培养学生的思想道德素养。”法学教育所要培养的人才是将来从事国家立法、司法、执法的专门人才，应当做到明法厚德，即不仅要掌握高水平的法学知识，而且要有高尚的品德，要有热爱祖国、关爱他人、服务社会等基本公民素质和道德修养。这就要求培养法治人才必须树立社会主义核心价值观的大德，把人才培养中价值观的“扣子”系得更紧。[2] 良好的道德品质是人的灵魂，决定人的社会价值，而社会主流道德意识是社会的风向标，决定了社会发展的方向。德育作为保障学生身心全面发展和高校社会主义办学方向的重要方式，必须贯穿教育教学的全过程。道德是内心的法律，一个有道德的人必将坚守法律底线，而一个守法的人也不可能泯灭道德与良知。然而，现实生活中

---

〔1〕 参见郜占川：《新时代卓越法治人才培养之道与术》，载《政法论坛》2019 年第 2 期。

〔2〕 参见王利明：《培养明法厚德的卓越法治人才》，载《中国高校社会科学》2017 年第 4 期。

一些法律职业者的道德水平与责任心却饱受质疑。其中司法、执法人员的道德素质低下是其重要原因。而法官、检察官、警察、律师等主体如何司法、执法直接关系法律的正确适用、公民合法权益的保障以及公众对法律和政府机关的信任。因此,法治人才的培养应当德才并重。习近平总书记在历次讲话中多次提到教育的根本任务是“立德树人”,在2016年12月全国高校思想政治工作会议上习近平总书记也强调要将“立德树人”作为“高校立身之本”。优秀的法治人才除了要具备深厚的理论知识和专业业务水平,尤其要具备优良的道德素养和正义之心、强烈的责任感与使命感。因此,法治人才的培养与法学教育不仅要在理论、实践、专业等方面下功夫,更要注重品德的培植,法治和德治不可偏废,要注重道德规范思想行为的教化作用以及德治对法治的支撑作用,在道德教育中体现法治内涵,使道德体系与法律规范相衔接、相促进,从而培养学生对法律的信仰,对规则的自觉维护,为全面依法治国营造良好的人文氛围,这也是习近平总书记提出培养德才并重法治人才的意义与内涵所在。[1]

同时,正确的人生观、价值观又是对学生进行思想品德培养的逻辑起点。人生观是关于人生目的、态度、价值和理想的根本观点。它主要回答什么是人生、人生的意义、怎样实现人生的价值等问题。其具体表现为苦乐观、荣辱观、生死观等。人生观是一定社会或阶级的意识形态,是一定社会历史条件和社会关系的产物。人生观的形成是在人们实际生活过程中逐步产生和发展起来的,受人们世界观的制约。不同社会或阶级的人们有不同的人生观。价值观是社会成员用来评价行为、事物以及从各种可能的目标中选择自己合意目标的准则。价值观通过人们的行为取向及对事物的评价、态度反映出来,是世界观的核心,是驱使人们行为的内部动力。它支配和调节一切社会行为,涉及社会生活的各个领域。价值观是人们对社会存在的反映。人们所处的自然环境和社会环境,包括人的社会地位和物质生活条件,决定人们的价值观念。处于相同的自然环境和社会环境的人,会产生基本相同的价值观念,每一社会都有一些共同认可的普遍的价值标准,从而发现普遍一致的或大部分一致的行为定式,或曰社会行为模式。价值观念是后天形成的,是通过社会化培养起来的。家庭、学校等群体对个人价值观念的形成起关键的作用,其他社会环境也

---

〔1〕 参见董娟、李俐娇:《论习近平法治人才培养观》,载《哈尔滨学院学报》2019年第7期。

有重要的影响。个人价值观有一个形成过程,是随着知识的增长和生活经验的积累而逐步确立起来的。个人的价值观一旦确立,便具有相对的稳定性,形成一定的价值取向和行为定式,是不易改变的。但就社会和群体而言,由于人员的更替和环境的变化,社会或群体的价值观念又是不断变化的。传统价值观念会不断地受到新价值观的挑战,这种价值冲突的结果,总的趋势是前者逐步让位于后者。价值观念的变化是社会改革的前提,又是社会改革的必然结果。人生观、价值观是个人实现自我完善的内在根源,是形成个人道德品质和道德修养的重要影响因素。一个人只有具有正确的人生观、价值观,才能在学习、生活、家庭和公共生活中具有良好的实践行为。只有当一个人具有较高的道德信念、正确的道德观念、较强的道德判断和选择能力,以及较强的道德自律能力,才能自觉履行应尽的道德义务。树立正确的人生观、价值观,是学生确立坚定的理想信念的基础,是立身之本、奋斗动力和行为坐标。

(二)遵循德法兼修的育人要求

"德法兼修"是习近平总书记在视察中国政法大学时对我国法学教育坚持立德树人,培养高素质法治人才的殷切期望。准确理解"德法兼修"的含义,有助于我们更准确地把握法治人才培养的内涵和要求。法为德之资,德为法之帅,二者如同法律人的两大支柱,互为依托,缺一不可。德法兼修的"德"可以引申为两个含义:就其浅层次而言,"德"是指法律职业道德,这是对法律职业共同体的外在约束,需要转化为法律职业者的内在道德修养,并引导、激励法律职业活动朝着公平正义的方向前行;"德"的深层次含义是指培养法律信仰,塑造法律人格,这是法学教育的终极目标。在全面依法治国的时代背景下,法律人对于法律的信仰是推动依法治国进程的重要动力。因此,德法兼修的最终目标应当是培养法学专业学生的高尚道德品质,促进学生道德人格的养成。[1] 法学是治国理政之学,具有鲜明的政治性和意识形态属性,法学专业学生作为法治人才的后备力量,势必成长为国家政治生活中最为活跃的群体之一。因此,帮助法学专业学生"扣好人生的第一粒纽扣",真正达到培养崇尚法治、立场坚定、方向正确的建设者、接班人的目标,是事关法治事业的长远发

〔1〕 参见李帅、庄严:《坚持立德树人目标培养德法兼修人才》,载人民网,http://dangjian.people.com.cn/n1/2019/0222/c117104-30897130.html。

展,事关法治人才梯队后继有人的关键环节。法学教育要落实“立德树人”的根本任务,不仅要强化学生的法学理论基础和法律思维能力,还要培养学生的人文素养和思想品德,这既离不开课堂的知识传授,更离不开教师的言传身教,毕竟涉世未深的青年学子的许多体悟来自其与教师的交往经历,来自其所经历和观察到的现实的生活事实及体验。因此,在法学专业知识育人的基础上,更需要有育德的担当与决心,实现“德”与“法”的协同育人模式,唯有如此,才能培育“德法兼修”的卓越法治人才。可见,德法融合式教育是新时代反映法学培养目标和教学内容系统性、全面性的重要指标。因此,法学院校要通过优化培养方案和培养过程,使“德法兼修”内化于心、外化于行,将思政教育与法律人文教育有机结合,正面引导法科学生的理想信念及价值追求,将培养“有灵魂”的法治人才作为法学院校的神圣使命。[1]

在道德层面,应当培养学生牢记从事法学专业学习和法律职业的初心,守住从事法律职业的底线,养成良好的职业伦理。习近平总书记指出,中国特色社会主义法治道路的一个鲜明特点,就是坚持依法治国和以德治国相结合,强调法治和德治两手抓、两手都要硬。法学教育的核心问题依然是人的问题,道德素质在人的培养问题上是不可缺位的关键要素。道德素质在法学专业人才培养中体现为良好职业伦理的养成。法律职业伦理,是对从事法律职业的法治工作者各项道德品质要求的集中规定。崇尚法治、公平理性、坚守正义、廉洁从业的法律职业伦理,是法律的精神和法治的公信力所在,也是法治工作者从事法学学习和法律职业的初心所在。近年来,有的法官、检察官、律师等法治工作者知法犯法,有的出身法律专业的领导干部沦为“阶下囚”,关键并不是他们的法律业务能力不过关,而是作为法律人的职业伦理严重欠缺,失掉了作为法律人的职业底线。因此,养成良好的职业伦理,把道德教育和品质锻造放在人才培养的重要位置对于法治人才培养来讲是非常重要的。

在专业知识和能力培养上,应当培养学生牢固掌握法学理论、法律实践的基本知识、理论体系和实践技能,形成卓越的法治能力。法学理论的学习和法律实践的锻炼是法学教育的中心环节。法治能力是把法学理论知识向法治实践运用的素质和技艺的总和,法治能力的养成关键是要在法学教育中破除法

---

〔1〕 参见郜占川:《新时代卓越法治人才培养之道与术》,载《政法论坛》2019 年第 2 期。

学理论和法律实践之间的壁垒。[1] 习近平总书记强调:法学学科是一门实践性很强的学科,法学教育要处理好知识教学和实践教学的关系。在新时代中国法学教育中倡导培养卓越的法治能力,是对中国法学教育长期重理论、重书本、重知识而轻实践、轻技能、轻实务现象的纠正。

在法律思维和法治思维的养成上,应当培养学生建立宏观思维,具备站在法律视角、运用法治思维观察国家和社会的重大问题、思考全球治理和人类命运共同体关键问题的战略视野。在法治人才培养中,高度的政治认同和良好的职业伦理的培养有助于守住法学教育的底线,卓越的法治能力养成则进一步丰富了法学教育的内涵,而优秀的战略视野则决定法学教育的高度。中国法学教育不仅要教会学生像法律人那样思考法律问题,还需要培养学生运用政治家的战略眼光思考国家重大问题和社会现实问题的能力。

## 三、我国法学本科教育培养目标的重塑

立德树人根本任务的确立和卓越法治人才培养的现实需要,对我国高等法学教育的人才培养提出了新的更高要求,必然会带来人才培养目标的重塑以及人才培养模式、培养机制的创新,其中法学本科教育培养目标的重塑是基础和前提,是创新法治人才培养模式、培养机制的方向和路标。

### (一)以培养具有中国特色的卓越法治人才为目标

法学教育如何定位是实施法治人才培养的原命题,是首先要解决的最本质问题。法学教育的目标,是整个法律教育发展的核心,法律教育目标能否准确定位,将直接影响中国法律人才的培养标准、培养规格、培养方式等方面的定位,进而影响整个法律教育的发展方向。我国多年来对法学教育属于通识教育、精英教育还是职业教育的问题一直争论不休,由此使法学专业人才培养目标的设计很难遵循一个规范性的标准,导致人才培养规格要求不一,人才培养质量难以得到有效保障。笔者认为,随着党的十八届四中全会关于创新卓越法治人才培养机制的提出,尤其是教育部法学教指委关于《普通高等学校法学类本科专业教学质量国家标准》的发布,法学专业人才培养目标被正式定位为培养具有中国特色的卓越法治人才。这一目标的确立,也就意味着我国高

---

[1] 参见周叶中:《新时代中国法学教育的问题与使命》,载《人民法治》2018 年第 16 期。

等法学教育更多地具有职业教育的色彩。对此，徐显明教授认为，党的十八届四中全会要求法学教育要培养懂国情、能贯彻中国特色社会主义法治理论的法治人才，这一目标决定了法学未来的教育模式就是职业教育。[1]

根据习近平总书记2017年5月3日在中国政法大学考察时的讲话精神和教育部、中央政法委《关于坚持德法兼修实施卓越法治人才教育培养计划2.0的意见》以及教育部法学教指委关于《普通高等学校法学类本科专业教学质量国家标准》的要求，对中国特色卓越法治人才的培养应当把握好以下几点：

1. 坚持以马克思主义法学思想和中国特色社会主义法治理论为指导

第一，坚持以马克思主义法学思想为指导。中国法学教育相较于其他国家法学教育的一大特色就是始终坚持马克思主义法学的指导地位。马克思主义法学及其中国化理论成果是新时代中国法学教育有效、合适的思想根源，必须长期坚持并不断发展。习近平总书记指出，没有正确的法治理论引领，就不可能有正确的法治实践。办好法学教育，必须坚持走中国特色社会主义法治道路，坚持以马克思主义法学思想和中国特色社会主义法治理论为指导。在法治人才培养过程中，必须首先要强化理想信念教育，确保法治人才培养的政治方向。只有坚持用马克思主义法学思想和中国特色社会主义法治理论指导法治人才培养工作，才能培养造就熟悉和坚持中国特色社会主义法治体系的卓越法治人才。

马克思主义法学思想是马克思主义思想的重要组成部分，是在辩证唯物主义和历史唯物主义哲学观指导下的法学思想，是关于法的本质、价值、运行以及法与其他社会现象关系、法治国家等法学理论的思想综合体，目的在于探寻法的本质及其历史发展规律。马克思主义法学思想是我国当代法学教育的重要理论历史渊源，有助于科学构建我国当代法学教育的理论框架、基本观点与法治目标。[2] 同时，就法治目标而言，马克思主义法学思想有助于形成良法之治的法治中国目标。全面依法治国是中国特色社会主义的本质特征与根本保障，建设法治中国必须以马克思主义法学思想为指导，用规律性的社会发展

---

〔1〕 参见徐显明、黄进、潘剑锋、韩大元、申卫星：《改革开放四十年的中国法学教育》，载《中国法律评论》2018年第3期。

〔2〕 参见李学成：《新时代背景下我国法学教育的新境界》，载《河南教育学院学报（哲学社会科学版）》2019年第3期。

规则引导我国社会健康、良性发展。

在卓越法治人才培养中，要以虔诚的心态坚持马克思主义法学思想的指导地位，尤其要以习近平新时代中国特色社会主义思想为根本遵循。坚持以马克思主义法学思想为指导，就必须以马克思主义的立场、观点、方法构建中国特色社会主义法学教育话语体系，以当代中国的马克思主义——习近平新时代中国特色社会主义思想贯穿研究和教学全过程，坚持问题导向，坚持理论联系实际，努力在解读中国实践、构建中国理论、培养法治人才上有新作为。

第二，坚持以中国特色社会主义法治理论为指导。中国特色社会主义法治理论是马克思主义法治理论与中国改革开放实践相结合的理论成果，是中国特色社会主义理论的重要组成部分，主要表现在中国特色社会主义法治理论体系、学科体系和课程体系的建设方面。中国特色社会主义法治理论体系是当代中国社会实践对法治建设与发展的时代的主观要求与客观反映。习近平总书记提出："要总结和运用党领导人民实行法治的成功经验，围绕社会主义法治建设重大理论和实践问题，不断丰富和发展符合中国实际、具有中国特色、体现社会发展规律的社会主义法治理论，为依法治国提供理论指导和学理支撑。"[1] 中国特色社会主义法治理论，是一套包括法治指导思想、法治的本质特征、法治建设总目标、法治的根本价值、法治基本原则，以及法治的推进方式等内容在内的科学的法治理论体系。[2] 中国特色社会主义法治理论，本质上是中国特色社会主义理论体系在法治问题上的理论成果，是中国特色社会主义法治道路的思想理论基础。中国特色社会主义法治理论深刻阐释了全面依法治国的理论依据、本质特征、价值功能、内在要求、中国特色、基本原则、发展方向等重大问题，系统阐述了什么是中国特色社会主义法治，如何推进全面依法治国、建设法治中国，如何在法治轨道上推进国家治理现代化等一系列根本性问题。[3]

在卓越法律人才培养中坚持以中国特色社会主义法治理论为指导，一是要遵循中国特色社会主义法学体系的规律性，彰显其鲜明特色。中国特色社

---

〔1〕 习近平：《加快建设社会主义法治国家》，载《求是》2015 年第 1 期。

〔2〕 参见胡明：《用中国特色社会主义法治理论引领法治体系建设》，载《中国法学》2018 年第 3 期。

〔3〕 参见李林：《新时代坚定不移走中国特色社会主义法治道路》，载《中国法学》2019 年第 3 期。

会主义法治学科体系是法学作为一门科学并反映当代中国社会发展规律的学术规范体系，是培养中国特色社会主义法治人才及其后备力量的关键，[1]也是法学教育本身应当重点关注的教育要素。在法学学科体系建设上要有底气、有自信，既以我为主、兼收并蓄、突出特色，又对世界上的优秀法治文明成果有选择地吸收借鉴和转化。中国特色社会主义法学学科体系应当以马克思主义法学理论为基础，构建中国特色社会主义法学基础理论与部门法理论并重的学科体系，前者应当包括中国特色社会主义法治理论学、法学基础、中国法学史等；后者应当包括宪法学、民商法学、经济法学、刑法学、行政法学、诉讼法学、国家法学、社会保障法学、环境法学。[2] 二是构建科学的中国特色社会主义法治课程体系。我国法学课程体系建设必须要全面反映习近平新时代中国特色社会主义法治理论精髓，与中国特色社会主义法治理论体系和学科体系相一致，合理设计课程体系，使学生能够得到科学、全面的培养和训练。在课程体系建设中，必须坚持以马克思主义为指导，将习近平新时代中国特色社会主义思想和社会主义法治理论融入课程中，培养学生对党的领导、中国特色社会主义事业和社会主义法治理论的内心认同。在法学理论课程或者法学课程中的理论部分的设计上必须注重理论传授、概念解释以及法条的内涵分析，为实践能力筑牢理论基础。对于卓越法治人才培养目标，在法学本科课程体系中必须强化实践、实训、案例课程建设，将实践类课程作为重点。

2. 以法治建设需求为引领

法治人才的培养必须要适应建设中国特色社会主义法治体系，建设社会主义法治国家的实际需要。《关于坚持德法兼修实施卓越法治人才教育培养计划2.0的意见》强调卓越法治人才培养应当主动适应法治国家、法治政府、法治社会建设新任务新要求，找准人才培养和行业需求的结合点，把中国特色社会主义法治理论教育融入法律人才培养全过程，增强学生服务社会主义法治国家建设的责任感和使命感。党的十八大以来，习近平总书记提出的“四个全面”战略布局已经成为我国治国理政的基本方略。全面依法治国是中国特

---

[1] 参见付子堂：《完善中国特色社会主义法学体系》，载《学习时报》2017年6月7日，第1版。

[2] 参见李学成：《新时代背景下我国法学教育的新境界》，载《河南教育学院学报（哲学社会科学版）》2019年第3期。

色社会主义的本质要求和重要保障，是“四个全面”战略布局的重要组成部分，是国家治理的一场深刻革命。没有全面依法治国，国家生活和社会生活就不能有序运行，就难以实现社会和谐稳定；没有全面依法治国，我们就治不好国、理不好政。只有全社会都尊法学法守法用法，把法治思维、法治方式贯彻到治国理政的全过程，落实到改革发展的大棋局，法治才能成为中国前进的坚强保障，从而实现经济发展、政治清明、文化昌盛、社会公正、生态良好。法学教育和法治人才培养在推进全面依法治国中具有重要地位，是全面推进依法治国系统工程的重要组成部分，也是我国法治事业兴旺发达的重要保障。[1]

建设法治国家、法治政府、法治社会，实现科学立法、严格执法、公正司法、全民守法，都离不开一支高素质的法治工作队伍。因此，法治人才培养上不去，法治领域不能人才辈出，全面依法治国就不可能做好。这实际上也就意味着，在法治已成为共识和刚需的新形势下，法学教育必须要树立多元化、多层次法治人才培养观念，创新法治人才培养机制，以培养德法兼修的高素质法治人才为根本使命，法治人才培养必须以法治建设需求为引领，必须面向全面依法治国需求，法学教育人才培养目标设计必须回应各个领域法治人才的需求。法治人才的培养应该着眼于中国特色社会主义法治体系的各个环节，即立法人才、司法人才、执法人才、法律服务人才等都是依法治国所需要的法治人才，在培养法治人才时要注意均衡。以往的法治教育过分关注对司法人才和法律服务人才的培养，忽略了对立法人才和执法人才的培养。随着依法治国的深入推进，立法人才和执法人才的需求量进一步扩大，法治人才培养的不均衡会进一步显现。法治是系统的，不是几个要素的简单相加，而是各个环节的有机统一，忽略任何一个环节的人才培养都是对法治建设的片面理解。对立法人才和执法人才的培养应当引起法治人才培养单位的高度重视，法治人才的多元化培养和均衡化发展应当成为未来中国法治教育的新课题。[2]

为落实党的十八届四中全会《中共中央关于全面推进依法治国若干重大问题的决定》，中共中央办公厅、国务院办公厅印发的《关于完善国家统一法律

---

〔1〕 参见黄进：《坚持立德树人、德法兼修培养高素质法治人才》，载《中国高等教育》2017 年第 10 期。

〔2〕 参见董娟、赵威：《从法律人才到法治人才：法律硕士培养目标的新转变》，载《学位与研究生教育》2019 年第 5 期。

职业资格制度的意见》中明确法律职业人员范围:“法律职业人员是指具有共同的政治素质、业务能力、职业伦理和从业资格要求,专门从事立法、执法、司法、法律服务和法律教育研究等工作的职业群体。担任法官、检察官、律师、公证员、法律顾问、仲裁员(法律类)及政府部门中从事行政处罚决定审核、行政复议、行政裁决的人员,应当取得国家统一法律职业资格。国家鼓励从事法律法规起草的立法工作者、其他行政执法人员、法学教育研究工作者,参加国家统一法律职业资格考试,取得职业资格。”因此,法学教育应当继续坚持并强化法官、检察官、律师、公证员等司法人才的教育培养,还必须注重立法人才、行政执法人才、企业和社会组织法务人才的培养。良法才能善治,高质量的立法是实行法治。立法中法案起草的是一项专业性、技术性很强的工作,需要有专门立法人才才能胜任,而且立法本质上是制度设计,无论是在起草法律、法规、规章草案,还是进行规范性文件起草工作,都是属于立法活动,凡是专职或者主要从事具体制度设计、承担法案制作的人才,都属于专门立法人才,国家法治建设需要大批专门立法人才,这也应当是法学教育必须重视的。[1]

3. 突出对复合型、职业型、创新型法治人才及后备力量的培养

复合型、职业型、创新型实际上是对法治人才综合素质和专业素养的要求。复合型是指所培养的学生一专多能。以法学专业为基础,具有两个以上学科领域的知识、技能、能力、素质,特别是与法学学科密切关联的学科专业知识、技能、能力和素质,即多学科交叉或者融合。在应用型、复合型、创新型人才培养要求的大环境下,促进跨学科攻读更高学历可以适应这一培养要求的转变,而基于交叉学科形成的新的专业或者专业方向,一方面可以弥补转换后专业和原有专业衔接的矛盾,减少跨学科攻读高学历的阻碍;另一方面可以促进交叉学科的发展,突出交叉学科在培养新型人才上与传统学科的比较优势。因此,在不同的人才培养阶段,应做好跨学科培养的基础,同时,通过学科的交汇与发展,凝练适应社会需要的新的学科领域,相应的设置专业和专业方向,促进交叉学科人才的产出。[2] 对于法治人才培养,需要增加法学本专业交叉

---

〔1〕 参见邓世豹:《超越司法中心主义——面向全面实施依法治国的法治人才培养》,载《法学评论》2016 年第 4 期。

〔2〕 参见王鹏:《论交叉学科在法学本科人才培养体系中的作用》,载《海峡法学》2017 年第 2 期。

和跨专业交叉课程,甚至是相关专业交叉和其他专业交叉课程,构建法学人才复合知识结构,实现复合型法治人才培养的目的。

职业型是指学生作为法治人才的后备力量,在胜任各种法律职业方面的能力和素养。职业能力和职业素养是法学专业学生向法律职业领域发展的基石,也是自我发展的根本。在职业能力和职业素养上,要求学生具有法学一级学科所要求的宽厚而扎实的基本理论、基础知识,形成一定的法律职业技能和法律职业能力。法治人才,除了拥有科学的世界观和方法论外,还应掌握丰富的法治知识、娴熟的法治技能,能够解决各种复杂的法律问题。具体来讲,对法治人才职业能力培养,应当侧重以下方面:一是要使其娴熟掌握法律知识和法学基本理论。法学本科学生最为核心的培养是对法学基础知识和基本理论的掌握,尤其应突出对法学理论和重要部门法的学习。在教学过程中,法学专业应注重对法学基本概念、基本原理、方法论和法律技能的训练。二是良好法治思维的养成。相较于法律思维,法治思维更加注重从宏观和整体上把握法律,同时也强调对自由、平等、公正等价值的追求。法治思维也是一种价值思维方式,绝不是机械地适用法律,而是更好地运用法律。从方法论的角度看,法治思维讲究逻辑推理、修辞辩论和理解解释的技术手段。法治思维是对静态法律思维的动态补充和提升,是更为宏观的思维方式。法治思维并不排斥法律思维,相反,法治思维是以法律思维为基础,同时更加侧重综合性,从而实现思维层面的超越。在培养法治思维的过程中,必须进行法律思维的培养,在此基础上,逐步引导法律思维上升为法治思维。具备法治思维的法治人才是高素质专业人才的标志,应更加侧重于对动态的把握,更能适应法治体系各个环节的运行需求。法治思维包含底线思维、规则思维、系统思维等方面,需要必要的法学理论和其他社会科学理论,如对哲学、社会学、经济学的学习以及大量的思维训练才能逐步掌握。法治思维有助于弥补传统法律思维的僵硬性等不足,避免机械性思维对法治的片面理解,从而更好地服务于法治建设和国家治理的现代化。

创新型是指在研究创造方面具有较强的能力,具有较强的创新意识、创新精神、创新能力、创新方法、专业知识较为精湛的人才。创新能力,是一种能够利用现有的知识和物质,在特定的环境中,本着理想化需要或为满足社会需求,而改进或创造新的事物,并能获得一定有益效果的一种行为能力。教育不仅要培养掌握知识的人,更要培养运用知识和创新知识的人。创新能力主要包括学生的批判质疑精神、独特思维方法等。有数据表明,中国司法机关案件办理质量的提升与法检队伍学历学位的不断攀高并未形成有机的良性互动。究其根源,在于我国法学高等教育人才的培养"技"的传授有余,"道"的培养严重不足,致使形式主义的问题丛生,标新立异的创见盛行,真正既有理论洞见又有现实关怀,既能科学有效地解决中国社会现实问题,又能指引中国法治未来发展方向的研究成果并不多见。而这既是中国当下法学研究滞后于司法改革探索的根源,更是中国高等法学教育培养模式的弊端所在。因此,问题意识和批判性思维的培养,才是创新能力培养的关键。只有独立思考、善于思考、勤于思考,才能改变因急于追赶而流于盲目追随的命运。而批判性思维绝非简单地发现错误、单纯地查找缺点,相反,没有肯定的否定是片面的,没有建设的批判是破坏的,批判性思维是在肯定与否定、舍弃与坚持交织中的螺旋式上升和反思性建设。唯有如此,培养出来的法治人才才能成为具有科学问题意识和突出创新能力的卓越人才,而不是简单重复前人的法律工匠。[1] 对法治人才创新能力的培养应当立足于以下几点:一是加快法学课程体系创新,形成中国特色社会主义法学课程体系,这样才能达到用中国特色社会主义法治理论解释中国法治现象、解决中国法治问题、指导中国法治实践的效果。中国特色社会主义法学课程体系的建构必须要以马克思主义法学理论为指导,以中国特色社会主义法治实践为渊源,以新文科建设为要求。二是发挥交叉学科在法学本科人才培养体系中的作用。现阶段,在法学本科人才培养过程中,课程的复合程度明显不足,各高校法学专业在通修必修课程以外,仍然基本以细化的传统学科课程作为培养方案中的其他必修、选修课程,交叉学科课程比例仍然很低,这需要各高校法学专业在制订培养方案时,充分贯彻教育部制订的法学专业培养目标要求,增加法学本专业交叉和跨专业交叉课程,甚至是相关专业交叉和其他专业交叉课程,构建法学人才复合知识结构,实现复合型人才培养的目的。本科人才培养逐步呈现由课内向课外转化,理论向实践转化的趋势,在这一趋势作用下,课内时数逐步减少,实践环节逐步增多。这一趋势是向学生综合能力培养的方向逐步靠拢的要求,是应用型、复合型人才培养目

〔1〕 参见田宏杰:《中国法学创新人才的培养》,载《光明日报》2014 年 7 月 2 日,第 16 版。

标在课程体系结构上的直接影响。因此,综合性、交叉性并且具有更多实务内容的课程成为课程体系当中比例越来越高的部分。本科法学作为应用性较强的学科,应当设置更多的综合性的交叉学科课程以适应这一变化。三是实现法学教育的课堂革命。课堂是践行教育使命和完成教学的重要方式,课堂的信息化和智能化是教育信息化的核心和本质。教学课堂的智能化和信息化,就是要充分发挥信息技术对教育的革命性作用,是充分应用信息化技术推进教育教学方式改革的具体体现。基于互联网、人工智能技术应用的智慧课堂和网络课堂,应该成为未来教育创新模式的新常态。因此,只有通过淘汰"水课",打造"金课",推动法学专业教学内容、课程体系、方法手段、实践教学的改革,着力打造线下、线上、混合式、虚拟仿真、社会实践等5类"金课",才能使法学教育教学理念、内容、手段、方法、学生考查标准等发生一连串的变化,才能真正提高法学教育教学质量。

# 第三章　立德树人与我国法学本科教育培养模式改革

## 第一节　法学本科教育培养模式的含义及其构成

### 一、法学本科教育培养模式的含义

#### （一）人才培养模式的含义界定

在教育领域，“模式”一词与“教学”一词相结合而形成了“教学模式”的概念。而“教学模式”的广泛运用为“人才培养模式”提供了广泛的社会认同。20世纪70年代初，美国师范教育专家乔伊斯和韦尔对教学模式问题进行了开创性研究，发现了大量的教学模式，既包括简单的教学程序，也包括复杂的教学策略，他们在调查研究的基础上于1972年出版了《教学模式》一书，该书的问世在世界上产生了广泛的影响。乔伊斯和韦尔在书中将教学模式定义为：它是构成课程和作业、教材选择、提示教师活动的一种范式或计划。自20世纪80年代以来，对教学模式的研究也成为我国教育领域的重点之一。在人才培养实践中，人们逐渐感到“教学模式”这一概念不足以概括人才培养的全过程、全要素，而“教育模式”这一概念的外延又过大，于是就进一步提出了人才培养模式的概念。在教育领域，除了“教学模式”“教育模式”概念外，经常运用的还有“课程模式”“办学模式”和“体制模式”等概念。人才培养模式与上述概念既有区别，又有联系。“人才培养模式”主要是针对人才培养的整个过程而言的，“教学模式”“课程模式”只是概括了人才培养过程的某个方面或者某个具体环节，是“人才培养模式”的下位概念。而“办学模式”和“体制模式”则主要针对学校办学活动而言的。

人才培养模式概念的提出，是我国教育教学改革的产物。南京大学是最早明确提出“人才培养模式”概念的学校之一。1990年8月，南京大学校长曲钦岳在国家教委直属高校工作咨询委员会上作了题为“坚持社会主义办学方向，深化综合大学教育改革”的发言，他在发言中提到我国理科教育中所试行的人才培养模式的类型。1994 年，国家教委开始制定“高等教育面向 21 世纪教学内容和课程体系改革计划”，随后启动各种改革项目。伴随各种改革项目的推进和实施，“培养模式”“人才培养模式”“人才培养模式改革”等概念逐渐得到人们的重视和认同。在理论界首次明确界定这一概念的是 1993 年刘明浚等人在《大学教育环境论要》中提出的“人才培养模式是在一定的办学条件下，为实现一定的教育目标而选择或构思的教育、教学样式”。而在我国教育管理部门首次对这一概念进行表述的是 1998 年教育部《关于深化教学改革，培养适应 21 世纪需要的高质量人才的意见》，提出：“人才培养模式是学校为学生构建的知识、能力、素质结构，以及实现这种结构的方式，它从根本上规定了人才特征并集中体现了教育思想和教育理念。”从对人才培养模式内涵的理解来看，主要有以下几种观点：

一是将人才培养模式界定在教学活动的范畴内对其进行诠释，强调在教学方式方法上使用这一概念。认为“人才培养模式是教育思想、教育观念、课程体系、教学方法、教学手段、教学资源、教学管理体制、教学环境等方面按一定规律有机结合的一种整体式教学方式，是根据一定的教学理论、教学思想形成的教育本质的反映。”[1]

二是将人才培养模式的内涵扩大到整个管理活动的范畴内进行界定。认为“人才培养模式是在一定教育思想指导下，为了实现一定的人才培养目标的整个管理活动的组织方式。它是在一定教育思想指导下，为完成特定的人才培养目标而构建起来的人才培养结构和策略体系，是对人才培养的一种总体性表现。”[2]

三是将培养模式的内涵界定于教学活动与整个管理活动之间。认为如果将培养模式仅限定于教学活动的范畴则相对过于狭窄，而如果将其泛化到整个管理过程，又有失精准。因而将其界定为“在一定教育思想和教育理论指导

---

〔1〕 刘红梅：《21 世纪初高教人才培养模式基本原则探析》，载《齐齐哈尔医学院学报》2002 年第 5 期。

〔2〕 马国军：《构建创新人才培养模式的研究》，载《高等农业教育》2001 年第 4 期。

下，为实现培养目标而采取的培养过程的某种标准样式和运行方法”[1]。

四是从“人才培养”和“模式”这两个词出发审视其内涵。认为这两个词都有状态的含义，人才培养是状态的变化，模式是状态中表现出来的特性，因此认为人才培养模式的内涵是在培养人的过程中呈现的结构状态特征。“所谓人才培养模式是指在现代大学培养理念和理论指导下建立起来的比较稳定的大学人才培养活动的结构框架和活动程序，其中建立‘结构框架’意在指导大学管理者和教育者从宏观上把握人才培养活动整体及各要素间内部关系的功能，而‘活动程序’意在突出人才培养模式的有序性、可控性和可行性。”[2]

综上可以看出，关于人才培养模式的争论焦点主要集中在外延涉及的范围大小上，学者们的理解大致可分为两类，即狭义的外延范畴和广义的外延范畴。狭义的外延范畴认为培养模式既不属于内容范畴，也不属于纯粹的形式范畴；既不属于目的范畴，也不属于结构范畴。其根本属性在于它是一种过程范畴，是对培养过程的设计、建构与管理。其构成要素仅包括“人才培养方向、统筹教学计划和培养过程”三方面。而广义的人才培养模式的构成要素包括目标模式、培养方案、实施条件、环境建设等方面。基于此，有学者将人才培养模式进一步界定为：在一定的教育理念指导下，教育机构或教育工作者群体普遍认同和遵循的关于人才培养活动的实践规范和操作样式，它以教育理念为基础、培养目标为导向、教育内容为依托、教育方式为具体实现形式。[3] 由此，可以看出人才培养模式具有以下特点：首先，人才培养模式是诸多要素的结合，最终体现对人才培养的系统性。人才培养模式是一个较为宏观的概念，不是一个微观的教育甚至教学过程，而是针对不特定对象所形成的教育体系。人才培养模式是为培养人才而设计的，是人才培养过程的实践总结，又是人才培养过程的理论指导，因而具有可操作性，同时又能对人才培养的流程、环节中的具体步骤、方法和指标等起规范作用。其次，人才培养模式是一个可以重复实现的过程，如同科学实验一样，是可以重复、可以验证的，有其普遍的合理性。一种成功的人才培养模式可以为其他学校学习和借鉴。这实际上反映

---

〔1〕 龚怡祖：《略论大学培养模式》，载《高等教育研究》1998 年第 1 期。

〔2〕 陈厚丰、谢再根：《论大学创造性人才培养模式的构建与实施》，载《江苏高教》1999 年第 4 期。

〔3〕 参见王启龙、徐涵：《职业教育人才培养模式的内涵及构成要素》，载《江苏技术师范学院学报（职教通讯）》2008 年第 6 期。

出，人才培养模式具有标准性的特点。也就是说，由各种要素组成的人才培养模式应以具有一定的客观性和稳定性的评估体系和指标得到外界的认同，从而具有相同或者相似专业选用的推广价值，对某一类人才的培养具有普遍的指导意义。再次，人才培养模式应当以某种教育理念和思想为指导，指导人才培养模式的教育理念和思想应当是合理的，能够经受人才培养实践的检验。最后，人才培养模式应当具有系统性、完整性，是包括培养目标、培养规格、培养方案、培养途径和结合专业的课程设置等要素的统一体，人才培养模式不是对某一培养模式要素的强调或者孤立，而是注重以实现培养目标这一中心目的而对各要素进行优化组合。

（二）法学本科教育培养模式的含义

以前述人才培养模式一般含义的界定为基础，笔者认为，对于法学本科教育培养模式的含义可以作如下理解：法学本科教育培养模式，是指在一定法学教育理念的指导下，高校法学专业在法学本科人才培养中所遵循的关于人才培养活动的实践规范和操作样式，它以法学教育理念为基础、以培养目标为导向、以教育内容为依托、以具体教育方式方法为实现形式。从宏观来看，法学本科教育培养模式的设计应当符合高校人才培养模式的一般要求，具有大致相同的构成要素。同时，也应当体现法学专业人才培养的特点和具体要求。因为法学本科教育培养模式的选择是法学教育的核心问题，体现了法学教育的目标定位和理念选择，关系法学专业所培养人才的发展导向。

## 二、法学本科教育培养模式的内在要素

根据教育学人才培养模式的一般原理，结合法学学科专业特点，法学本科教育培养模式一般应当包含培养目标、培养方案和培养途径这三个要素。

（一）培养目标

培养目标是高校根据国家教育主管部门的规定，结合自身条件和专业特点所制订的，规定在一定的修业年限内，通过各种教育教学活动的培养，使学生在专业学习方面所要达到的知识、能力和素质等方面的要求。对于法学专业人才培养目标，《普通高等学校法学类本科专业教学质量国家标准》中予以了明确的规定，对此，前一章已进行了详细论述。

（二）培养方案

确定人才培养目标之后，必须制定专业人才培养方案并选择有效的途径去实现人才培养的目标。专业人才培养方案一般包括课程体系、教学计划和课程教学大纲等。

课程体系是指按照人才培养目标、专业特点、教学要求和学生需求，根据专业知识之间的内在联系而设计的课程系统。课程体系被视为人才培养的核心内容，本质上是一系列课程科目的排列组合。这个组合必须要根据专业知识结构，起到传授专业知识的作用，必须符合知识系统的科学性，同时还应当满足学生自主学习的需要。从法学专业的课程设置来看，总体上包括理论教学课程和实践教学课程。理论教学课程体系包括思想政治理论课、通识课、专业课；实践教学课程体系包括实验和实训课、专业实习、社会实践与毕业论文。大多数高校的法学专业一般设置了三类课程：一是通识教育课程。通识教育课程包括通识通修课（必修）和通识通选课（选修），旨在培养学生对社会及历史发展的正确认识，优化学生知识结构，提升人文素养与科学素质，帮助学生树立科学的世界观、人生观、价值观，掌握基础的知识和工具，促使学生身心得到健康发展。其中通识通修课主要包括思想政治理论课程、军事课程、大学体育、大学英语、大学计算机、大学语文、大学数学、就业创业、艺术教育等。而通识通选课旨在发挥学校综合性优势，通过为学生提供跨学科、跨文化、宽视野的课程，引导学生广泛涉猎不同学科知识领域，增进其对自身、社会、自然及其关系的理解，培养学生健全的心智、健康的人格、崇高的品格、批判性思维与博爱的胸怀，以及追求真理的精神。二是法学专业核心课程。《普通高等学校法学类本科专业教学质量国家标准》要求法学专业核心课程采取“10 + X”分类设置模式。“10”指法学专业学生必须完成的10门专业必修课，包括：法理学、宪法学、中国法律史、刑法、民法、刑事诉讼法、民事诉讼法、行政法与行政诉讼法、国际法和法律职业伦理。“X”指各院校根据办学特色开设的其他专业必修课，包括：经济法、知识产权法、商法、国际私法、国际经济法、环境资源法、劳动与社会保障法、证据法和财税法，“X”选择设置门数原则上不低于5门。三是实践教学课程。应根据专业教学的实际需要，利用模拟法庭、法律诊所、专业实验室、实训基地和校外实习基地，独立设置实验、实训课程，组织专业实习，开展创新创业教育；还应根据本专业实际需要，组织各种形式的法制宣传教育活动，让学生了解社会生活，培养其社会责任感，增强其社会活动能力。

教学计划有广义和狭义两种理解类型，广义的理解包括专业培养目标、专业培养规格、修业年限、课程设置和教学进程总体安排等内容。狭义的理解则包括课程设置、教学进程总体安排等内容。人才培养方案中所涉及的教学计划应当是指狭义的教学计划。从时间维度来看，它是一个纵向推进的进程。从课程的角度来看，它是一个横向联系的结构。两者的合理结合形成横向结构、纵向结构紧凑的科学体系。

教学大纲是根据学科内容及其体系和教学计划的要求编写的教学指导文件，课程教学指导目标、教学内容基本要求、实践性教学环节和学分、学时分配等由其规定，教学大纲是编写、选用教材和进行教学的主要依据。

（三）培养途径

培养途径是指为达到培养目标的要求，在培养过程中为学生设计的具体培养环节、培养机制和培养方法等。在培养环节上，主要区分理论教学环节和实践教学环节。通过开展规范的理论教学，有助于学生掌握法学学科的基本知识、基本理论，初步具有分析问题的能力；同时，由于法学是一门实践性和技术性很强的社会科学，因此在培养中又必须设置一定的实践教学环节。实践教学环节的设置，旨在通过理论与实践的结合，使学生巩固和深化所学的理论知识，培养和提高学生分析问题、研究问题和解决问题的能力，熟悉社会现实，增强对法律职业的使命感的认识，并可以使其受到法律职业伦理和专业技能方面的教育和训练。培养机制是指人才培养体系内的承担培养责任的主要主体及其所承担的主要职责。近年来，随着卓越法律人才教育培养计划和卓越法治人才教育培养2.0的实施，我国高校在人才培养中主要采取了协同育人模式。高素质的法治人才培养仅靠高校自身力量和资源是很难完成的，必须紧紧把握协同育人这个强有力的杠杆。教育部、中央政法委《关于实施卓越法治人才教育培养计划2.0的意见》中，要求切实发挥政府部门、法院、检察院、律师事务所、企业等在法治人才培养中的作用，健全法学院校和法治实务部门双向交流机制，选聘法治实务部门专家到高校任教，选聘高校法学骨干教师到法治实务部门挂职锻炼。在法学院校探索设立实务教师岗位，吸收法治实务部门专家参与人才培养方案制定、课程体系设计、教材编写、专业教学，不断提升协同育人效果。培养方法是指为实现培养目标的要求，在对人才培养过程中所采取的具体的方式与手段。培养方法有宏观和微观之分,宏观的培养方法包括落实培养目标和满足专业培养规格所采取相关方法,如培养学生的法学专业素养、法律职业能力、创新能力所采取的方法;微观的培养方法则是指在开展某一具体教学活动时所适用的方法,如课堂教学方法、各种具体实践教学方法等。

## 第二节 国外法学本科教育培养模式

### 一、国外不同国家法学本科教育培养模式

#### (一)美国法学教育培养模式

1. 美国法学教育的培养体系和培养目标

美国的高等法学教育可分为三个培养层次,法律博士学位、法学硕士学位和法学博士学位。

(1)法律博士学位

法律博士属于美国高等法学教育基础学位,其构成了法学专业总毕业人数的90%。法学院秉承“法理源于法律之外而非其自身”的理念,对在美国获得文学士学位或是理学士学位或在其他国家完成本科学位的学生敞开大门。因此美国法学院把法律教育的起点定位在研究生层次。攻读法律博士必须通过法学院入学考试(LAST),满分为180分,及格线是120分,但哈佛大学、耶鲁大学、宾夕法尼亚大学等精英法学院分数要求都在160左右。[1] 所报法学院还会结合学生的本科平均学分绩点(Grade Point Average,GPA)及社会实践等其他情况来综合考虑是否录取。

(2)法学硕士学位

在美国拿到法律博士学位的学生以及在其他国家已经获得法学学士学位的学生可申请法学硕士学位的学习,学制为一到两年。法学硕士分为三种类型:一种为课程硕士学位,这是对学生感兴趣的某个法律领域进行专业性的培养,使其在毕业后能够胜任某种法律工作,如税法硕士、劳动法硕士、知识产权法硕士等;第二种为理论硕士学位,希望培养法学教学和研究人员,此学位侧

---

〔1〕 参见李建勇:《美国加拿大高等法律职业教育制度简评》,载《上海市政法管理干部学院学报》2002年第2期。

重学生的理论研究和论文写作能力的培养;第三种为一般硕士学位,希望培养学生为未来法学院师资或专业领域的研究人员,同时学生也可以报考在纽约州和加州的律师从业资格考试,今后成为律师。

(3)法学博士学位

法学博士的攻读学位要求是已获得法学硕士或法律博士学位者,学制一般为3~5年,培养目标是成为精英学校的法学师资或高等研究人才。学习方式是撰写法律专业论文并协助导师承担教学或研究工作。

在美国法学教育体系中,上述三个层次的培养目标是不同的。法律博士层次主要是为法律职业部门培养实践技能型人才,法学硕士和法学博士层次主要是为高校和研究机构培养教学研究型人才。正是这种明确的分工使法学院学生能够从入学到毕业对自己的就业有更明确的定位,在学习阶段更专注于所学的内容。

2. 美国法学院的课程设置

美国法律博士的学制为3年,法学院根据每年反馈的学生就业去向不断调整课程安排。对于本科为非法学专业的法律博士来说,快速获得实用的职业技能是他们进入法学院的主要目的。美国法学院的学生在学期间需修满大约90个学分。在其教学内容中,必修课约占1/3。一项对全美60所法学院的抽样调查表明,49%以上的必修课集中在合同法、侵权法、刑法、民事诉讼法等的写作和研究上,38%的必修课为专业职责方面的内容。而选修课则涉及税法、行政法、刑事诉讼法等上百门课程。第一年主要是学习必修课,内容包括调整私人间相互交往的私法课程,调整个人与政府关系的公法以及相关的诉讼程序制度,法学院会为学生提供法律检索分析和法律写作课程,以便指导学生寻找和分析法律。第二年安排的课程以选修课为主,主要学习与工业及商业活动有关基本法律问题,如商法、公司法、托管法、破产法、劳动法、合伙法、独资法等法律课程都在选修列表中可供选择。第三年给学生安排的是法律职业技巧和修养等选修课程,主要是为了提高学生在实际法律工作中的效率,也希望学生在熟练掌握法律事务技能后具备一定的法学理论修养,如法律哲学、法律历史、行业规则、司法程序制度、证据法、法理学等。学生可以在修够基本学分的情况下根据自己的兴趣和计划尽可能修更多的课程。[1]

在美国法学教育被定位为职业教育,就是为学生日后顺利走上律师等职业工作岗位服务的,所有课程设置与活动安排也都出于培养未来法律职业人才的考虑。美国法学院的认证机制,即在美国只有通过了美国律师协会认证的法学院才会被认为是通常意义上的正规法学院,而绝大多数州也只允许从正规法学院毕业的学生参加律考,这无异于从源头上保证了正规法学院在人才培养目标上必须向律师协会的要求看齐。美国律师协会规定法学院除了必须教授给学生基本的法律知识、必要的执业技能与完备的职业伦理之外,也应当给学生提供充分的实训机会,包括但不限于法庭辩论、事实调查、文书写作、谈判协商、咨询访问等。

3. 美国法学院的教学方法

目前来看,美国法学院的教学大多采用以判例教学法为主,多种法律技能训练法为补充,同时兼及一定的课堂讲授的方法。判例教学法要求学生课前大量阅读有关判例,通过阅读判例进行归纳推理,进而探求法官判决时遵循的法律原则。在教学过程中,教师与学生之间互相问答、互相辩论,培养学生对于判例的分析能力和理解能力。课堂的教学内容全部围绕判例展开,然而不同的老师会选择不同的教学方式。有些老师偏好与国内教学方法较相似的以讲授为主的方式,辅以少量的课堂提问,而有些老师仍然使用法学院传统的苏格拉底教学法,这其实就是一种拷问式的教学方法,由老师在课堂上针对前一天布置的预习内容向一名学生如连珠炮一般不停发问和反复追问,来深刻揭示判例当中规则的风云际会与思潮的暗流涌动。在苏格拉底式的拷问之下,从来没有人敢不认真完成课前预习,否则在众目睽睽之下被无情奚落羞辱会成为刻骨铭心的记忆,而老师似乎也一门心思要问到你理屈词穷为止,所以你的情绪整天都会在焦虑与恐惧之间徘徊。[2] 通过判例教学法,可使学生的基础能力得到严格的训练,如阅读能力和写作能力。以美国法学院所做的实践导向教育为例,其要求的阅读材料以法院判例为主,辅以一些教学性的阐释,

---

[1] 参见[美]Judith A. McMorrow:《美国法学教育和法律职业养成》,载《法学家》2009 年第 6 期。

[2] 参见李响:《美国法学教育的人才培养机制及其借鉴》,载《学位与研究生教育》2019 年第 5 期。

正常情况下每个星期的阅读量都在150页到200页(B3纸张)。[1] 而写作方面的训练也是密切与法律实务相结合,从如何使用各数据库做有效的法律调查,如何严格按照行业规范进行引用和注解,到如何撰写一份法律备忘录,从如何撰写一份法律意见书,到最后通常以一次模拟的庭前口头辩论结束。在一年繁重的任务结束之后,学生至少掌握了基本的写作规范。

判例教学法有助于训练学生的法律思维,但是也存在一些弊端:在知识的传授上,判例教学法以判例为主体,对于大量制定法关注不够;判例的选择具有随机性,不具有明显的代表性,学生的学习不够系统全面;判例教学法耗时太多,复杂烦琐,耗费学生的大量时间,加剧其学业负担;老师对于学生的提问,导致学生容易对法律产生恐惧心理,师生之间不易建立良性互动关系。[2] 由于判例教学法的这些弊端,以及美国制定法的大量出现和法学原理的发展,课堂讲授的方法逐渐成为美国法学院教学的重要方式。美国的不少法学教材,除了大量判例以外,逐渐增加了制定法和一些法学原理,以及其他学科的知识内容。在课程安排上,美国法学院也增加了不少原理课程和专题课程,将判例分析与原理讲解结合在一起,使学生兼顾理论与实际。[3]

20世纪60年代,法律诊所成为美国法学院课堂之外最重要的教学方式。诊所式法律教育是对当时美国法学教育中判例教学法的某种不足的回应。这种教育模式借鉴了医学院培养实习医生的医学诊所模式,使教师通过指导学生参与法律实践,促进学生对法律理念的深层理解,培养学生的法律技巧,增强学生的职业道德感,形成学生的法律职业思维能力。诊所式法律教育形成于20世纪60年代。当时美国贫富差距分化的现象日渐加剧,律师高额的收费与低收入家庭的沉重负担形成了鲜明的对比,许多美国大学法学院开设的法律诊所为穷人提供免费法律援助,这为法学院学生提供了实践机会。同时,诊所式法律教育的前身——判例教学法已随着法学教育的发展呈现越来越多的局限,主要因其缺乏实践性内容而成为法律教学改革的重点目标,人们开始怀念学徒制度,诊所式法律教育在这种背景下逐步形成。20世纪末以后,诊所式

---

〔1〕 参见朱梦羽:《美法两国法学教育模式对我国高等法学教育的启示》,载《中国大学教学》2015年第12期。

〔2〕 参见聂鑫:《美国法学教育模式利弊检讨》,载《环球法律评论》2011年第3期。

〔3〕 参见孟涛:《美国法学教育模式的反思》,载《中国政法大学学报》2017年第4期。

法律教育步入发展阶段。法律诊所涉及的领域更加广泛,突破刑事、民事代理范围,延伸到人权、移民、环境、社区发展等新兴领域。当然,诊所式法律教育在几十年的发展中,也面临许多难题,如诊所经费的来源,诊所教师地位的认可等。而其中部分问题得到了不同程度的解决,如一直困扰诊所式法律教育发展的教师的地位问题已获得很大的提高,这说明诊所式法律教育开始向纵深发展。诊所式法律教育采取多种不同的形式对诊所学生进行法律职业训练,包括经验式的、实践性的训练。训练的主要目的在于教授学生从事法律职业所必需的技能。通过诊所教育,学生们能够学习到重要的、基本的专业技能。美国诊所教授的律师从业技能的范畴包括:解决问题的能力,法律分析和推理能力,事实调查能力,交流、咨询、谈判、诉讼、其他的争端解决能力,发现并解决道德困境的能力,提供有力辩护的能力,维护公正公平和社会道德能力。调查表明,在美国,诊所式法律教育产生之前,学生们认为无法在学校获得上述技能。

(二)德国法学教育培养模式

1. 德国法学教育的目标及改革

德国法学教育的传统以培养法官为目标,这种培养目标使大学法学教育注重培养学生的裁判思维,教授学生法官应具备的法学概念、规则、原理与理论体系,并擅长运用法教义学与案例解析,培养学生理解、解释与适用法律的专业能力。然而,这种单一的法学教育培养目标在教育改革讨论中备受质疑与批评。法律实务界更是一致认为,法学教育教学重点过于狭窄,忽略了学生其他法律专业能力的培养,毕业后的学生进入律师行业后并不具备辩论、磋商等法律专业技能。为了解决法学教育中存在的这些问题,德国法学教育改革对培养目标作出相应的调整与改变。尽管 2003 年的《法学教育改革法》仍然将法学教育培养目标确定为“取得法官任职资格”,但是在立法材料中提出法学教育要培养“具有全方位能力的法律人”。并且新修改的法律强调了大学法学教育应该考虑司法裁判、行政与法律咨询实践以及这些实践所必需的关键技能,培养学生谈判管理、会谈、辩论、纠纷调解、和解、调查以及交谈的能力。

2. 法律课程的设置

法律专业与其他专业一样,按《德国高等教育框架法》的规定,课程安排形式上为 8 学期(包括在校期间的各类实习课),实际上,根据学生完成学习计划的快慢约从7.5个学期到12个学期不等。当然,原则上亦可更短或更长。但由于德国法学课程内容庞杂,7.5个学期内能结束学业的实属罕见,而需要12个学期以上时间完成在校课程的学生却颇多。过去,由于大学学习期限无明确规定,不少人文及社会科学学科的学生倾向晚毕业,原因在于:一是可以从容安排时间,享受生活;二是以学生身份可享受包括衣食住行方面的各类极优惠的待遇;三是可避免失业的尴尬和窘迫。但这一现象在法科学生中似乎并不典型。因为法科学生普遍都有较强的功名心和上进心(否则不必选择这条充满艰辛的仕途),而晚毕业只能使自己丧失年龄优势和其他竞争力。[1] 课程体系的设置在一定程度上由教育培养目标所决定,德国的法学教育体系也在改革讨论中备受批评,成为教育改革的重点。主张改革的观点认为,传统的法学课程科目与内容设置范围过窄,多局限于国家司法考试的领域,而忽略了在理论上、实践中对法学训练具有关键作用的领域。而且,法学教育培养不能只是局限于法学专业的培养,法学学生应具备对社会的敏锐洞察力与思考力,以及与人沟通与交流的技巧与能力,而之前的法学课程并没有为他们提供足够的社会、哲学、历史等基础课程。另外,随着社会的新发展,移民法、环境法、科学技术法、环境资源法等部门法律变得日益重要,可是已有的法学教育课程设置使学生难以有充足的时间和精力来学习这些法学课程。并且,随着全球化和欧盟一体化的进程,国际法律事务日益繁多,法学教育也应该重视学生的外语能力,增设国际、欧洲以及国外法律课程,提供机会让学生去其他欧洲国家进行学习、交流,以提高德国法学学生的国际竞争力。[2] 依据《法学教育改革法》,大学课程的必修课程除了民法、刑法、公法以及诉讼法等核心课程外,还包括了欧洲法以及法学方法论、哲学、历史和社会基础课程。必修课程之外,选修课程旨在补充法学学习,深化学生对必修课程的理解,并加强对跨学科知识、国际法律关系的认识。同时,《法学教育改革法》还调整了第一次国家司法考试的形式,司法考试由大学考试的选修课程和国家考试的必须课程两部分组成,其中,大学考试占比30%,国家考试占比70%。

怎样对必修课程的学习进行阶段划分以及如何安排各阶段学习内容,则

〔1〕 参见李道刚:《德国法学教育述评》,载《甘肃政法学院学报》2005年第5期。

〔2〕 参见李婧嵘:《德国法学教育改革发展的经验与借鉴》,载《法学教育研究》2018年第3期。

由各大学自己决定。如慕尼黑大学《法学学习规则》第6条第1款将全部必修课程的学习划分为三个阶段,即初级阶段、中级阶段、复习和加深阶段,并规定了各阶段应达到的要求。[1] 除了必修课程的学习,学生还要参加选修课程的学习。选修课程的设置是《德国法官法》的规定。《德国法官法》第5条a第2款规定,大学学习的内容包括必修课程和选修课程的学习。不过,《德国法官法》对选修课程的内容并没有规定,选修课程的内容主要由各州法律和各大学规章详细规定。选修课程分为指定、补充和任意选修课程,前两项课程为选修者必选课程。选修课程从必修课程学习的中级阶段开始,直到第一次国家司法考试前结束。

3. 德国法学教育的教学方法

传统的德国法学课程一般有讲授课、练习课、研讨课多种形式。讲授课由教授主讲一门课程的法学基础知识,众多学生听讲,以系统培养学生的法学理论基础。讲授课是大学教学的一种最古老的形式。据考,在大学设立之初,书籍缺乏,教师只能通过呆板的系统宣讲,甚至念讲稿来传授知识。自书籍普及以来,这种方式就被以系统讲解某门课的基本原理为主,辅之背景知识和现实情况的介绍所代替,目的在于使学生对某门课程有一个概貌式的了解。[2] 练习课由高级助教或教授助手主持,还常有法官律师参与指导,学生先用在讲授课或研习小组中掌握的基本理论对案例进行分析(是故此课也称案例分析),然后主持人组织讨论并加以系统总结。练习课旨在培养学生将理论应用于实际的技巧和方法,所练习的内容为民法、刑法和公法的一般原理和上述三方面的具体制度共六门。练习课的考试方法分为当场笔试和家庭论文(各三次)。当场笔试是在监考人员在场的情况下,在两小时内书面回答若干问题。家庭论文被安排在无课期间,由学生在利用参考资料的基础上课外独立完成。练习课注重以"法官"立场培养学生如何适用法律,训练学生的法律推理、法律评价能力。研讨课一般在高年级设置,课程会确定具体的法律论题,由学生在老师的指导下搜集资料进行研究后,在课堂上作学术报告并交流讨论,旨在锻炼学生的学术研究能力,增强他们的独立思考与口头表述能力。参加者为具有

---

[1] 参见韩赤风:《当代德国法学教育及其启示》,载《比较法研究》2004年第1期。

[2] 参见郑永流:《知行合一　经世致用——德国法学教育再述》,载《比较法研究》2007年第1期。

一定基础理论和研习方法的高年级学生。根据讨论的内容，学术讨论由教授单独或与资深法官、检察官共同主持。其进行的方式是：学生在教授拟定的一些具有讨论或争论意义的论题（如婚姻中的强奸罪是否成立）中选取一个，在课外进行准备，写出大纲全文，然后在讨论会上作一个简短的学术报告，全体参加者包括主持人可对此进行评议，抑或作出自己的解说，最后由主持人作出优长与不足的评定总结。学生再根据讨论的情况，完成一篇约20页的学术论文，提交给教授，以期获得一张成绩单。[1] 随着德国高校法学教育培养目标与课程设置的改革，法学教育在传统的法学授课方式之外，也发展了新的教学方式。围绕培养学生多方位法律能力的教育目标，德国高校调整了其教学方式，以提高学生的法律实务能力，尤其是训练学生律师职业的专业技能，如合同起草、谈判、辩论、磋商等技巧。并且，借鉴国外法学教学方式，德国高校也引入了英美法系的模拟法庭、诊所教育等教学模式，让学生在实践中掌握律师的业务技能，体会律师的各种角色和处理案件的法律后果，增强他们的社会责任感。[2]

### （三）日本法学教育培养模式

#### 1. 日本法学教育的培养体系及培养理念

本科教育乃是大学的根本，在日本则是由法学部来承担法学本科教育的重任。法学部主要囊括法律与政治这两大学科。法律学科对应我国的法学本科。目前，全日本有一百余所大学都设有独立的法学部。在导入法科大学院制度之前，日本大学的法律教育大致可以划分为法学部的本科教育和法学研究科的研究生教育（包括硕士和博士两个阶段）两种。其中，法学部的本科阶段的法学教育是一种以培养具备一般的法律素养为目的的普及型教育，法学部的功能并非培养毕业后从事法律职业的专门性人才，而主要是为社会输送具有一般法学思维的人才。因此，法学部的毕业生报考司法考试的人数并不多，而通过司法考试取得法律职业资格的人数更是凤毛麟角，一般的毕业生以考公务员和去公司就职为主。而设置在大学院（研究生院）中的法学研究科是研究生阶段的法学教育，主要是为培养法学研究人员的学术型教育。可以说，日本大学法学部的本科教育与法学研究科的研究生教育都不能承担培养法律

---

〔1〕 参见郑永流：《知行合一　经世致用——德国法学教育再述》，载《比较法研究》2007年第1期。

〔2〕 参见李婧嵘：《德国法学教育改革发展的经验与借鉴》，载《法学教育研究》2018年第3期。

职业者的任务，这使真正承担培养法律职业者任务的高等教育机构实际上处于空白状态。为了解决旧司法考试制度下法律职业者的数量不足、法律教育与法律职业者培养相脱节等问题，作为第三次司法改革的重要一环，日本自2004年起导入美国式的法科大学院制度，由此迈出了新世纪法律教育改革的重要一步。法科大学院制度以增加法律职业者的数量并提高其质量为目标，试图通过理论与司法实务相结合的教育方式，培养更多"具备高度专业性法律知识、范围广泛的基本素质、国际性的素养、丰富的人文性和职业伦理的法律职业者"。[1] 日本本科教育的存在价值不在于为了服务学生通过司法考试成为法律职业人才，而是为日本整个社会培养具有法律思维、法学素养的国民。在日本，法学部的毕业生即使没有通过司法考试也能找到很好的工作，很多企业、组织以及公私团体看中他们的法律思维、法学素养都愿意招收他们。可能正是因为这样，日本社会中除了专业法律工作者之外，在众多社会领域中还大量存在这类善于创造规范而且愿意遵守规范的具有法律思维的公民，从而形成日本较为成熟的安定团结法治社会。这才是法学本科教育的真正价值所在。[2]

2. 日本大学法学部的课程设置

日本大学法学部主要是招收高中毕业生，在这个阶段学生除了要全面学习法律知识和理论之外，也要学习一些人文科学、社会科学、自然科学以及外语等学科课程。法学教育的主要目标为"培养具有法学素养的社会人"，即不是为了培养法官、检察官或律师等法律职业人才，而是定位成一种法律修养式的普及型、素质型教育。专业课的设置主要包括宪法、民法、商法、刑法、行政法、民事诉讼法、刑事诉讼法、国际公法、国际私法、经济法、法哲学、法制史以及外国法等课程。

在日本，无论是东京大学等国公立大学，还是中央大学、早稻田大学等私立大学，一般都将法律学科分为三个方向，即法曹方向、公共法务方向、企业方向。学生若要从法律学科毕业，至少需要取得120个至140个学分，但在履修课程的选择上，学生则享有较大的自主权。尽管不同大学的法学部在具体的

---

〔1〕 参见江利红：《论新世纪日本的法律教育改革及其问题——以美国式法科大学院制度的导入为中心》，载《浙江社会科学》2014年第1期。

〔2〕 参见刘建利：《日本的法学教育对我国的启示》，载《东南法学》2016年第1期。

课程设置上有所不同,但法律学科的履修课程大致分为通识课程(教养课程)、外语课程及专业课程等三类。在专业课程的修读上,学生至少需取得 80 个学分。根据难易度或履修顺序,专业课程又可分为基本课程、核心课程及发展课程。学生一经入校,最先接触到的便是基本课程。法学入门、宪法 1(人权)、民法总论、物权法、债法总论、刑法总论、法曹论、法社会学、罗马法、法思想史、英美法概论、外国法概论以及导入演习和基础演习等课程将在一年级和二年级阶段为学生的法学本科学习打下一个良好的基础。从二年级开始,学生可以根据自身的职业规划或兴趣爱好来选定专业方向,并据此履修相关的核心课程和发展课程。核心课程包括宪法 2(统治)、债法各论、刑法各论、担保法、行政法总论、行政救济法、公司法、民事诉讼法、刑事诉讼法以及专业演习等。发展课程则不仅包括亲属法、国际法总论、环境法、税法、证券法、保险法、经济法、知识产权法、国际私法、劳动法、民事执行保全法、破产法、犯罪学、法哲学、日本法制史、西方法制史、行政组织法、国际经济法、东洋法制史、亚洲法、比较法等法律领域的课程,还包括行政学、政策学、宏观经济学、财政学、金融学、会计学等其他学科领域的课程。法曹方向的学生以成为法官、检察官或律师为职业目标,而这些职业资格均以通过司法考试为必要条件。司法考试由宪法、行政法、民法、商法、民事诉讼法、刑法、刑事诉讼法等 7 大必考课程和破产法、税法、经济法、知识产权法、劳动法、环境法、国际法等选考课程组成。因此,法曹〔1〕方向的学生往往以司法考试中必考的 7 门法律为中心展开学习。公共法务方向的学生以成为公务员为职业目标,因而往往会优先履修宪法、民法、刑法、行政法等公务员考试中的重点课程,再辅以选修行政学、财政学等其他学科领域的课程。企业方向的学生毕业后多半会进入各大公司工作,因而在校期间除了履修在商业运行中所不可或缺的民法、公司法、劳动法、环境法、知识产权法等课程外,往往还会选修亚洲法等与未来工作相关度较高的课程。〔2〕

---

〔1〕“法曹”一词是日本对法官、检察官和律师等法务人员的统称。日本统一国家司法考试,即法曹考试,是所有考试中难度最大的。只有通过这一考试的人,才具有从事裁判官、检察官、律师中的某一职业的初步资格。在日本,法曹考试的组织是在法务大臣的监督下进行的,具体是由裁判官、检察官、律师各一名组成的统一司法考试管理委员会负责。”参见王兰萍:《日本的法曹考试制度》,载中国法院网,https://www.chinacourt.org/article/detail/2003/06/id/63640.shtml。

〔2〕参见刘颖:《日本法学本科教育的特色》,载《人民法治》2018 年第 18 期。

法科大学院的教育科目包括法律基本课程、法律实务基础课程、基础法学课程或相邻学科课程、法律尖端课程四大类。其中,基础法学课程或相邻学科课程包括法理学、外国法学、政治学、法与经济学等,但这些课程并非新司法考试的课程;而法律基本课程包括宪法、行政法、民法、商法、民事诉讼法、刑法、刑事诉讼法等,这些都是新司法考试的必修课程;法律尖端课程由各大学根据其大学的特色而开设,其中,破产法、租税法、经济法、知识产权法、劳动法、环境法、国际关系法(公法)、国际关系法(私法)等8门课程是新司法考试的选择课程。因此,这8门课程实际上在所有的法科大学院都得以开设。

3. 日本法学教育的教学方法

日本大学法学部在教学方式上主要有大型的讲授课和演习课。讲授课往往面向低年级的整个年级的学生,有时甚至多达几百人,主要以教师单方面讲授基础知识和基础理论为主,很少有提问和课堂讨论。采用讨论式、启发式、参与式的课堂教学方法,先由学生就某一课题进行报告,或者某一案例进行分析后,再由教师引导学生通过提问与答疑就该课题或案例展开深入探索和研究。在讲授课教学方法的运用过程中,教师从课程的讲授者转变为学习的引导者、推动者、配合者以及研究主体的设计者、研究方向的把握者,学生从课程内容的被动接受者变为主动学习者乃至研究者,从而实现以教为中心到以学为中心的转变。演习课通常组织形式为在老师的指导下,少数学生围绕某一主题进行研究、报告并讨论。学生一般都是凭兴趣自愿参加。选题的来源可能是由老师直接给选题,也可能是由学生自己先找选题然后再由老师审核决定。每一次课程开始之前,先把选题列出,然后学生自己分组各自进行研究,或者找老师指导。导入研习安排在本科一年级,目标在于使学生掌握完成大学本科学业所必备的基础技能。具体到法律学科而言,教师通常会在前几次课堂向学生详细讲授撰写案例分析和学术论文的方法、步骤,再由学生在之后的课堂就自己撰写的案例分析和小论文进行报告,最后由教师及其他学生指出报告者的不足并帮助其改进。由此,刚刚从中学升入到大学的新生便能在教师手把手的教导下,迅速掌握研究课题或案例的选择、立论、推论、结论等研究方法,并具备初步的研究能力。基础研习安排在本科二年级,目标在于使学生通过对法律、政治、文化、历史等领域基础知识的自主学习,培养研究兴趣,并确定今后的发展方向。专业研习安排在本科三、四年级阶段,实质是使学生在一名本科生导师的指导下,就某一具体课题展开学习与研究。在此阶段学生已经对自己的未来发展有较为明确的规划,因而往往会据此来选择进入哪位教员的研讨班。这种教学方法确实有利于锻炼学生法律思维能力,但是这种思维能力和司法考试以及司法研习所培养的那种思维能力不同。[1]

法科大学院对于法律基本科目和基础法学科目一般仍然采用讲授式,以教师的讲课为主。但对于法律实务基础科目,一般则采用判例研究、调查、讨论等方式,由教师负责主持,学生相互讨论,旨在培养学生运用法律知识分析及处理具体问题的能力。按照日本《司法制度改革审议会意见书》的设计,日本的法律职业养成要遵循"根据司法考试这样一个点,而且应该重视'过程培养'的理念,将法科大学院放在职业养成的核心环节,使法科大学院成为职业养成机构,起到架设法律理论教育与法律实务教育的桥梁的作用"。2008 年建立的目前作为日本国内关于临床法学教育研究的最权威组织的日本临床法学研究会,标志着临床法学教育在日本法学教育体系中已经开始确立。依据临床法学教育会的创设文件《临床法学教育学会设立意向书》,临床法学教育形式主要包括法律诊所、模拟课程及校外实习等三种。临床法学教育学会将法律诊所解释为:学生在具有法律职业资格教师的指导监督下向真实案件中的委托人提供法律服务。而模拟课程是将已经成型的案例加工成符合教育目的的素材,参加课程的学生通过承担一定角色的方式来锻炼实践能力。校外实习,是将学生派遣到组织机关等实习单位,在实习单位法律职业人员的指导下接触、处理法律事务的一种临床法学教育形式。在日本,校外实习较之诊所法律教育的普及程度更高。

## 二、国外法学本科教育培养模式的总结

现阶段我国已进入改革开放攻坚期、社会转型关键期,同时也对法律人才的培养提出了更高的要求。法学作为一门实践性和创新性很强的学科,传统的人才培养模式所培养的学生,尤其是作为法科培养主体的本科生,已经不能满足社会发展的现实需要,这就促使我们必须创新法学本科教育培养模式,加强复合型、职业型、创新型卓越法治人才的培养。通过前面的考察,可以发现

---

〔1〕 参见刘建利:《日本的法学教育对我国的启示》,载《东南法学》2016 年第 1 期。

在法学专业本科人才培养上,美国、德国、日本等国家均建立了比较完善的法律人才培养体系,形成了比较有效的人才培养模式,在培养目标、教育理念、课程设置以及教学方式等方面的一些有益经验。

### (一)明确培养目标,侧重职业化培养

一个国家的法学教育首先应该明确自己的人才培养取向。美国法学院自始至终都只培养一种类型的人才,那就是合乎本国法律服务市场需求的应用型人才。[1] 德国法学教育的传统以培养法官为目标,尽管 2003 年的《法学教育改革法》仍然将法学教育培养目标确定为"取得法官任职资格",但是在立法材料中提出法学教育要培养"具有全方位能力的法律人"。法学部的本科阶段的法学教育是一种以培养具备一般的法律素养为目的的普及型教育,主要是为社会输送具有一般法学思维的人才。总体来看,职业教育理念是发达国家法学教育的突出特点和传统特征。突出法学教育的专业属性,一是法律实践的基本要求。基于社会要求的统一规则和秩序,要求在解决纠纷的法律实践中达成"正义"的终极诉求。二是法学教育发展的必由之路。整个英美法系法系法学教育的形态是定位于职业教育,直接面向法律职业共同体培养法律职业人;大陆法系法学教育虽以通识教育为肇始,却在发展过程中不断强化以实用技术训练、职业伦理熏陶和法律技能提升为核心的职业化属性。可见,国外不同国家法学教育不论历史起点如何,职业化都是其发展中不可回避的重要环节和过程。

### (二)完善课程体系,优化学生培养内容

在课程的设置上,基于培养目标的不同,不同国家在法学专业课程的设置上有所不同。美国出于培养未来法律职业人才的考虑,主要为学生设置了大量的法律事务实践课程,同时为了提高学生的综合素养也设置了一些相应的课程供学生选修,如法律哲学、法律历史、行业规则、司法程序制度、证据法、法理学等。德国的法学教育传统上以培养法官为目标,法学课程科目与内容设置范围多局限于国家司法考试的领域,而忽略了在理论上、实践中对法学训练具有关键作用的领域。针对上述问题,德国通过制定《法学教育改革法》,进一步扩大了课程体系,大学课程的必修课程除民法、刑法、公法以及诉讼法等核

---

〔1〕 参见李响:《美国法学教育的人才培养机制及其借鉴》,载《学位与研究生教育》2019 年第 5 期。

心课程外，还包括欧洲法以及法学方法论、哲学、历史和社会基础课程。必修课程之外，选修课程旨在补充法学学习，深化学生对必修课程的理解，并加强对跨学科知识、国际法律关系的认识。日本法学教育基于“培养具有法学素养的社会人”的目标，而是定位成一种法律修养式的普及型、素质型教育。专业课的设置主要包括宪法、民法、商法、刑法、行政法、民事诉讼法、刑事诉讼法、国际公法、国际私法、经济法、法哲学、法制史以及外国法等课程，同时也设置一些法律实务训练课程。

(三)规范培养方法，培养学生法律思维

为了达到培养目标的要求，美、德、日三国在法学专业人才培养中均有针对性地采取了相应的培养方法。美国法学院的教学传统大多采用以判例教学法为主，多种法律技能训练法为补充，同时兼及一定的课堂讲授的方法。20 世纪 60 年代，法律诊所成为美国法学院课堂之外最重要的教学方式，通过诊所式教学使学生能够掌握从事法律职业所必需的技能。德国和日本在教学方法上一般采取讲授课、练习课、研讨课等多种形式，此外两国也借鉴国外法学教学方式，引入了英美法系的模拟法庭、诊所教育等教学模式，让学生在实践中掌握律师的业务技能，同时培养学生的法律思维能力。

## 第三节　我国法学本科教育培养模式的实践与改革

### 一、我国法学本科教育培养模式的实践

(一)我国法学本科教育培养模式的实践考察

新中国成立 70 多年来，尤其是自改革开放以来，我国在法学教育和法律人才培养方面取得了显著成绩，培养了一大批优秀法律人才，为中国经济社会发展特别是社会主义民主法治建设作出不可替代的重要贡献。随着社会主义市场经济体制的日渐完善和依法治国方略在我国的确立，社会对法学人才的需求呈现快速增长的趋势。我国无论是在法律人才培养的规模方面，还是法学教育自身的内部建设方面都取得了重大进展，法学教育也呈现空前的繁荣。在法学教育多形式、多层次、多渠道发展方针的指导下，我国的法学教育事业获得了前所未有的大发展。从法学招生学校和招生规模来看，1976 年，我国仅有 2 所法律院系；1978 年，有 6 所法律院系，178 名教师，1299 名在校生；1987

年,共有86所法律院系,42,034名在校生;1987年,恢复招收研究生,当年共有在校研究生3951人。[1] 到1999年,全国有330余所普通高等院校设置了法律院系或法律专业,在校生达6万余人,占全国普通高校在校生总数的2.2%。而截止到2016年,全国有600多所高校设有法学本科专业,300多所大学或者是研究机构有法学硕士点,全国每年招收法学本科生超过10万人,在校的法学本科生超过了40万人。[2] 仅在"十一五"期间,我国高校法学教育累计培养法学类专业本科毕业生36万多人。法学教育与法律人才培养工作的深入开展为国家的法制建设与法治进步作出了重大贡献,但从整体上看,还不能完全适应社会主义法治国家建设的需要,尤其是随着社会形势的发展,法学教育与法律人才培养在发展中遇到了前所未有的困难和问题,突出体现在以下两个方面。

第一,法律人才供需矛盾的增加,法律人才结构性"过剩"严重。法律人才供需矛盾主要体现为:一方面,法学毕业生就业困难,"供大于求"。法学毕业生就业率连续多年垫底,法学专业也"亮红灯",据《2016年中国大学生就业报告》显示,法学专业连续三年(2013年、2014年、2015年)垫底,成为毕业生比例较高的十大专业中就业率最低的专业。[3] 法学因此与哲学、艺术、汉语言文学、英语、电子商务等专业被调侃为"就业垫底专业"。另一方面,高层次、高素质的卓越法律人才严重缺乏,"供不应求"。具有开阔国际视野和眼光的通晓国际规则、能够参与国际事务和国际竞争的国际化法律人才和具有精湛的实务技艺的卓越法律人才极度缺乏,以致近年来国际法院在国内寻觅精通两国以上外语的高端法律人才作为大法官人选都屡次求而不得、失望而归,涉外事务也面临洋律师抢滩的倒悬之急。[4] 同时,基层、西部地区法律人才严重缺乏,尤其是面向法律服务机构、企业及其他社会组织、村镇的基层法律人才严

---

〔1〕 参见綦玮:《浅析法学教育存在的问题及解决方法》,载《辽宁教育行政学院学报》2008年第10期。

〔2〕 李玉兰:《法学专业为何亮红灯? 培养的质量低 or 培养错位?》,载腾讯网,https://edu.qq.com/a/20130710/002369.htm。

〔3〕 《2016大学生就业报告图解》,载搜狐网,https://www.sohu.com/a/114628408_494239。

〔4〕 参见周桂英、熊命辉、杨学科:《卓越法律人才教育背景下的地方高校法学教育转型之思——以湘南学院法学系实践性法学教育为例》,载《湘南学院学报》2013年第1期。

重缺乏。[1] 另有资料显示，目前我国约有26万名律师，但是只有20%左右的人能从事高端的法律业务。[2] 总体来看，我国法律人才呈结构性严重“过剩”状态，“高端上不去、低端没人去、中端严重饱和”是当前的写照。法律人才的结构性“过剩”不仅造成国家和民众教育投资浪费，而且随着毕业生失业人数的逐年积累，势必影响社会稳定。[3] 法律人才供需矛盾与结构性“过剩”的问题，从一定程度上说明法律人才培养已陷入严重困境，法律教育已经越来越难以适应新的社会形势需要。[4]

此外，与此相伴的另一恶劣后果也应予以高度重视，即就业压力的增加反过来又影响法学院日常教学秩序，进而影响法学教学质量。为了找到一份工作，无论本科生、研究生几乎都要花费一年左右的时间为就业做准备，或者忙于考取各种资格证书（如律师证书、会计师证书等），或者在各种机构实习（非教学计划的实习）以获取就业需要的相关经历，或者奔波于就业市场。对于学校的课业，学生往往处于应付状态，上课反而成为学生的“兼职工作”。久而久之，恶性循环，法学院学生本该在学校教育阶段获得的能力没有培养起来，所学的理论知识又与实践脱节，用人单位不满意、学生就业率低也就不足为奇了。[5]

第二，法律人才整体质量下降，不能满足社会经济发展需求。20世纪90年代以来，我国高校开始大规模扩招，全国高校毛入学率大幅提升。同时，从事法学教育的院校也急剧扩张，从知名院校到电大都开设有法学专业，有的学校根本就没有法学专业师资，由其他专业教师充数。然而，这一教育大众化的过程与中国经济的跨越式发展一样，存在诸多问题，集中表现在人才培养规模扩大与教育质量下降之间的矛盾，教育资源的有限导致培养的法律人才质量下降，且良莠不齐。可以说，从数量上来说，我国可以称得上是法学高等教育

〔1〕 参见朱美宁、方益权等：《地方性高校卓越实务型法律职业人才培养探究》，载《中国高教研究》2012年第1期。

〔2〕 参见朱志峰：《由“卓越法律人才教育培养计划”看中国法学教育模式变革》，载《社会科学研究》2013年第6期。

〔3〕 参见时昌云：《法学教育特色人才培养模式研究》，载《教育与职业》2009年第20期。

〔4〕 参见林泉：《卓越航空法律人才标准的系统设计》，载《理论建设》2014年第5期。

〔5〕 参见周扬：《职业化训练：卓越法律人才理念的践行——访清华大学法学院副院长施天涛》，载《中国大学教学》2012年第9期。

的大国，但是大而不精。有调查显示，近几年法学专业的大学生综合素质呈现整体性滑坡。在理论学习层面，表现为知识结构不合理，专业面过于窄化，缺乏个性的问题；在实践层面，突出地表现为大学生基本素质缺失，社会责任感不强，团结协作观薄弱，实际动手能力差的情况。[1] 许多法学毕业生工作后，至少要三四年以上的时间才能适应审理案件、处理案件、代理各种法律事务的需要，面对如此长的“磨合期”，实务部门对法学专业的毕业生质量和法学教育的模式亦颇有微词。[2] 此外，由于仅注重在法学理论知识层面的传授和学术性人才培养，而对法律职业能力培养的重要性认识不深，忽视了对学生法律职业技能的训练，导致学生缺乏应有的职业素质修养。[3]

### （二）法学专业现行人才培养模式之检讨

法学教育与法律人才培养问题存在的原因复杂。学生主体地位的削弱、学校教育管理体制的缺陷以及社会不利因素的影响均是问题存在的原因；法学教育准入门槛过低应是造成法学教育与法律人才培养问题多的重要原因之一；[4]一些根本不具备举办条件的院校纷纷开展法学教育，也应是造成问题存在的重要原因。[5] 但研究者基本上都认为，人才培养模式的不科学无疑系问题存在的主要原因，甚至有的学者认为现行法学专业人才培养模式正在将高等法学教育带入一条“死胡同”。[6] 作为关于法律人才培养为社会所普遍认同和遵从的实践范式和操作样式，作为关于高等法学教育“培养什么样的法律人才”和“怎样培养法律人才”等根本性和方向性问题，作为中国法治的造型基因，现行法学专业人才培养模式主要存在以下问题：

---

〔1〕 参见周世中：《构建创新型法律人才培养模式的方法和途径——广西师范大学法律人才培养创新实验区建设系列论文之一》，载《高教论坛》2010 年第 8 期。

〔2〕 参见孙国祥、张书琴：《中国法学本科教育的矛盾性展开与破解》，载《当代法学》2009 年第 2 期。

〔3〕 参见张云玲：《和谐语境下应用型法律人才的培养模式》，载《郑州航空工业管理学院学报（社会科学版）》2010 年第 6 期。

〔4〕 参见闫立宏、马跃进、薛建兰、张旭娟：《财经高校卓越法律人才培养机制研究》，载《高等财经教育研究》2013 年第 2 期。

〔5〕 参见周扬：《职业化训练：卓越法律人才理念的践行——访清华大学法学院副院长施天涛》，载《中国大学教学》2012 年第 9 期。

〔6〕 参见周世中：《构建创新型法律人才培养模式的方法和途径》，载《高教论坛》2010 年第 8 期。

1. 法学教育人才培养脱离法律职业和社会实际需要

法学教育与法律职业有天然的密切联系，法律职业所需人才基本出自法学教育。[1] 与法律职业和社会实际需要相脱节是法学教育和法律人才培养陷入尴尬境地、存在诸多问题的首要原因，也是法学专业人才培养模式的缺陷之一。我国的法学教育与法律人才培养是在20世纪50年代在法律制度长期备受忽视和贬低的情形下发展起来的，[2] 长期以来，过于强调法学教育的学术性和法学的学科性而缺乏法律职业的引导和社会实际需求支撑，由此导致我国法学教育和法律人才培养缺乏应有的专业性和针对性，法学是作为一种人文知识而非一种职业的科学知识被引入。法学教育与法律职业、法律人才培养与社会实际需要的长期脱节，其结果是，一方面，导致法学教育走上自我封闭、自我办学、自我完善和自成一体的发展道路，使中国法学教育的学科化、学院化现象成为主流；另一方面，法律职业的分工难以形成专业化、专门化，也使法律从业人员难以走上职业化发展的轨道。[3]

2. 培养目标不明确，特色缺失

培养目标是人才培养模式的核心要素。培养目标不明确、特色缺失是现行法律人才培养模式的又一重要缺陷。很多学校在法学教育和法律人才培养缺乏科学的办学定位和办学特色，主要表现在既没有注重法律职业特点，也忽略自身的特点与优势。甚至有的学校在开设法学专业方面就存在很大的盲目性，法律人才培养目标不明确，更不能充分结合自身优势，形成培养特色。[4] 由此造成各个高校在人才培养定位、培养模式和课程设置等方面千篇一律，毫无自身特色可言，其结果是法学本科、研究生的知识结构雷同，几乎所有法学专业毕业生用同一模板刻制，既不能体现学校人才培养的特色，又未能突出个人能力方面的特点，也不能满足社会、政治、经济、文化以及生态文明发展的客观需求。

---

〔1〕 参见汪倩：《目前我国法学教育中存在的问题与对策》，载《长沙大学学报》2009年第3期。

〔2〕 参见张云玲：《和谐语境下应用型法律人才的培养模式》，载《郑州航空工业管理学院学报（社会科学版）》2010年第6期。

〔3〕 参见霍宪丹：《中国法治的造型基因——简论国家司法考试制度的建立与法律人才培养模式的重塑》，载《环球法律评论》2004年第4期。

〔4〕 参见赵肖筠、王姝蕾：《新时期法律人才培养模式探析》，载《山西教育（教育教学版）》2005年第1期。

3. 人才培养起点偏低，层次不清

我国尽管形成了不同层次的法律人才培养体系，但起点普遍比较低。自20世纪80年代中后期开始，各类非全日制高校（如独立成人高校、函授大学、职工大学、各级党校、政法管理干部学院、法院业余大学、中华全国律师函授中心、中央广播电视大学及所属各地分校、高等教育自学考试等）都竞相实施高等法学学历教育；同时，因与理工科相比，法学专业建设无须试验设备，专业师资投入也偏低，由此导致一些不具备开设法学专业条件的高等院校为尽快成为综合性大学，迫不及待地建立法学院。这在很大程度上拉低了法律人才培养的起点，导致法律人才培养层次的混乱和业余化，进而不仅影响法学教育和法律人才培养的质量，而且会对法律职业造成十分严重的负面影响。

4. 忽视对学生的职业能力培养

法学教育与法律职业制度有天然的密切联系，高校法学专业承担为司法机关及社会各界输送法治人才的重任，高等法学教育作为法治人才培养的主要承担者，能否满足国家和社会对法治人才的需求，是检验其成功与否的基本依据。但实践证明，我国的法学教育与法律职业严重脱节，忽视对学生法律职业能力的培养，在法学专业人才培养中表现为重理论教学而轻实践能力培养。法学是一门社会化和实践性很强的学科，学生所学知识最终都需要运用到实践当中，依靠实践来不断检验与完善。对于复杂多变和不可预测的现实问题，仅通过理论知识的运用往往难以解决，还需要根据生活经验、判例等进行分析，方能给出具有建设性的解决方案。因此，一名优秀的法律人才不仅需要有扎实的理论基础，还应当具备良好的实践能力，在阅读理解、询问技巧、倾听交流、思考分析、应用写作等方面具有高水准。[1] 现行法律人才培养模式却存在一个弊病：注重理论知识的灌输而轻视学生实践能力的培养，从根本上忽视或无视法律的应用价值和学生未来职业的定位。[2] 理论与实际联系缺失已成为我国法律人才培养的最大弊病，教育与社会相脱节已成为我国法学教育最大的问题。其最为突出的表现就是实践教学的羸弱。法学教育通常主要在课堂

---

〔1〕 参见朱志峰：《由“卓越法律人才教育培养计划”看中国法学教育模式变革》，载《社会科学研究》2013年第6期。

〔2〕 参见徐立：《美国法学教育及其对我国的启示》，载《法学杂志》2010年第12期。

上进行，主要是给学生讲授基本的法律知识和学术研究观点，而缺乏以实际案例分析、司法判例解读为代表的实务拓展，对实际审判、案件分析的介入更是少之又少，实践教学往往流于形式，不受重视。[1] 重理论分析、轻实务训练的人才培养模式严重制约法学人才的知识结构和能力培养，直接造成我们的毕业生难以满足社会不同领域、不同行业对于法律人才的要求的现象。[2] 除实践教学不力外，学生实习工作愈发弱化。虽然法学院校规定了学生的实习期，但是随着法科学生人数的增加，以及受就业压力的驱动，这种实习制度已经失去了它应有的价值。许多司法机关及律师事务所也因业务的压力和对学生工作能力的不放心，并不是特别愿意接纳实习生，即使接纳，也很少为学生提供必要的法律职业训练机会，职业技练往往被打杂性事务所替代。[3]

5. 课程设置不合理，教学内容滞后

很多院校在课程设置上存在不合理现象，难以满足人才培养目标的需要，这主要体现在以下方面：其一，课程设置漠视学科特点、忽视学科联系。我国的社会主义法律体系是一个严密、统一、和谐的整体，与此相适应的，部门法之间存在内在的逻辑联系，但在很多院校的课程设置方面过于僵化，漠视学科特点，忽视学科之间的横向联系，课程设置的包容性、跨越性不足，由此导致学生的领会贯通能力差、发散性逻辑思维弱，难以应对稍显复杂和多变的综合性法律实际问题。[4] 其二，理论与应用课程设置畸轻畸重。部分院校按照实用主义思路大量增开民刑等应用课程，而大幅压缩法理、法史等理论课程课时，受学分制影响，学生学科“轻理论基础、重实务应用”的倾向明显，进而不利于法学逻辑思维的培养和整个学科体系的搭建。[5] 其三，实务课程设置不足。大部分的法律院校在课程设置上，几乎没有类似于法庭调解、法庭辩护、庭审实

---

〔1〕 参见华锋：《法治社会视域下卓越法律人才培养模式改革的探索》，载《新乡学院学报》2015 年第 5 期。

〔2〕 参见乔宝杰：《论高校法学人才培养模式的改革与创新》，载《中国高等教育》2011 年第 Z3 期。

〔3〕 参见王琦：《我国法律人才培养模式的反思与创新——以法学实验实践教学改革为视角》，载《海南大学学报（人文社会科学版）》2011 年第 5 期。

〔4〕 参见李祖平：《高师法学实践教学与创新型法律人才培养模式的构建》，载《黑龙江高教研究》2005 年第 5 期。

〔5〕 参见奚玮、郝亮：《论法学人才培养模式的创新——以培养创新型法律人才为视角》，载《继续教育研究》2009 年第 1 期。

践或律师实习等基于实务能力培养的课程。[1] 由此导致大量法学专业毕业生进入实务界以后难以胜任和适应具体的法律实务。[2] 此外，很多院校和教师在教学内容的设置上，跟不上时代发展的节奏，教学内容过于滞后。一个典型的例子就是，法律已经大修或新法已经出台，但所讲授的内容还是旧法的规定。

6. 教学方法滞后、单一

法学是一门技术性和实践性很强的学科，由此决定，在法学教育和人才培养中要重视教学方法的创新，实现教学方法的与时俱进和多样化。但从整体上看，在教学方法的选择上，多数院校与教师的教学方法仍以课堂教学为核心，以教师讲授为主，[3] 重“师本”轻“生本”、重“接受”轻“探究”、重“文本”轻“实践”的现象多见，[4] 知识灌输和理论填充的特点明显。有的学校尝试进行了案例教学法、诊所式教学法、讨论型授课法等教学方法的推广和运用，但在目前的教材体系、教学模式和考试模式的框架下，这也仅是局部的尝试，远没有形成高校法律人才培养的主流教学方法。[5] “教师读教案、学生记笔记、考试时背笔记”是一种普遍现象。这种传统的教学方法虽可以使学生系统地掌握该课程的基本概念、原则和知识，却不能培养学生的创新精神和实践能力；虽有助于学生系统地掌握法律基础理论，但因教学概念化、形式化和教条化的色彩较浓，而易造成法律教学内容局限于理论讲解、法条注释，导致学生既难以将理论与实践相结合，又对理论知识的理解不深入。[6] 最终的结果就是造成学生成为只是一个被动接受知识和记忆知识的机器，而没有做到传授知识

---

〔1〕 参见奚玮、郝亮：《论法学人才培养模式的创新——以培养创新型法律人才为视角》，载《继续教育研究》2009 年第 1 期。

〔2〕 参见包玉华、颜士鹏、侯璐：《“3321”应用型法律人才培养模式创新体系的构建》，载《东北农业大学学报（社会科学版）》2011 年第 3 期。

〔3〕 参见刘斌斌、郭秀峰：《卓越法律人才培养模式的探析与构建》，载《科学经济社会》2013 年第 2 期。

〔4〕 参见奚玮、郝亮：《论法学人才培养模式的创新——以培养创新型法律人才为视角》，载《继续教育研究》2009 年第 1 期。

〔5〕 参见周一平、周郴保：《论新时期法学教育的改革》，载《甘肃政法学院学报》2002 年第 5 期。

〔6〕 参见华锋：《法治社会视域下卓越法律人才培养模式改革的探索》，载《新乡学院学报》2015 年第 5 期。

与训练学生能力并重，人为地割裂了理论与实践的关联。[1] “填鸭式”的讲授、“说教式”的授课更是无助于学生创新精神以及职业技能的培养，不仅无法调动学生学习的主动性和积极性，导致学生对法律的学习兴趣降低，而且压抑了学生处理实际法律案件和自主创新的能力。[2]

7. 法律人文教育缺乏

法学学科的交叉性、渗透性特征显著，从法学的发展历史中可以看出，法学从来就不是一个自给自足的学科，为了满足社会发展的需要，它必须不断从其他学科中汲取知识来充实法学学科的发展。[3] 因此，法学教育和法律人才培养的开展需要与哲学、经济、管理等其他学科知识的讲授有机结合，从而才能发现、理解隐含在法律背后的法律理念、价值取向、社会观念、文化背景和知识传统，进而彰显法律的人文主义价值关怀。但长期以来，我国的法律人才培养过于看重法律知识的讲授而忽视法律人文主义的教育，法学教育与法律人才培养基本上变成规定与条款的训练，缺乏对学生思考能力的培养和批判精神的养成，导致许多法学专业学生“只知法律条文、不知法律文化”，“只知法律规定、不知法律人文精神”。法学教育和法律人才培养中职业精神和法律理念等方面教育的缺失，导致我国很多法学专业的学生仅仅将学习法律作为谋生的手段，缺乏对法律职业本身的价值追求和法律人应有的社会责任感。

8. 学生法律思维能力欠缺

“法治实际上是一种思维方式……法治固然取决于一些复杂的条件，然而，就其最直接的条件而言，必须存在与之相适应的社会思想方式，即只有当人们能够自觉地而不是被动地、经常地而不是偶然地按照法治的理念来思考问题时，才会有与法治理念相一致的普遍行为方式”[4]。我国要顺利推进法治建设，法治人才将是其中的主力军，在法学教育中重视对学生法律思维的培养显得尤为重要。因此，法律思维既是法学教育的中心，也是法律职业能力的核

〔1〕 参见王琦：《我国法律人才培养模式的反思与创新——以法学实验实践教学改革为视角》，载《海南大学学报（人文社会科学版）》2011 年第 5 期。

〔2〕 参见张云玲：《和谐语境下应用型法律人才的培养模式》，载《郑州航空工业管理学院学报（社会科学版）》2010 年第 6 期。

〔3〕 参见苏世芬：《复合型法律人才培养模式研究》，载《青海社会科学》2008 年第 6 期。

〔4〕 郑成良：《论法治理念与法律思维》，载《吉林大学学报（社会科学版）》2000 年第 4 期。

心要素。大学法学教育不仅在于规范知识的传授与操作技巧的训练,而且更在于培养法律精神和法治信仰,掌握法律思维方法和运用法律语言。法律思维是法治人才从事法律职业的思维模式,是法律人运用法律思考、分析和解决问题的方式,是高校法治人才培养的重要环节,要求法治人才在解决法律问题和揭示法律现象时应当具有系统性、全方位的思维方式,在分析问题和解决问题时应当紧密联系现行社会背景,正确通过多门学科知识的运用,实现对法律现象的全方位把握。然而在实际中,在将一个具体案件交给一个法学专业的学生分析时,经常是依据普通人的公平感来判断案件的是非曲直,并没有形成一个法律人该有的分析案件的思维方式。学生难以融会贯通所学知识,无法运用所学知识与各学科之间的联系灵活全面地分析相关问题。法学教育培养的法官、检察官、立法工作者、行政执法工作者以及仲裁员、律师等法律职业工作者,其区别于其他职业人的是其具有独特的法律思维。而在我国开设法学专业的院校中很难找到能够养成学生法律思维的法学方法课程,欠缺对法律思维方式的全方位训练。

## 二、依法治国背景下我国法学本科教育培养模式的改革

法学教育的社会发展功能要通过一种间接的途径来实现,也就是必须通过促进个体的发展培养社会所需要的人才来实现。党的十八届四中全会提出全面依法治国的宏伟目标,而全面依法治国更强调了对高素质法治人才的需求。高素质法治人才又与高等法学教育密切相关。因此,依法治国必然对高等法学教育提出新的要求,而高等法学教育也承担着在新的历史背景下实现依法治国的重要保障任务。

### (一)全面依法治国对法学教育的要求

实现依法治国离不开法治人才及其教育机制的创新,培养造就一批熟悉和坚持中国特色社会主义法治体系的法治人才和后备力量是法学教育肩负的重要历史使命。全面依法治国对法治人才的培养提出了新要求,同时也为未来中国法学教育与人才培养目标改革、培养机制与模式的创新提供指针。

#### 1. 明确法学教育的职业性质

根据党的十八届四中全会的精神,针对中国当下法学教育的困境,重新明

确法学教育的性质，使其回归职业精英教育本源，是推动中国法治人才教育变革的逻辑起点。法学教育的目标是培养大批治理国家、管理社会的高层次法律人才，国家和社会需要各种职业的专门人才，由此决定法学教育的性质是职业教育，是培养精通某一领域的专门人才，而不是通识教育。长期以来，我国普通高等学校的法学教育实行的是通识教育而不是法律职业精英教育。通识教育是面向所有大学生的非专业教育，它为学生进行专业学习提供必要的综合知识储备，但通识教育具有局限性，具体表现为：单一的通识教育与法律职业教育的特殊性不符，导致毕业生缺乏较强的职业能力，难以在短时间内胜任检察业务、审判业务、律师业务等法律业务。可以说，法学教育与法律职业的脱节已经在深层次上制约、影响甚至阻碍我国法学教育的进一步改革和发展。

明确法学教育的职业性质，一方面，彰显了法学教育的重要性，即承担着为国家培养法治人才的使命；另一方面，也说明法学教育是培养法律职业人才的一种专门教育。法律职业是以受过专门的法学教育、具有较高的法律知识水准、掌握法律职业技能的法官、检察官、律师、法学家为核心的人员以操作法律事务并以实现法律价值作为共同终极目标的活动所构成的职业。法律职业是指专门从事法律适用、法律服务工作的特定职业。美国法学家庞德认为，法律职业是指："一群人从事一种有学问修养的艺术，共同发挥着替公众服务的精神，虽然附带的以它谋生，但仍不失替公众服务的宗旨。"[1]随着我国依法治国的全面推进，法律职业成为社会关注的重要职业。法律职业作为一种高度专业化的职业，在长期的发展中，形成了一套包括法律思想、学术流派、价值标准和各种制度规定在内的法律知识体系，以及从事法律职业必须具备的高度专业化的法律思维、法律意识、法律语言、法律方法、法律解释、法律推理、法律信仰和法律伦理等。[2] 法律职业的上述特点，显然又是基于法学教育的培养而形成的，这实际上也说明了法学教育的特殊性和法学教育属于专门教育的原因。可见，职业教育是法学教育自身属性的反映，法学教育的目标即是为法律职业群体提供基本的教育和训练，进而产生为法律实务部门所需的法律专业人才。从世界范围来看，无论是英美法系国家还是大陆法系国家，都非常明

---

〔1〕［美］哈罗德·伯曼：《美国法律讲话》，陈若桓译，三联书店 1988 年版，第 208 页。

〔2〕参见高其才编著：《司法制度与法律职业道德》（第 2 版），清华大学出版社 2014 年版，第 24 页。

确其法学教育之职业教育性质。在英美国家，法科学生接受法学院职业教育是从事法律职业的必由之路；在德国、法国等国家，接受正规的法学教育也是从事法律职业的前提条件。由此，法学教育承担的主要任务是为立法、司法、执法、法律服务、法律监督等法律职业部门培养大批高素质的法律人才，提供严格一体化的法律职业教育、培训和终身化的法律继续教育。同时培养一批与法官、检察官、律师等职业相配套的从事法律辅助工作的高级应用型法律职业人才。当下，针对中国社会发展的实际需要，培养更多合格的职业法律人，应当更加明确法学教育之职业性。

2. 彰显法学教育的中国特色

中国是一个具有悠久历史的文明古国，封建社会的传统法律体系虽已解体消亡，但中华法系的精神却绵延不绝，深刻地影响人们的生活方式。法治中国建设必须有这些思想源泉。认真总结悠久的法律文化积淀，扬弃旧义、去粗取精、与时俱进、开拓创新，维系中华法律文化的血脉，使之焕发新的生命力，是时代赋予高校的职责。[1] 习近平总书记指出，我们有我们的历史文化，有我们的体制机制，有我们的国情，我们的国家治理有其他国家不可比拟的特殊性和复杂性，也有我们自己长期积累的经验和优势，在法学学科体系建设上要有底气、有自信。要以我为主、兼收并蓄、突出特色，深入研究和解决好为谁教、教什么、教给谁、怎样教的问题，努力以中国智慧、中国实践为世界法治文明建设作出贡献。党的十八届四中全会通过的《中共中央关于全面推进依法治国若干重大问题的决定》提出全面推进依法治国，使我国法治建设的蓝图更加全面和完整。《中共中央关于全面推进依法治国若干重大问题的决定》中提到“法律是治国之重器，良法是善治之前提”“坚持依法治国和以德治国相结合”“恪守以民为本、立法为民理念”等，都是对我国法治思想之精华的提炼和总结，也为法学教育融入中国传统文化因素、构建中国特色法学教育体系提供了依据。在新形势下，法学教育的“本土化”应该在参考国外法治有益经验的基础上充分体现马克思主义法学思想和中国特色社会主义法治体系等内容，加强中国特色社会主义法治理论教育，大力弘扬中华优秀传统法律文化，汲取中华法律文化的精华，体现中国特色、中国风格和中国气派。高校在法治人才培养中，

---

〔1〕 参见何勤华：《全面推进依法治国视野下的法学教育改革》，载《中国高等教育》2015 年第 6 期。

要坚持以马克思主义法学思想和中国特色社会主义法治理论为指导,强化立德树人的教育理念,更新观念、优化结构、创新流程,有力推动法治人才培养“双轨并进”:既要重视提高学生的法学知识水平,更要培养学生的思想道德素养,使“德法兼修”成为法学人才培养的主流理念、主体模式、主营机制,全面提升法治人才培养的质量。在思想政治理论课的教学方面,高校要积极推动党的十九大精神和习近平新时代中国特色社会主义思想进教材、进课堂、进头脑,坚定法科学生的道路自信、理论自信、制度自信和文化自信。

3. 不断提高法学教育质量

法律人才都应该接受严格的法学教育,这是保障法治人才培养质量的基本要求。我国的法学教育起步较晚,改革开放以来,素质教育一直是我国高等教育的主导目标,在此价值取向的指导下,法学教育的培养目标也笼统地定义为素质教育,法学专业素质教育的具体内容却十分模糊。一直以来,素质教育的培养目标,总是简单地表述为培养德智体美劳全面发展的能从事政法实际工作的专门的法律人才,并没有对法律人才的知识结构、实践能力、法律精神、职业道德和人文素养等提出明确要求,这导致了法学教育的办学成本低、准入门槛不高,法律人才总体质量不高等顽疾。当社会开始认真对待法律知识和技能时,法学教育理应进入真正的“黄金时代”,实际上却面临饱和危机及巨大的竞争压力。法治人才培养与社会需求之间出现严重失衡,一方面,法学教育低层次盲目发展,难以有效提升学生专业基础和实践能力,无法达到法律人才的市场需求,致使法学本科毕业生就业率一直处于走低的态势;另一方面,建设法治国家急需一批既熟悉和坚持中国特色社会主义法治体系又通晓国际法律规则并且善于处理涉外法律事务的涉外法治人才。法学教育的质与量是此消彼长的关系,量的泛化必然导致质的下降,未来法学教育应是两者均衡发展。[1]

实现全面依法治国的目标,要求更加注重法学教育质量,夯实建设法治国家的人才基础。就法学教育整体而言,有必要进一步调整法学教育规模、结构,逐步建立和完善准入机制和退出机制。从学校层面而言,要根据学科、师

〔1〕 参见吴娟梅:《法治中国背景下法治人才培养模式探析》,载《中共乐山市委党校学报》2015年第4期。

资等实际情况，明确本科生、学术型研究生、法律硕士生的不同培养目标，建立健全相应的培养机制，不仅要使学生具备法律从业者应有的综合素质，还要培养其从事法律职业所必备的知识能力，更重要的是通过引导其树立社会主义法治信念和培养社会责任感，将其培养为合格的社会主义建设者和接班人。同时，建议建立教育系统之外的第三者独立评价制度，由教育部组织的本科教育评估等相关制度与社会需求脱节，权威性和公正性已广受质疑，亟须作出变革。另外，我国许多法学院校对学生的考核不够全面和严格，严重影响教学效果。如一些地方院校出于学生就业率的考虑，考试标准过于宽松，补考相当于走过场，留级制度从不认真执行，最后不管学生成绩如何，都发毕业证。更多的学校对法学专业的学生考核标准过于单一，只注重期末考试成绩，忽视平时的考核，或只注重理论知识的掌握，忽视实践技能的考核。所以，对于学生的考核标准必须细化并严格执行，将学生的日常表现和实践技能纳入考核范围，其他配套制度如补考制度、留级制度、学位证书和学历证书制度也应当从严设计，逐步向"宽进严出"的方向迈进，以培养真正适合社会需要的高水平的法治人才。

4. 强化法律职业伦理的培养

作为专业的法治人才，不仅要从规则的角度学习法律，更应从价值与道德的角度体会法律的精神。如果说正义、公平是法律的道德价值归属，是法治的客观目标，那么落实这一目标则必须借助人这一主观因素。法律的生命不仅取决于其制度自身的完善与否，而且在很大程度上依赖于创制、适用和宣示它的法治人才的资质和素养。一个符合社会需要的法律职业者，不只是一个具有扎实的法学理论功底、娴熟的法律技术和独特的思维方式的职业者，而且是一个具有坚定的法律职业信仰和高尚的职业道德情操的社会精英人物。应当说，法律职业共同体的形成对我国法律职业建设及职业共同体的构建尤其重要，它构成法律职业的价值基础，也是法律职业共同体灵魂之所在。而在价值共同体的构建过程中，法学教育起不可或缺的作用。法学教育的理念与目标，不可脱离法律职业而存在。只有通过法学教育对法律职业道德的传授与内化，才能形成法治人才共同的价值观、世界观，以及公平和正义的观念。正确的人生观、价值观和职业伦理应该是法治人才首要具备的基本素养。"法律职业作为一种服务社会的特殊行业，有特殊的伦理要求。缺失职业伦理，法律知识越精巧,对社会的危害反而越大。"[1]法治人才的特殊性主要体现在与其他类型的人才相比较而言,在发挥社会功能的过程中有很大的区别,他们主要从事的是立法、审判、检察及律师等工作,他们不仅要制定社会规则、定分止争还需要惩恶扬善,这就要求法律职业道德与一般职业道德有很大区别,"法律职业者必须忠于法律、忠于事实、伸张正义、清正廉明、恪尽职守"[2]。

法律职业的技能与职业伦理的统一主要是靠法学教育的统一。从历史来看,法律职业的形成是以法学教育的出现为前提的,法学教育出现之后才出现近代真正意义上的法律职业。从逻辑上讲,法学教育提供的系统的法律学问为法律职业技能和职业伦理铺设了专业基础。否则,法律职业就是无源之水、无本之木。因此,无论是法律技能的培养,还是职业道德的传承均依赖于法学教育的发展。在两大法系中,都特别重视加强法科学生的职业道德教育,都在时刻培养学生的法律职业意识,教学生努力学会作为一个法律职业人思考,强化他们的法律至上观念。如英国的法学院重点地安排教学计划来培养学生的综合素质,如道德、法律伦理、职业素质、律己意识等。在美国,法学院特别开设了司法理论或类似有关职业道德的课程,诊所法律教育的许多内容就是围绕树立学生正确的职业观念开设的。诊所法律教育在20世纪70年代风行时,其中重要的内容之一就是加强职业道德教育。我国高校法学专业对学生的职业道德教育重视得仍然不够。现有的法律科目中较少涉及法律职业及职业道德教育方面的内容,即使有也是浅尝辄止。从大多法学院开设的课程看,仍没有法律职业道德教育的一席之地。有学者以"卓越法律人才教育培养计划"的基地院校为样本,对41所法律院校开设法律职业伦理教育课程情况进行调研,结果显示开设职业伦理相关课程的院校只有15所,仅占统计样本的36.59%,如果严格限定为开设"法律职业伦理",则只剩下9所,仅占统计样本的21.95%,再进一步,将法律职业伦理课程设为必修课的仅有4所院校,那么设置法律职业伦理必修课的比例就是9.76%。[3] 为此,有学者认为,我国高校法律人才的

---

〔1〕 刘坤轮:《德艺并重,打造卓越法律人才国家标准体系说明》,载《中国法学教育研究》2012年第3期。

〔2〕 孙智:《卓越法律人才培养模式的建构与创新——兼论传统法学教育之弊》,载《凯里学院学报》2015年第4期。

〔3〕 参见刘坤轮:《中国法律职业伦理教育考察》,中国政法大学出版社2014年版,第76页。

培养应立足于三个方面的定位:法律技能的培育、法学知识的传授和法律职业伦理的培养。[1] 法学教育目标的设定不应当仅停留在传授法学知识和法律技能上,更需培育面对社会转型时期的诸多诱惑能够恪守公平正义的法律职业者。

自习近平总书记提出"德法兼修"以来,对法治人才职业道德素养提出了更高的要求。法治人才职业的特殊性、法律本身的特性、法治的效果与前景以及法律人在整个法治社会发展过程中所面临的更高的职业伦理要求,这些因素都对法律职业伦理提出迫切的挑战。法学教育承担的不仅是法律知识和法律智慧的传授,更重要的是担负构建法律职业共同体、塑造法律品格、维护法治社会秩序的重任。因此,加强职业素质教育已经成为法学教育界的共识。法律职业伦理教育作为法学教育的重要组成部分,是内化法律职业理念,提高"法律人"职业素养的重要途径。但从我国传统法学教育来看,普遍存在重知识学习和技能培养而轻视职业伦理教育的现象。对此,有的学者经过对国内外法学教育中法律职业伦理教育的考察指出,无论是在比较层面上,还是在我国这些处于相对领先地位的法学院校中,对于法律职业伦理的重视程度是严重不足的。这既表现在它们法学本科生培养目标设定方面没有明确提出职业伦理的规范要求,同时也体现在操作层面,对法学本科生法律职业伦理课程设置的不够重视。[2]

我国著名的法学教育家孙晓楼先生曾指出:"法律职业伦理是教法科学生于研究法律之外,注意到运用法律时在社会上所应有的态度。尤其是于执行法律事务时,使他知识、技能、品性方面都有相当的准备。"[3] 教育部、中央政法委《关于坚持德法兼修实施卓越法治人才教育培养计划 2.0 的意见》也强调要注重培养学生的思想道德素养,大力推进中国特色社会主义法治理论进教材、进课堂、进头脑,将社会主义核心价值观教育贯穿法治人才培养全过程和各环节。加大学生法律职业伦理培养力度,面向全体法学专业学生开设"法律职业伦理"必修课,实现法律职业伦理教育贯穿法治人才培养全过程。高校法学专

---

〔1〕 参见孙笑侠:《法律家的技能与伦理》,载《法学研究》2001 年第 4 期。

〔2〕 参见刘坤轮:《"学训一体"法律职业伦理教学模式的实践与创新》,载《政法论坛》2019 年第 2 期。

〔3〕 孙晓楼:《法律教育》,中国政法大学出版社 1997 年版,第 17 页。

业开展法律职业伦理教育具有重要意义。一是有助于促进学生深化对法律基本原则和精神的理解，打破以往学生仅停留在一般价值判断基础上的传统思考模式，逐渐养成不同于其他学科和职业的具有法学自身特征和法律职业要求的思维方式和理性分析能力。二是推动对法律职业伦理的深入探究，以适应法律职业的内在要求。高校法学院既是培养法治人才的摇篮，又是法学研究的基地，开设"法律职业伦理"必修课，开展法律职业伦理教育，可以为法律学者对法律职业伦理进行理性思考和评析创造环境和条件，可以推动法律职业伦理研究的不断发展和进步，更好地维护并提高法律职业阶层的社会地位和声誉，为法律学科进一步发展创造契机。三是为法律职业阶层提供人才储备赢得更加广泛的社会认可。法学专业学生作为从事法律职业的"准法律人阶层"正值伦理性道德情感培养的黄金时期。高校内部的各种交流活动以及对外合作让法律职业伦理可以获得更为广泛的社会认同感与亲和力，为学生步入法律职业阶层提供"助力"。[1]

在卓越法治人才培养中重视法律职业伦理的培养，应当重点解决好以下问题：一是确立法律职业伦理教育在卓越法治人才培养中的地位和目标。法律职业伦理的培养是卓越法治人才培养的重要组成部分。首先，应当确立法律职业伦理教育在法治人才培养中的重要地位。法治人才应当是也必须是法治的坚定信仰者和积极参与者，法律至上是法治精神的核心，也是法律职业伦理道德的应有之义。法律至上主义在法治体系中具体表现为科学立法、公正司法、严格执法以及全民守法，即法律是以民主科学的方式制定的"良法"，"良法"得到严格执行、公正适用以及全社会真正的遵守，形成"良法善治"。法治人才应当自觉践行社会主义核心价值观和习近平新时代中国特色社会主义法治思想，同时坚守法律职业伦理，做法治中国的参与者和建设者。法律职业伦理教育，就是要告诉学生：什么是法律职业伦理、法律职业伦理的要求是什么、根据是什么、怎样做出适当的法律职业理论判断和选择。并且，也不能回避法律职业道德伦理与普通职业理论的联系与区别。美德并非不可教，持之以恒地言传身教，自然会产生实际的效果。并且，美德也需要教。倘若法学教育在

〔1〕 参见王磊：《模拟法庭课程教学中的法律职业伦理培养》，载《洛阳师范学院学报》2017 年第 7 期。

职业伦理教育方面无所作为的话，那么，其教育的本质和道德性就应受到质疑。其次，要明确法律职业伦理教育在法治人才培养中的具体目标。即在本科教育阶段的法律职业伦理教育要采取哪些培养途径和手段，要达到怎样的培养效果等。法律职业者职业道德品质的形成与诸多的主客观因素有关，法学教育中的职业伦理教育，也只是法律职业者道德品质形成中的一个因素或是环节，其他如法律职业者本人自我修养的自觉性及程度、外在道德环境的影响等，都会对法律职业者道德品质的形成产生作用。并且，法律职业道德品质的形成是一个长期过程。一般来说，要经过一个由道德认识到道德实践，由道德观念到道德信念，由道德行为到道德习惯的发展过程。[1] 只有通过外部客观因素持续不断地教育和训练，通过法律职业者自身不懈地自我锻炼和修养，才能得以完成。所以，我们不能期望法学教育一定能够达成"造就有道德的法律职业者"这一目的。但是，四年时间不间断的法律职业伦理教育和训练，其作用不可小觑。二是要制定合理的法律职业伦理教育方案，完善科学的法律职业伦理教材体系。首先，在为法学专业学生开设"法律职业伦理"必修课的同时，还应当制定合理可行的教学计划，可以统一教学内容、方式、进度和要求，克服教学中的随意性，增强教学的计划性和严肃性，是正确实施法律职业伦理教育的重要保证。其次，为适应法治人才培养的需要，必须建立科学的法律职业伦理教材体系。加强教材建设，组织编写出版一批高质量的相关教材，不断更新教材内容，而且要实现相关教材的多样化，既包括理论教材，也包括实践教材。三是实现教学方式的创新。如采用案例式教学方式。法律职业道德课程并不是同法律课程截然分离的课程，案例分析是一个伦理展现的过程，其中就包含法律职业伦理的内容。学生通过对案例的深入剖析，进一步感知法律职业伦理价值，自我情景体验有助于帮助学生建立正确的法律职业伦理观。例如，引导学生参与具体法治实践，走入社会实践或者模拟法庭和法律诊所等模拟法治实践使学生在真实的事例中，结合所学知识独立作出价值判断，这对于法律职业伦理的养成和实践都是十分有益的方法。[2]

---

〔1〕 参见魏英敏主编：《新伦理学教程》（第2版），北京大学出版社2003年版，第418～419页。

〔2〕 参见白云、苗正达：《论法律职业伦理教育》，载《黑龙江高教研究》2008年第11期。

5. 重视法治人才培养协同机制的创新

在全面推进依法治国背景下，法学教育应更加注重提升法治人才的质量，明确其职业教育之性质，而法学教育要达到这两个层面的要求，核心在于法治人才培养机制和培养模式的改革与创新。同时，法治人才培养模式应建立在提升法治人才质量的基础之上并以中国社会的实际需求为依据。社会经济的快速发展，纷繁复杂的社会生活提出与以往不同的法律人才的需求。当下社会要妥善处理好各种法律事务，往往需要包括法学在内的两个以上学科知识的综合运用，单一的法律知识已经很难适应社会发展的需要。“研读法律的学生如果对其本国历史相当陌生，那么他就不可能理解该国法律制度的演变过程，也不可能理解该法律制度对其周遭的历史条件的依赖关系。如果他对世界历史和文明的文化不了解，那么他也就很难理解那些可能对法律产生影响的重大国际事件。如果他不精通一般的政治理论、不洞见政府的结构与作用，那么他在领悟和处理宪法和公法等问题时就会遇到障碍。”[1]因此，法学教育要求面向全社会和各行业培养大批具有法律专业知识，又具有本行业专业知识能力的应用型、复合式、开放性法律人才。为实现这一人才培养目标，应更加注重法治人才培养机制的协同创新，建立协同育人的长效机制。教育部、中央政法委《关于坚持德法兼修实施卓越法治人才教育培养计划 2.0 的意见》也强调：切实发挥政府部门、法院、检察院、律师事务所、企业等在法治人才培养中的作用，健全法学院校和法治实务部门双向交流机制，选聘法治实务部门专家到高校任教，选聘高校法学骨干教师到法治实务部门挂职锻炼。在法学院校探索设立实务教师岗位，吸收法治实务部门专家参与人才培养方案制定、课程体系设计、教材编写、专业教学，不断提升协同育人效果。目前，高校和法律实务部门之间合作交流并没有规范性义务的约束，高校教师与法律实务部门之间的人员交流主要依靠双方临时的沟通协商，缺乏必要的长期协调机制，因此，建立高校与法律实务部门之间双向交流的机制很有必要。

---

〔1〕 吴娟梅：《法治中国背景下法治人才培养模式探析》，载《中共乐山市委党校学报》2015 年第 4 期。

### (二)依法治国背景下法学本科教育课程体系和教学方法的改革

#### 1. 进一步完善课程体系结构

课程体系对于人才的成长与培养起关键的作用。如果说人才是教育生产线上“产品”,课程体系则是“生产工艺”,其合理与否,直接决定人才的质量。教育部、中央政法委《关于坚持德法兼修实施卓越法治人才教育培养计划2.0的意见》指出,重点打造200门国家级一流线上线下法学专业课程,推动高校健全课程体系,优化课程结构。鼓励高校开发开设跨学科、跨专业新兴交叉课程、实践教学课程,形成课程模块(课程组)供学生选择性修读。鼓励高校深入实施主辅修制度,丰富学生跨专业知识,培养学生跨领域知识融通能力和实践能力。法学专业的法学课程体系要与中国特色社会主义法学理论体系、学科体系相衔接,反映中国特色社会主义法学理论的最新研究成果,遵循法学教育的基本规律,保证法学专业知识结构的完整性,强化法学基础理论教育。完善课程体系结构应当立足于以下要求:一是统一性与多样性相结合。所谓统一性,就是指为了保证法学专业教育的基础知识结构,各校法学院法学专业必须按照《普通高等学校法学类本科专业教学质量国家标准》的要求,法学专业核心课程采取“10+X”分类设置模式。“10”指法学专业学生必须完成的10门专业必修课,包括:法理学、宪法学、中国法律史、刑法、民法、刑事诉讼法、民事诉讼法、行政法与行政诉讼法、国际法和法律职业伦理。“X”指各院校根据办学特色开设的其他专业必修课,包括:经济法、知识产权法、商法、国际私法、国际经济法、环境资源法、劳动与社会保障法、证据法和财税法等,“X”选择设置门数原则上不低于5门。上述课程是法学专业学生应当具备的基本专业知识,这些课程应当出现在所有法学院的课程表上。多样性则指不同高校法学专业可在兼顾学生知识结构的合理性和平衡性的基础上,根据学生的兴趣及未来择业的需要,本专业或学院、学校的资源优势,开设一些体现办学特色和实际需要的课程。在课程设置的多样性方面,国外的校本课程开发理论值得我们关注。校本课程开发是20世纪70年代在英美等发达国家中开始受到广泛重视的一种与国家课程开发相对应的课程开发策略。它是指学校根据自己的教育哲学思想,结合教育教学实际自主进行的课程开发,涉及学校教育经验的各个方面。[1] 校本课程开发是国家课程开发的重要补充,它以充分考虑教师的积极参与、学生的认知背景与需要、学校的主客观条件及其所处社区的经济与文化水平、凸显学校自身特色等为主要特征。如地处少数民族地区的法学院即可以开设民族法学课程。二是理论性与实用性相结合。法律理论学习与法律实践训练构成了法学教育的双重性。[2] 尽管我国的法学教育常常不能兼顾二者而落入一个难以两全的尴尬境地,但由于国情的限制,我们在可预见的一段时间内暂时还不能实行素质教育(包括法学基本知识的教育)和实务性的职业教育分开的做法,在设计课程时不得不在理论学习与职业训练之间尽可能地作出平衡。实际能力的培养应当在法学院课程体系中占据重要的地位,法律实务和司法技能应在课程设置和教学内容中得到充分的体现和反映。实践中,一些法学院已经设置了法律诊所、模拟法庭等课程,并在一些课程中注意采取案例教学的方法,取得了良好的效果。这些课程和教学方法的主要优点是能够为学生提供一种真实的法律环境,提供进行法律分析的素材和机会,教学中的启发性和互动性大大增强。同时,通过大量案例学习法律的学生就能够有更多技巧的训练,使其在分析案件、进行辩论、起草法律文书等实际操作方面的能力得到强化,具备机敏的思维和雄辩的口才,在毕业后很快地适应实际的法律操作。三是国际性与本土性相结合。课程体系的国际化不仅是法律关系、法律业务国际化的要求,也是对多元化的法律文化理解的需要。一国法科学生不能只懂自己国家的法律,还要有国际化的知识背景,才能适应社会对涉外法律人才的需要,才能养成对其他法律文化的尊重和宽容。教育部、中央政法委《关于坚持德法兼修实施卓越法治人才教育培养计划 2.0 的意见》,要求进一步拓宽与国际高水平大学和国际组织合作交流渠道,深化与国际高水平大学学分互认、教师互换、学生互派、课程互通等实质性合作,积极创造条件选送法学专业师生到国际组织任职实践,培养一批具有国际视野、通晓国际规则、能够参与国际法律事务、善于维护国家利益、勇于推动全球治理规则变革的高层次涉外法治人才。服务"一带一路"建设,着力培养熟悉"一带一路"沿线国家法制的高素质专门法治人才。为了满足上述要求,在法治人才培养中

---

〔1〕 参见吴刚平:《校本课程开发的特点与条件》,载《教育研究与实验》1999 年第 3 期。

〔2〕 参见周汉华:《法律教育的双重性与中国法律教育改革》,载《比较法研究》2000 年第 4 期。

必须在课程体系的国际化方面多下功夫。当然,也应注意到,在课程的设置上,各国法学院大多开设了富有地域特色的课程,通过开设一些本土课程,可以使法学专业的学生了解本土法律制度和法律文化由古至今、由远及近的发展过程,对它们有正确、全面、深入的认识,才能发现其时代意义,这样中国法学教育才能作出自己"无可替代的贡献"。

2. 不断创新教学方法教学手段

教学方法对于法治人才的培养、法学教育目标的实现至关重要,但如前文所述,从整体上看,多数院校与教师的教学方法滞后、单一、过于传统,"填鸭式"的讲授、"说教式"的授课方式仍然广泛存在。培养卓越法治人才,必须要对教学方法予以创新,实现教学方法的多样化,做到教学方法的与时俱进,这是改革现行人才培养模式的重要关节之一。教师不应止步于系统的知识讲授,而应谋求向"知识讲授与职业能力培养"并重的转变,在教学过程中,教师应立足于提高学生的实践能力、培养其应用性和职业化素养,引入启发式教学法、案例教学法、法律实务模拟教学法、诊所式教学法等适于实务型人才培养的多种教学方法。在此基础上,还应实现教学手段的创新,应将信息技术广泛应用于实践教学中,利用多媒体教学打造网络教学平台,通过数据、案例、视频、音频和海量的文字资料的储备或展示,丰富教学素材与教学资料的规模、扩充教学内容,从而帮助学生实现对法学原理和法律运作流程的深度理解与把握。[1]

从法学专业的教学方法来看,课堂讲授法是一种历史悠久的传统教学方法,作为一种主要的教学方法,课堂讲授法对人类文明的传承和发展可以说是功不可没。无论过去,还是当前,课堂讲授法都应当是学校课堂教学中既经济又可靠,而且最为常用的一种有效方法。然而,由于各种原因,特别是高等教育好高骛远、急功近利思想的影响,许多教师不能恰当地在课堂运用讲授法,结果形成了教师"满堂灌"的僵死局面,扼杀了学生的主动性、积极性和创造性,也导致了一些误解,一些人在理论上常常错误地把学生接受教师的讲授不加分析地说成是机械式被动学习,甚至在当前高等教育教学改革中,还有人错

---

〔1〕 参见周毅:《论财经院校卓越法律人才培养模式的创新》,载《吉林工商学院学报》2013年第6期。

误地把课堂教学效果不佳，教学质量不高归罪于课堂讲授法，片面认为这种教学方法既忽视了对学生法律思维方式的培养，又抑制了学生创新能力提高；既不能充分调动学生学习的积极性，又使学生对学习丧失信心和热情，客观地说，课堂讲授教学法依然是法学实践教学的主流教学法，如何在法治人才培养背景下发挥传统课堂讲授法的优势是非常值得我们深思的问题。笔者认为，课堂教学的重点主要是基本原则和重要的知识节点，突出重点，努力做到讲授精练，使课堂教学有更加充分的时间来让学生展示学习成果，交流各自的学习心得与体会，及时解决学生在学习过程中遇到的难点，及时提炼与概括知识要点。教师的主要责任要从以课堂讲授为主，转为以课堂交流与解惑为主，教师的精力主要放在研究与教学主题相关联的背景资料、文献，布置和引导学生课后阅读与课堂教学相关的背景资料和拓展文献，增强学生课外阅读量，引导学生在阅读过程中，注意关注哪些重点问题，要求学生对解决这些问题有见解和主张，努力培养学生的主体精神，激发学生的学习积极性和主动性。

在课堂教学中，应积极引导学生参与课堂讨论，充分发挥教学互动效应。课堂讨论要改变原来"填鸭式"的教学模式，倡导变纯讲解式为讲解式与案例教学相结合、变灌输式为启发式、变纯课堂教学为课堂教学与法庭教学相结合的模式，该方法可以用来细化相关性的灵感触觉，促使对事实的细微区别的领会，（通过仿真案情）刺激学生的想象力，培养区分事物的技能，培养创意思考，诱导学生思考理应适用的是非标准，以有助于其判断力的成熟。这种讨论式互动性教学方法能丰富课堂要素，不再将学生作为消极的信息接收主体，而是作为重要的信息发布主体，促进课堂气氛更加活跃。通过课堂讨论可以给学生表达观点的机会，既是对学生的尊重，也对学生构成一种心理挑战，可以调动其主动性。此外，如果学生的发言更加生活化和不拘定式，容易形成一些新奇有趣的观点，引起其他同学的好奇，带动其参与。当然，对于其中偏颇和离题之处，教师可以加以点评，这样更有针对性。由于课程讨论以讨论分析为主，而讨论课需要分组进行，故应强调小班教学。若班级人数太多势必造成教师和学生的交流机会少而困难多，不利于讨论的有效进行。事实上，本科教学为主的大学其特点之一是小班教学。不论是偏理论型还是实践型的班级，都应将开课班级尽可能设置小一些，具体每个班应该限制在30人以内，以便在分小组讨论时各抒己见、相互交流，真正做到教学互动。

# 第四章　依法治国背景下法学实践教学环节的改革

## 第一节　法学实践教学的含义及在法治人才培养中的重要作用

### 一、法学实践教学的含义

实践教学是以培养学生法律思维能力和法律职业能力为目标,将学生置身于某种特定知识场景中,学生以某种直观物化的操作方式为主要学习手段,完成某种任务,从而将法学专业知识内化为个体经验的学习活动。

实践教学是高校法学教育体系的重要组成部分,贯穿、渗透于法学教学的整个过程。实践教学既可以检验和巩固学生的专业知识和理论体系,同时又有利于训练学生法学专业思维、强化法律职业伦理修养,更有利于提高和锻炼其法律专业应用能力,是培养高素质应用型法律人才的有效方式。从这种意义上说,法学教育中实践教学的质量决定了法学本科教育的质量,实践性课程开展和实施的好坏成为衡量高等法学教育质量的重要指标。

近年来,中国高等法学教育快速发展,体系不断完善,培养了一大批优秀法治人才,为中国经济社会发展特别是社会主义民主法治建设作出不可替代的重要贡献。但同时,随着依法治国基本方略的深入推进,我国对法治人才的需求量愈来愈大,尤其是对有一定实践能力的应用型法治人才有更大的需求。因此,如何培养法学专业学生的法律实践能力是法学专业人才培养中必须面对的现实问题,甚至在一定程度上关系高等法学教育人才培养质量的高低。我国传统的法学教育过分地注重法学知识的讲述和法律规范的注释,采用“填鸭式”的教学方式,使学生的动手能力、实际解决问题的能力较差,不符合社会的需要;同时,学生步入社会后也感觉在学校学的东西无用,法学教育和法学实践严重脱节。美国著名法学家E.博登海默指出:“法学教育的生命力不在于一种纯粹的理论解构,而是要想办法将书本上的理论知识转化为一种持续性的实践能力。”[1]可以说,应用性和实践性是法学的重要特点,重视法学专业的实践教学已经成为法学教育界的共识。

## 二、法学实践教学在法治人才培养中的重要作用

在法学专业人才培养体系中,法学实践教学既是一种教学思想,又是一种教学实践模式。一方面,法学实践教学模式强调法律知识和法律问题的练习,强调通过开放性的教学内容和多样化的教学形式,促进学生对法律知识的体系建构;另一方面,法学实践教学要突破传统的空间和时间限制,通过实践教学空间和时间开放性的特点,加强学生知识和实践的训练,在实践的应用中巩固法律专业知识,灵活运用法律专业知识。随着我国卓越法治人才教育培养计划的实施,法学实践教学在法律专业人才培养中的作用越来越显著。

### (一)实践教学是培养卓越法治人才的必然要求

高校法律教育承担为推进依法治国输送优秀法律人才的使命,法学专业的学生通过从事法律工作,为法律的普及、法律观念的树立以及法律的实践性作出贡献。全面推进依法治国方略背景下对法学专业学生的法律素质的要求主要包括以下五个方面:一是掌握有关的法律概念、法律原理以及法律创设的理念;二是了解中国法律体系的框架和法律程序;三是培养学生良好的法律思维能力和依照法律逻辑解决实践问题的能力;四是缜密的事实发现能力和法律问题的论证能力;五是在法律实践中养成终身学习的习惯,不断通过自主学习掌握新的法律知识的能力。这些能力的发展,单单通过法律理论知识的学习以及法律书籍的阅读是无法实现的,需要学生在实践中根据具体的法律事件进行分析和法理判断才能够逐渐形成。法学实践教学活动的开展,可以使学生在实践中真正理解法律的内涵和适用条件,激发学生的学习积极性;同时,通过实践教学使学生亲身参与法律的应用过程,真实了解法律的实践操作程序,学习以法律的视角来审视世界,实现法律理论知识和实践知识的有效结

---

〔1〕［美］E.博登海默:《法理学——法律哲学与法律方法》,邓正来译,中国政法大学出版社2010年版,第159页。

合。因此,实践教学是法治人才培养的重要途径。

(二)有助于培养法学专业学生的法律职业技能和法律思维能力

法律职业技能是一种与日常生活技能不同的专业性技能。它是一种受在先的理智活动指导的理智操作,是法律职业所要求的法律职业者应该具备的集法律思维能力、法律知识和法律实践经验综合于一体的能力和技巧。因此,它只有在系统地掌握法学理论知识的基础上才能形成,不掌握法学专业知识就不可能形成法律技能。[1] 毋庸置疑,在法学专业的教学体系中,理论教学可以使学生在脑海中形成完整的法学理论知识体系,掌握法学的基本理论和基本知识。同样,法学实践教学的重要作用也是不容忽视的。从法律实践来看,法官、检察官、律师、调解员等法律职业无一不对法律实践能力和法律逻辑能力有非常高的要求,而实践教学活动正是培养和训练学生上述能力的重要途径。法学实践教学强调理论与实践的融会贯通,在巩固法学理论知识的同时,有助于进一步拓宽学生的知识面,并同时通过对所学知识的运用加深对相关知识的理解和把握,意在培养学生能动的法律思维。

(三)有助于加强学生对法律专业知识的系统理解和整体把握

传统法学教育模式以不同的部门法为基础进行教学,如"刑法学"和"刑事诉讼法学"课程,无论从课程设置还是教学模式来看,往往将二者割裂开来。如此一来,使学生往往关注的是它们之间的区别,常常从孤立的角度去审视这两门课程。法学实践教学活动打破了这种人为的藩篱,将实体法与程序法知识点结合起来,使法学教育更具实战性和真实性,同时也使学生从多角度加深对相关法学课程和所学法学知识重要性的认识。从实践教学内容之间的关系上看,体现为由简单到复杂的衔接关系;从学生能力成长方面看,体现为单一性技能到综合性技能提高的渐进过程;从课程设置情况来看,体现为依托理论课程的实验教学到独立开课的实验课程的结合;从实践教学的时间上看,体现为实验教学的全程化,即实践教学贯穿于法学本科教学的始终:在低年级阶段可进行课程实验,就专业知识进行分项实验,在高年级阶段则开设综合性实验课程,进行专业综合型、跨专业综合型和司法实践活动型实验。从实践教学的

---

〔1〕 参见房文翠:《法学教育中的法学实践教学原则》,载《中国大学教学》2010 年第 6 期。

空间看,构成了由校内实训与校外实践紧密结合的教学体系。[1]

(四)有助于弥补学生法学专业知识结构的漏洞

法学专业知识结构的形成源于实践的积累,纯粹的理论教学忽略实践操作,知识结构会出现漏洞。法学专业学生在学习中常有光说不练的困惑,有的学生在遇到很简单的法律问题时也常不敢回应,本应清晰明了的法律问题解答步骤变得笼统、复杂,还有的学生误将法律原理记为法律条文,在实践中予以引述。因此,加强法学实践教学,对学生进行实务训练,使学生对法律知识有系统而全面地认识,弥补知识结构的漏洞,减少法律认识上的误区。在处理实际问题时,学生会产生主动学习的动机,也会不自觉地增强知识记忆,从而更加有利于推进理论教学,使实践和理论两者能真正地融合,相得益彰。

(五)有助于培养学生法律的信仰和职业素养

法学教育在建设社会主义法治国家中具有基础性和先导性的重要地位,法学教育的程度在一定意义上已成为衡量社会文明进程和法治建设进程的重要标志。[2] 随着社会的发展,法学教育的使命不仅要培养优秀的法官、检察官、律师,而且要培养社会领域中各种各样的优秀法治人才。同时,法治人才的法律信仰对社会的意义尤为重要,它领导并制约其他社会主体法律信仰的形成,并最终引领法治社会的建立。基于此,这就要求法学教育应当将法律价值体验作为培养学生法律信仰的根本途径,将教学实践而非理性思辩作为法律价值体验的根本手段。必须重视法学专业学生的精神信念和品德的培养,使其能够以社会正义为价值准则,树立对法律的信仰。对学生法律信仰的培养除了设置相关课程和必要的课堂讲授外,主要还是应当为学生提供必要的实践体验活动,"信仰首先表现在参与本身",[3]法律信仰的形成离不开法律实践活动的开展。课堂教学可以间接增加学生的法律实践经验,而法律实践活动的开展则可直接促进学生的法律价值体验,因为实践教学可以增强学生对法律及其价值的感性认识,进而促进学生在感性认识上对法律价值进行理性评价。

---

〔1〕 参见房文翠:《法学教育中的法学实践教学原则》,载《中国大学教学》2010 年第 6 期。

〔2〕 参见李娜:《高等法学教育中法律信仰的培养》,载夏利民、李恩慈主编:《法学教育论》,中国人民公安大学出版社 2006 年版,第 41 页。

〔3〕 [美]伯尔曼:《法律与宗教》,梁治平译,中国政法大学出版社 2003 年版,第 36 页。

同时,实践教学也是培养学生良好法律职业素养的重要途径。著名法学家孙晓楼先生在谈及法律职业人的合格标准问题时,认为法律人才至少有三个要件:法律学问、社会常识和法律道德。有了法律学问、社会常识,而缺少了法律道德,那就不免成为腐化恶化的官僚政客,并不能算作法律人才;一定要有法律学问、法律道德和社会常识,三者俱备,才可称为法律人才。[1] 强化法科学生的职业素养,既是法学教育的历史使命,也是法学教育适应法治社会发展的必然要求。追求公平正义,把握职业操守,应当成为法学专业学生乃至所有法律人的基本信条。实践教学尤其是法律实务体验等活动使法学专业学生有机会直接接触诸多社会问题,有助于增强学生的社会责任感和使命感,增强对国家、社会的责任意识和忧患意识,养成良好的法律品格和职业素养。

## 第二节 我国法学实践教学的主要形式及待完善的方面

### 一、我国法学实践教学的主要形式

从目前我国高校法学专业所开展的实践教学环节来看,法律实践教学的主要方式可以分为以下几种:一是校内实践教学模式,即课堂案例式教学、课堂辩论式教学、模拟法庭审判训练等;二是校外实践教学模式(主要指各项专业实习环节),如课程实习、毕业实习、司法实务观摩等;三是校内外皆可进行的教学方式,如法律诊所式教学、法律事务谈判等。

1. 校内实践教学

(1)课堂案例式教学和课堂辩论式教学。

这种形式主要是在课堂教学中引入案例式教学和辩论式教学,既可以在具体法学课程的教学过程中根据教学目的的需要随时地、灵活地进行,也可以将案例式教学和辩论式教学分别作为一门实践课程综合性地开展进行,以达到培养学生实践能力的目的。案例式教学又称苏格拉底式教学法,由哈佛大学法学院于1870年前后首创,是指在法学课堂教学中,直接以案例为授课素材,通过引导学生结合法律规定分析和讨论典型案例,加深其对法律条文的理解,锻炼其法律思维和技能的一种师生互动式教学方法。它能够真正实现教学相长,对学生而言,能帮助他们提高学习法律的热情,锻炼法律分析能力,提

[1] 参见孙晓楼:《法律教育》,中国政法大学出版社1997年版,第9页。

高口头表达能力;对教师而言,能帮助他们改观课堂授课氛围,检查教学效果,提高教学质量。课堂案例式教学和课堂辩论式教学实际上是法学实践教学的初级阶段,适用于低年级学生的课堂教学,主要目的是完成法学实践操作经验的传授工作。针对这一教学目的,通过学生的参与,激发学生思考的同时帮助学生实现思维转换,从而提高学生处理法律问题的实践能力,实现理论和实践的结合。

(2)模拟法庭审判训练。

经过课堂实践教学环节的锻炼,学生已经具备了基本的案件分析推理能力,但这种推理能力只是一种初级的法律思维能力,只是使学生从感性上了解了一定的法律事务。为了进一步提高学生应用法律解决实际问题的能力,需要完成由学生角色向司法实务工作者角色的转变。因此,需要模拟法庭为学生搭建一个过渡的平台,使学生学法用法的能力在模拟法庭环节得以强化。模拟法庭审判训练是对法庭审理案件现场最好的还原,能够让学生清晰、直观地了解庭审过程。模拟法庭训练课程是以诉讼程序的案例为素材,组织学生进行模拟庭审,获取不同法律职业的经验和技巧。这种训练方式涵盖了模拟审判和辩论技巧两种模式,其优势在于对学生综合能力的训练。该环节要求学生必须学会从案件实际情况出发,切实地设置自己所担任的诉讼角色,深入体会实际运用法律与单纯学习法律理论的差异,做到恰当地进行法律实务问题的分析与判断,同时能够使学生实际地熟悉掌握程序法知识和实体法知识,锻炼提高口头表达能力、书面表达能力、思辨能力及协作能力。从各高校法学专业的实际开展情况看,学生参与热情较高,模拟审判效果也较为理想。

2. 校外实践教学

(1)课程实习。

课程实习主要是为了加深学生对具体课程知识的理解和掌握,在具体课程的课堂教学进行中或者结束后组织学生到校外实践教学基地所进行的短期实习活动。这种实习的特点在于:一是具有较强的针对性。主要就具体课程学习中所涉及的实务问题,通过短期实习能够对相关问题进行直观的体验和感悟,从而真正理解和掌握相关知识。二是时间较短,方式比较灵活。此种实习由于以解决具体问题为导向,因此所需要的实习时间往往较短;同时,实习方式也较为灵活,如可参与具体案件的办理过程,也可采取与实务人员进行交流和讨论的方式。该实习方式既可以适用单一课程也可适用于课程组，如刑事法律课程组、民商事法律课程组、行政法课程组等。

(2)专业实习。

法学专业实习是法学专业人才培养中不可或缺的教学环节，其目的在于通过理论与实践的结合，使学生巩固和深化所学的理论知识，培养和提高学生分析问题、研究问题、解决问题的能力，是对学生进行职业伦理教育和专业技能训练的综合性实践过程。我国各高校在法学专业的人才培养中，普遍要求学生应当参与与法学专业密切联系的专业实习，并将实习纳入学分管理，基本形成了以集中实习为主的专业实习方式，并且以司法实务部门为实习单位的最佳选择，为此各高校建立了以法院、检察机关、律师事务所为依托的众多的实习基地。

(3)法律实务观摩。

法律实务观摩是组织学生赴法院等法律实务部门就特定法律事务活动所进行的现场体悟、考察、交流的实践教学方式。这种方式能够使学生亲临其境，感受法律职业和法律实务工作的氛围，培养法律人的情操，启发学生从实践的角度发现自己的不足和自己在法学专业学习中的努力方向。从传统来看，这一方式主要以法庭审判观摩为主，通过法庭审判观摩使学生加深对所学法学知识的理解和把握。实际上，除传统的法庭审判观摩以外，可供学生进行观摩的法律事务资源越来越多，如律师事务所律师案件讨论过程观摩、社区矫正工作观摩、仲裁活动观摩等。

3. 校内外皆可进行的主要实践教学方式

(1)法律诊所教学模式。

法律诊所式教学模式是一种以培养学生的法律技能、法律道德和职业责任感为核心的法律教学模式，是传统的判例教学法不断发展的产物。一方面，它汲取了判例教学法的精髓，即经验式的教学方法，并在此基础上发展完善；另一方面，又在形式上借鉴了医学领域的临床教学模式，强调通过教师指导学生参与实际的案例运作过程，在实践中分析问题、解决问题，培养学生对理论知识的理解和法律实践能力。2000 年 9 月，我国有 7 所高等法学院校，包括北京大学法学院、清华大学法学院、中国人民大学法学院、武汉大学法学院、中南财经大学法学院、复旦大学法学院和华东政法大学法学院，首次设立了带有各自特色的专门性“法律诊所”(如劳动者权益保护诊所、消费者权益保护诊所、妇女权益保护诊所等),并开设了相应的法律诊所课程。此后,又有更多的法学院校陆续设立。2002 年 7 月,诊所法律教育专业委员会经中国法学会批准成立,在该委员会的积极倡导下,法律诊所教学观摩与交流活动正在全国范围内频繁开展。法律诊所式教学模式主要关注学生掌握法律知识与技能,并能够将其有效运用于法律实践。这种模式强调法律知识的实践性和对社会的有用性,把培养法学专业学生的逻辑思维能力、分析和解决实际问题能力放在首位。从法律诊所教学模式的具体操作来看,法律诊所教学模式可分为校内当事人诊所、校外真实当事人诊所和模拟法律诊所等类型。

(2)法律事务谈判。

法律事务谈判实际上是一个将法律培训、法律技能和人际交往的能力融合在一起并最终达到预期目的的一个过程。常见的有合同谈判、民事纠纷谈判、劳资谈判、刑事案件谈判、离婚和家庭纠纷谈判以及国际法律谈判等。其中合同谈判是准备订立合同的双方或多方当事人为了相互了解并取得自身权益最大化,并最终确定当事人各方在合同中具体的权利与义务而进行的磋商活动,这是学生参与最可行的一种教学方式。亲身参与或者模拟法律事务谈判,有助于学生掌握法律事务谈判的技巧、所适用的法律、谈判程序、应遵循的原则等,是对学生进行综合素质训练的一种灵活而有效的方法。

## 二、我国法学实践教学待完善的方面

尽管实践教学在我国高校法治人才培养中得到了普遍开展,并且对优秀法治人才的培养确实发挥了重要作用。但不容忽视的是,由于部分高校对法律实践教学的重视程度不够,加之投入经费不足,致使法律实践教学活动的开展也存在诸多问题。

### (一)案例教学方法单一,缺乏系统性

案例教学是由英美法系的判例教学改造而来,严格来讲,判例教学与案例教学是两种不同的教学模式,前者属于发现原则的教学模式,而后者则属于解释原则的教学模式。在我国的法学教育中,依照传统的观念,案例教学的目的主要是利用具体的案件和实例,使学生通过归纳或演绎的方法熟悉和掌握蕴

含其中的法学理论。由于我国在法学教育中强调对学生进行系统的基本知识和基本理论传授,因此相对重视课堂教学环节的系统讲授,案例教学往往被认为是一种辅助性的教学方法,等同于课堂教学中的举例法,使案例教学仅仅停留在“以案说法”或者“以案释法”的层面。由于案例教学主要表现为解释法学理论的事例或说明课堂讲授原理的举例,因此案例教学中的观点争论和对裁判结果的法律依据及事实依据的深入分析几付阙如。实际上,这种单一、肤浅的案例教学方法很难使学生对其产生浓厚的兴趣,因此也就无法感悟法学案例教学的真谛与奥妙,其作用必定是有限的。从案例教学方法的特点来看,案例教学可以贯穿于法律人才培养的始终,表现为灵活的方式并具有系统性的特点,如根据作用的不同,案例教学的方法可进一步细分为案例讲授法、案例研讨法、案例模拟法等。从案例教学实践来看,对案例教学方法的采用往往是单一的,较少注意不同方式之间的关系,致使案例教学的系统性不强,案例教学的独特功能不能得到有效彰显,这实际上也是案例教学在我国的法学教育中很难成为一种主流教学模式的原因之一。

(二)模拟法庭审判训练更多具有表演倾向,实战性不强

一是由于事先准备不充分,模拟过程成了照本宣科的表演。模拟法庭审判训练的优势在于对学生综合能力的训练,这就意味着在进行模拟法庭教学方法之前必须要做好必要的准备工作,如充分熟悉将要进行模拟审判的案例,理解实体法、程序法的法律规定,明确承担不同诉讼角色学生的不同职责以及具体注意事项等。但在实际教学过程中,往往准备不足,导致模拟审判过程变成了学生表演“剧本”的过程,如有的指导教师不能为学生提供有代表性的案例,要求学生直接从网上寻找法院已经审结的案例,而模拟审判过程又常常是按照法院的审理程序走一下过场,认真的同学可能事先背背“剧本”,未事先认真准备的同学在模拟过程中甚至仍需念“剧本”,如此模拟无疑成了一种对法庭审判的表演过程,这实际上很难达到模拟审判的目的。二是参与模拟审判的学生的专业知识比较有限,难以适应这种综合的训练方法。一方面,模拟法庭实践教学方式要求参与的学生必须具有一定的基础知识及技能,应当系统学习过相关实体法和程序法课程,但从全国高校法学专业人才培养方案的设计来看,程序法课程多在大学二年级才开始学习,所以低年级学生由于缺乏基本的法学知识,要进行模拟法庭审判是非常困难的,也不能起到实际的作用。

另一方面，高年级学生又往往将精力集中于考研准备和进行较长时间的专业实习，其参与模拟法庭审判的积极性不高，即使参与也常常存在应付的心理，在模拟过程中重视诉讼角色的表演，而忽视对模拟审判目的和相关能力训练的体会。三是模拟法庭选择的案例覆盖面较窄。所选择的庭审案例绝大多数属于与刑事法律有关的案例，其他学科如民法、商法、行政法、经济法都涉及较少，而且所选案例大多简单明了，案件处理结果基本上没有什么争议，甚至模拟法庭的卷宗内容都是现成的，缺乏现实案件审理中的不可预见性，难以充分调动学生学习的主动性和积极性。[1]

（三）专业实习困难重重，效果难以令人满意

一是校外实习基地数量不足影响了专业实习的有效开展。从传统来看，对法学专业实习来说，以司法实务部门为实习单位是比较理想的选择，为此，各高校法学专业一般均在相关法院、检察机关和律师事务所建立一定数量的校外实习基地。但随着高校招生规模的扩大，原有校外实习基地的数量以及容纳学生进行实习的能力呈现明显的不足，同时由于条件的限制，绝大多数校外实习基地又无力解决实习学生的食宿问题，加之基于对实习学生安全问题的考虑，各高校法学专业往往采取就近实习的做法。但如果某一区域开设法学专业的院校数量较多，这又会加剧在安排实习上的困难，有可能导致学校在实习单位的选择上更加有限，并且实习时间也有可能大为缩短，从而影响专业实习的有效开展。二是对自主联系实习单位的学生的实习缺乏有效管理，实习往往流于形式。有些高校为了解决校外实习基地数量不足的问题，采取了允许学生自主联系实习单位的做法。尽管学生自主联系实习单位方便了学生实习，但也有可能造成实习的随意性，如有的学生联系的实习单位并非法律实务部门，由于专业不对口，专业实习的目的不能有效达成。加之自主联系实习单位缺乏相配套的管理制度，不能有效对学生实习进行监管，使实习往往流于形式。三是学生的实习热情不高以及实习时间较短，影响了实习质量。目前来看，法学专业严峻的就业压力和学生对考研的热情在一定程度上对法学专业实习形成了极大的冲击。法学本科毕业生严峻的就业形势已是不争的事

[1] 参见李晓霖：《法学实训课程建设与实践教学改革——基于中美法学实践教学发展的视角》，载《沈阳师范大学学报（社会科学版）》2013年第3期。

实,这实际上也进一步激发了学生考研的热情。由于大部分学校的法学专业实习往往安排在最后一学年中,这就造成了学生实习与考研以及毕业生就业时间上的冲突,从而使有的学生把主要精力集中于考研和就业上,由此造成实习过程敷衍了事,甚至存在虚假实习的现象,严重影响了法学专业实习的质量。同时,学生实习时间普遍较短,一般只有一个月,至多两三个月,很难真正融入实习机构的工作氛围中。而且多数实习单位由于各种原因,没有把与司法领域相关的实质性工作交给实习学生,进入法院实习的学生最后是基本了解法院内部事务,在律师事务所实习也只能了解事务所的营运流程。而这都仅仅是对学生某一部分法律技能的训练,没有连贯性和系统化,造成大多数学生在法律实务问题面前依然不知所措。[1] 四是传统的实习领域较窄,已不能适应培养卓越法治人才的需要。从我国高等法学教育的发展历程来看,我国高等法学教育传统上以培养司法人才为其主要目标,因此学生实习安排主要以法院、检察机关和法律服务机构等业务领域为主。随着我国法治建设的进程推进,仅仅强调对司法领域的建设是不够的,还必须加强立法、法治政府和法治社会建设,这无疑需要大量的优秀法治人才。显然以培养司法人才为主要目标的传统人才培养模式已不能适应时代的新要求,相伴随的法学专业学生实习领域过窄的问题也日益显现,这就要求法学专业必须要进一步拓宽学生实习的领域,增加学生在立法机关、政府部门等实习的机会。

(四)诊所式法律教育的保障机制不足,难以得到广泛推广

一是对诊所式法律教育模式重视不够。尽管部分高校已开展了诊所式法律教育形式,但不论是教师还是学生仍然存在重视不够的问题。从诊所课程的设置来看,多数课程属于具有探索性质的选修课,学分相对较少,但学生在参与该课程时所付出的时间和精力往往大于其他课程。由于学分制的推行赋予了学生较大的课程学习选择权,面对考研的压力,学生较少会选修这些课程。同时,对教师而言,讲授诊所课程与一般课程在教学工作量以及教学效果上并没有特殊要求,与教师的业务考核以及职称晋升都没有较大关系,由于缺乏必要的特殊政策和奖励机制的保障,在一定程度上影响了诊所教师的积极

〔1〕 参见李晓霖:《法学实训课程建设与实践教学研究》,载张文显主编:《中国法学教育年刊》第3卷,法律出版社2015年版,第19页。

性，教师不愿投入较多的精力来指导和训练学生，最终影响诊所教育的效果。二是学生因“身份”原因限制了有关业务的开展与训练。由于学生本身并不具有律师的身份，从而限制了学生参与案件的程度以及案件的种类，法律诊所的学生往往是以普通公民的身份为当事人提供法律帮助，学生不具有法律职业人所具有的调查权、阅卷权等，接触案件信息的能力有限，这必然会大大削弱所提供的法律服务的质量。加之诊所学生往往欠缺社会经验，对法律纠纷涉及的事实关系不一定能够作出非常清楚和准确的判断。同时，如何处理好与当事人的关系也是学生比较棘手的问题，毕竟与真实的当事人打交道，尤其是与一些刁钻古怪的当事人打交道对于许多未步入社会的学生来说，确实有些难度，这在一定程度上动摇了学生开展诊所训练的信心。三是经费保障不足。诊所式法律教育模式的运行需要有必要的经费保障，但学校往往不会划拨专门经费予以支持，缺乏经费的保障，诊所式法律教育活动很难得以开展，如没有经费，诊所式法律教育的必要平台将无法搭建；学生将无法外出进行相关调查活动，无法参与相关诉讼活动；无法对指导教师进行必要的培训等。因此，经费问题成为制约诊所式法律教育模式开展的“瓶颈”因素。

## 三、强化和改进法学专业实践教学的对策

### （一）完善校内实践教学环节的对策

#### 1. 强化案例教学的系统性

所谓案例是指包含问题、内容、情节、过程和解决方法的具有一定代表性的典型事件。[1] 从教育理论来看，无论是范例教学理论还是建构主义教学理论都强调经验和情境对学生认知、能力、思维和情感的重要影响。经验的获得和情境的经历均是实践的过程，在实践教学过程中，通过有序而科学的教学方法，就能够促进学生的全面发展。因此，运用范例教学理论和建构主义教学理论，结合法学课程特点推行案例教学成了校内实践教学的一种重要形式，因为一个案例的案情实际上就是一个具体的情境，就是一种范例或者经验，将案例置于教学中的不同环节，就会产生不同的教学效果，对学生法律思维的形成产生不同层次的影响，从而激发学生在学习和实践中的创造性。基于此，我们在

〔1〕 安世遨：《基于案例的大学对话教学模式设计与应用策略》，载《中国高教研究》2017年第3期。

组织案例教学时强调了案例教学方法的多样性和教学过程的系统性。在案例教学中,根据不同目标采取不同方式:一是以辅助课堂理论教学为目的的案例分析。主要适用于课堂基本理论教学环节,它实际上是通过教师对案例的讲授,阐释和印证课堂教学中所涉及的法学基本理论。具体做法是:通过让学生熟知具体的案件和实例,揭示蕴含其中的法学理论或者阐释法学理论与案件之间的内在关系,以培养学生的归纳能力和分析能力。这种方式的采用,有助于调动学生的思维和情绪,感悟法学理论的内涵,建构自己的法律知识体系和法学理论体系。二是以提升学生分析问题能力和表达能力为目的的案例研讨。这是在教师指导下,以学生为主体对案例进行深入研讨的教学方法。案例研讨法有助于增强学生学习的主动性和积极性,培养参与意识,提高学生独立分析和解决问题的能力,同时也有利于训练和提高学生的表达能力。案例研讨可采取小组、班级以及小组与班级相结合的方式。在研讨过程中,教师要通过引导,启迪学生发现与案例有关的各种新问题,以拓展学生的思维空间。三是以训练知识运用和问题探究能力为目的的案例情境教学。具体做法是:事先准备好典型的案例,由学生扮演案例中的角色,再现案例情境,并通过情境参与,给学生以真实、具体的情境感受,再通过教师对模拟案例进行评析以达到上述目的。在校内实践教学中,这种案例教学方式又通常是通过模拟法庭审判或者法律诊所教学等形式来进行。

2. 模拟法庭审判训练形式的多样性

模拟法庭审判是通过对法庭审理现场的还原和再现,为学生设置“接近真实”的场景和过程,使学生通过参与法庭审判活动,体悟所学法律知识并同时受到法律职业能力训练的过程。在教学过程中,一般从大学二年级开始,根据课程学习的需要安排模拟法庭审判教学活动,尤其是对《刑事诉讼实务》《民事诉讼实务》《行政诉讼实务》等实务课程的教学,除要求学生在参加课堂学习的同时,必须组织模拟法庭审判活动,并将参与程度和具体表现作为评定学生课程成绩的重要依据。在模拟法庭审判教学活动中突出了以下要求:一是遵循以学生为主体、以教师为主导、以能力训练为核心的原则,明确学生和教师在教学中的地位和不同要求。模拟法庭审判所选择的案件要有典型意义,必须是具有一定社会影响或者在事实认定、法律适用上存在争议的案件,而且模拟审判的过程必须要严谨和规范,不能走过场。二是庭审前的准备工作必须充分,模拟过程必须要严格按照规范要求进行,避免过程的表演性和随意性。模拟审判活动结束后,指导教师应当针对模拟法庭审判情况和参与庭审学生的表现情况进行总结评议,学生应当撰写和提交参与法庭审判情况总结报告。指导教师根据学生在参与模拟法庭审判中的具体表现和个人总结情况,评定学生成绩。三是做好庭审情况和案卷材料的整理和归档保存工作,为下一步的教学质量考核和学生成绩考核提供佐证依据。通过参与模拟法庭审判活动,学生普遍反映其分析问题能力、语言表达能力和团队协作能力均有显著提高。

尽管模拟法庭审判教学方式对于学生综合素质和能力的培养具有独特作用,但往往由于时间和空间的影响使其不可能成为一种常态化的教学方式,并且由于诉讼角色的数量限制,使一些学生失去了参与机会。基于此,在确保及时组织传统模拟法庭审判活动的同时,可以通过信息技术和多媒体技术在校内实践教学中的运用,弥补传统模拟法庭审判教学存在的时间与空间受限、受益范围小、模拟过程指导不规范等问题。通过该系统,师生之间可以随时互动,学生可以随时组织进行线上模拟庭审,教师可以随时予以指导和对学生进行监督检查。这使该系统成为传统模拟法庭审判教学方式的有益补充。

3. 以第二课堂推进校内实践教学活动的开展

第二课堂是指在第一课堂之外的时间进行的与第一课堂相关的教学实践活动,是第一课堂的延伸和补充。两大课堂之间的相互影响、相互促进、扬长补短、优化整合的过程,构成了互动互补的育人机制。法学专业在学生第二课堂实践教学中,结合专业特点可以开展系列实践活动,如组织学生开展法律咨询活动,在国家宪法日等一些特殊时间举办多种形式的法治宣传教育活动,定期举办法律实务辩论、演讲比赛等。

对于法律实务辩论赛,要求采取贴近实战的方式进行,基本做法是:首先选择适当的案例,将辩论双方分为控方和辩方。辩论过程分为发表公诉意见和辩护意见、自由辩论和总结发言三个阶段,每一阶段有不同要求,如发表公诉意见和辩护意见要求做到根据基本案情,说理论法,观点明确,论证有力;自由辩论阶段要求主动进攻,攻防转换有序,能掌握主动权,观点鲜明,言之有据,有针对性,逻辑性强,即兴反驳有力,提问紧扣本案事实和适用法律,对提问能正面合理回答,反应灵活、机敏,应对冷静,善于应变;总结发言阶段要求全面归纳对方观点和论据的矛盾与差错，并作系统反驳，同时全面总结本方观点，系统论证本方观点的正确性，总结应当有新意，能起到画龙点睛的作用。在比赛过程中，一般聘请优秀检察官或者优秀律师担任辩论主持人，由校内教师和法律实务部门的优秀法官、检察官、律师等担任评委，最终由评委根据学生所表现出的辩论能力和综合能力确定学生得分。由于这种辩论活动所需要的场地条件不高、时间长短适当，因此对于法学专业一个班级的学生来讲均有参加辩论比赛的机会。

(二)通过探索校外实践教学基地向校内教学的渗透机制

深化与校外实践教育基地的合作，持续推动法庭审判、检察实务、律师实务进校园活动，探索校外实践教学校内运行的新模式，使学生不离开学校，不离开课堂就能参与到实践教学中去，如充分利用法院庭审直播网实施“同步实践”教学方式，实现知识学习与实践能力培养的同步进行。同时，定期邀请审判机关开展“法庭审判进校园”活动，方便学生对真实法律实务活动的观摩和参与，使学生在亲身感受法庭审判真实情境、程序流程和庭审技巧以及法官、检察官及律师的职业风采的同时，也对法律职业人应当具备的法律职业伦理和职业素养形成更深刻的认识。

(三)探索法律诊所教学模式

诊所教育立足于以学生接触和承办真实案件的教学途径，运用互动式的教学方法，探索培养合格法律人才的创新之路。[1] 从国内高校开展诊所法律教育的情况考察来看，运行良好的法律诊所基本上是以诊所法律课程为载体，以法律援助中心或者律师事务所为依托，以学生接触和承办真实案件为手段，以培养学生法律职业素养和职业道德为目标。[2]

模拟法律诊所教学模式主要是通过筛选真实的案件，从中确定出典型的案件，进行模拟性的法律实践活动。在筛选案件时应当注意以下两点：一是案件是否具有法律上的特定意义，即是否具有通过模拟可以从案件的运用及分析中获得相关法律知识的效果；二是是否适合进行诊所式教学活动，案件本身不宜太难，但也不能太容易。这种模拟既可以是与该案件相关的法律实务问

〔1〕 参见李军：《法律诊所教育与法律援助》，载《山西师大学报(社会科学版)》2005年第4期。

〔2〕 参见颜三忠：《法律专业诊所教学模式困境与出路》，中国法学教育研究会2016年年会论文。

题的全部,也可以是其中的某一部分,比如,如果是诉讼案件,可以选择诉讼过程中的某个环节,如法庭开庭审理或者庭前准备环节或者法庭辩论环节等。对非诉讼案件可选择法律谈判、法律文书起草等。在模拟训练中,指导教师和学生根据需要均应"扮演"特定的角色。从会见当事人、法律咨询、事实陈述、事实调查、法律分析、刑事案件辩护与代理、询问证人技巧、诉状写作和辩护词、代理词写作等方面对学生进行法律技能的系统训练。这种模拟法律诊所式教学模式可以避免真实诊所中所出现的风险和不可预见的问题出现。同时,对于学生而言,也不会产生在真实诊所中所存在的紧张感。

鉴于学生无法单独受理案件和参与诉讼存在一定风险的现实,我们在真实法律诊所教学所涉及的案件主要是来自校内从事兼职律师业务的教师和校外实践教育基地教师在从事律师业务过程中所办理的案件。指导教师在承接案件之后,根据诉讼的需要应当将诊所学生分成不同的小组,如原告及代理人组、被告及代理人组,由指导教师提出案件诉讼所需要解决的问题,要求学生从各自诉讼地位出发,根据案件材料,提出相应的法律意见,并制作相关的法律文书。然后,再由指导教师对学生提出的法律意见以及所起草的法律文书进行审阅,提出修改意见,并将完善之后的法律意见、法律文书运用于指导教师承办的案件诉讼实务中。在上述诊所教学中,学生实际上充当了指导教师的助手。客观讲,由于合适案件的有限性,学生参与真实诉讼实务活动的机会还是较少,更多的是开展了进行法律咨询和起草法律文书的业务。为了有效解决上述问题,我们正计划与河北大学示范性校外实践教育基地——河北达公律师事务所、河北佳蓬律师事务所等签订协议,通过进一步密切双方的合作,共建河北大学政法学院法律诊所,这样不仅可以解决诊所教学中的案源不足问题,同时还可使更多的优秀律师投身到法律诊所教育中,确保学生能够得到高水平指导教师的指导。

### (四)加强校内实践教学保障机制建设

#### 1.强化高素质的指导教师队伍建设

从目前来看,缺乏优秀指导教师是制约校内实践教学有效开展的一个重要因素。为此,笔者建议,通过"走出去"和"请进来"建设双师型师资团队,确保校内实践教学指导教师的高水平。一是通过与法律实务部门建立密切联系,采取挂职的方式,使校内教师轮流到法律实务部门挂职锻炼,提高校内教师的法律实践能力；二是将优秀法官、检察官、律师等作为兼职教师引入校内实践教学中，如开设实务专题讲座，指导法律文书写作，开展法律实务辩论、模拟法庭审判等法律职业能力训练活动以及承担法律实务性课程的讲授等；三是加强兼职教师信息库建设，对兼职教师按专业特长进行分类，并通过信息的及时收集和更新，建立兼职教师队伍的动态管理机制，确保兼职教师队伍的稳定和质量。

2. 完善案例教学保障机制

一是要重视案例信息建设。在购置大量纸质案例以及通过向法律实务部门和从中国裁判文书网收集建设规范、系统的教学案例库的同时，还可以与实务部门合作建立包括诉讼实务流程影像资料、数字化诉讼卷宗资料、大案要案影像资料等在内的数字化信息平台。

二是应当加强案例教材和实务教材建设。如可以组织校内教师和校外实践教育基地的优秀实务专家共同编写出版高等学校法律实务系列教材，使法学专业每门核心课程均有案例教材或者实务教材与规划教材相配套，形成完整的教材体系，以教材的互补促进来保障理论教学与实践教学的互动互融互补。

3. 健全校内实践教学活动质量监控机制和考核办法

校内实践教学不同于传统的课堂理论教学，需要通过考查学生实践能力的强弱来评判学生的学习效果。因此，确立科学的教学质量监控机制和考核办法是保障校内实践教学目的达成的必然要求。一是应当健全校内实践教学质量监管体系。除学校监管体系外，在学院层面，主要明确分管教学副院长、指导教师、教学督导在校内实践教学中的各自职责。二是要规范校内实践教学的运行过程。首先，通过制定校内实践教学实施方案，明确校内实践教学的目标、要求和具体方法。方案经分管教学副院长审批后方可实施。校内实践教学活动结束后，指导教师还应当撰写教学开展情况总结报告并接受学院的评估。其次，通过组织学院教学督导和专家对教学方案实施情况进行检查以及院领导、教师同行听课等实现对校内实践教学活动的过程监控。三是应当根据教学督导、专家及学生对教学情况的反馈意见和建议并结合指导教师校内实践教学实施方案以及教学活动开展情况总结报告对教学效果进行评价，并将评价结果及时反馈给指导教师，确保指导教师对不足环节进行及时改进。

由于校内实践教学活动具有教学方法多样性和学生参与分散性的特点，对校内实践教学中学生学习成绩的考核，可以突出以下要求：一是在考核的环节上，采取过程考核和结果考核相结合以过程考核为主的考核思路；二是考核依据要做到规范、科学。根据学生在校内实践教学中的综合表现确定考核成绩，尤其突出对学生实践能力、综合运用所学知识解决实际问题能力和创新意识的考核，如模拟法庭审判教学活动中重点考核学生在庭前准备、庭审活动的组织、证据分析、法律规范的理解与适用、语言及文字表达、团队合作等方面的表现和个人对参与模拟法庭审判的书面总结等。

（五）改进校外实践教学的对策

1. 校外实习活动的组织与改进

（1）开展专业实习的意义。

法学专业实习是高校法学专业教学中必不可少的环节，对于培养优秀法学专业毕业生尤其是应用型、复合型卓越法律人才具有非常重要的作用。首先，法学专业实习对学生而言是对其所学知识的综合检验。因为通过专业实习可以检验和提高其所学法学理论知识，特别是提高从事法律实务工作的实践能力。专业实习的过程，主要是在进行相应的法律实务工作中运用所学法学理论知识解决实际问题的过程，也是对所学法学理论知识重新认识和反思的过程。法学专业实习作为独立于课堂教学之外的一个重要环节，着眼于学生综合能力的提高，是反思和创新的结果。学生综合能力的提高表现为从法学理论出发去审视现实，能够面对诸多法学理论和知识进行比较、鉴别和整合，提出自己对现实的见解，并且能够从现实出发去分析和评价已有的法学理论，提出新的认识。总而言之，法学专业实习的过程就是对所学法学理论知识重新认识的过程，它既是课堂教学的延续，又是课堂教学的深化。其次，法学专业实习有助于培养学生的创新能力。在法学专业的实习过程中，尽管学生的活动受到实习基地和指导教师的影响，但同时也给学生提供了一个相对独立思考和完成各项实务活动的过程。学生对每一项具体工作的完成，都包含着其个人的认识和态度以及个人的思考和探索。这种思考和探索，在解决具体问题，审视一个具体案件时，就要求他们从多层次、多角度寻求解决方案，并进行理论上的论证、比较，提出解决问题的思路和方法。这是一个从创新意识的开辟到创新能力的培养过程,学生的创新精神由此孕育并得以强化。[1] 最后,法学专业实习也是实现高校—实务部门对学生进行联合培养的重要方式。"加强高校与实务部门的合作,共同制定培养目标,共同设计课程体系,共同开发优质教材,共同组织教学团队,共同建设实践基地,探索形成常态化、规范化的卓越法律人才培养机制"是教育部、中央政法委员会《关于实施卓越法律人才教育培养计划的若干意见》中对探索"高校—实务部门联合培养"机制的基本要求。教育部、中央政法委《关于坚持德法兼修实施卓越法治人才教育培养计划 2.0 的意见》也强调,要着力强化实践教学,进一步提高法学专业实践教学学分比例,支持学生参与法律援助、自主创业等活动,积极探索实践教学的方式方法,切实提高实践教学的质量和效果。要着力推动建立法治实务部门接收法学专业学生实习、法学专业学生担任实习法官检察官助理等制度,将接收、指导学生实习作为法治实务部门的职责。法学教育不仅要传授法律知识,而且还要担负起培养各类法律技能,胜任实际法律工作的"法律人"重任。因此,要培养理论水平与实践能力均衡发展的卓越法律人才,一方面要强化法学专业的实践教学;另一方面有必要开展高校与法律实务部门共建,发挥法律实务部门的优势,使法律实务部门广泛地参与到法学专业人培养中来。显然,法学专业学生赴校外法律实务部门进行专业实习是加强高校与法律实务部门联系的重要渠道,同时也是开展高校—实务部门联合培养复合型、职业型、创新型卓越法治人才的重要环节。

(2)专业实习的组织。

在专业实习的组织上,一般应成立由学院主管教学的副院长和主管学生工作的副书记任组长,指导教师代表为成员的毕业实习工作小组,负责实施毕业实习工作。其中,学院负责实践教学基地的签约与建设,制定毕业实习的管理办法,组织实习教学检查,以及协调处理实习教学中出现的重要问题,审核汇总实习计划及其有关材料,总结交流毕业实习工作经验等。

第一,应当明确法学专业实习的目标定位。目标的明确,可以为专业实习指明方向,避免实习的盲目性,同时也是对实习效果进行评估的重要依据。一

---

[1] 夏利民:《法学专业实习模式的改革探索》,载夏利民、李恩慈主编:《法学教育论》,中国人民公安大学出版社 2006 年版,第 225 页。

般将法学专业学生专业实习的目标确定为:一是适应培养应用型、复合型卓越法治人才的要求,探索新的更具实效性的专业实习的途径和方式;二是通过实习进一步强化学生对所学法学理论知识和法律规则的认知,培养和锻炼学生分析问题和运用法律解决实际问题的能力;三是帮助学生掌握法律实践中经常使用的方法和技巧,使学生就业后能够较快适应工作要求。

第二,在传统领域的基础上,应当拓宽法学实践教育基地的业务领域和地域空间,增加学生实习的法律实务单位。为了适应全面推进依法治国,培养优秀法治人才的要求,达到通过实践教学培养学生的综合素质和专业素质的目的,在业务领域方面,应当增加政府部门、立法机关和企业的法律事务内容的实习。

第三,建立和完善法学专业实习的规范体系。一是要求必须制订周密的毕业实习的教学计划和明确实习的内容。其中要求所有学生必须参加毕业实习教学环节。毕业实习必须严格按照人才培养方案和实习大纲的要求进行,并不断充实实习内容,保证实习质量。毕业实习教学大纲和实施计划由学院根据各专业教学计划和学校有关教学实习的规定制定。其中,法学专业实习学生应当依托实习单位开展立法、行政执法、侦查、检察、审判、代理与辩护以及其他诉讼和非诉讼实务。二是毕业实习应统一安排在与学院签署实践教学基地协议的单位和地点进行。实习学生可以在学院提供的实习单位名单范围内,根据自己的专业特点和实践兴趣作出选择,学院应本着尊重意愿、专业对口、相对稳定的原则,并结合实习单位的实际情况,作出合理安排。三是实习学生要接受学院选派的指导教师和实习单位指导老师的共同指导。学院选派的毕业实习指导教师应完成下列职责:根据学院毕业实习进度安排,与实习单位的指导教师取得联系,落实每个学生的实习岗位;实习开始前,向实习学生做总体实习指导,对学生进行工作态度、实习纪律、实习技能等方面的教育;毕业实习期间,应适时向实习单位的指导教师了解实习学生的实习表现,进行实习检查。同时,确保与实习学生的通信联系畅通,随时了解学生的实习情况,并提出指导意见;及时将检查指导情况作记录,及时向学院毕业实习工作领导小组书面汇报实习检查指导情况,负责学生实习成绩的评定;学院毕业实习工作小组应通过不定期检查,掌握学生实习动态和情况。四是明确毕业实习纪律。要求实习学生遵守实习单位和学校的各项纪律制度,不得旷工、迟到、早退。因特殊事宜不能继续实习的,必须向实习单位和指导教师请假;实习学生应遵守国家法律法规,遵守各项职业道德规范;实习学生应遵守各项文明规范,尊重实习单位的领导、导师和其他工作人员,树立和保持河北大学学生的良好形象。五是要求学生必须撰写毕业实习报告。学生在毕业实习中,应结合所学的理论知识,较熟练地掌握实际工作部门的业务,并进行一些必要的调查研究,积累一定的资料,完成毕业实习工作周记、毕业实习工作总结,将所学的专业知识推向深化;学生实习结束后,由实习单位就学生的实习情况做出评定,给予实习单位意见并加盖单位公章;学生完成毕业实习后,应向学院指导教师提交“毕业实习周记”“毕业实习总结”“毕业实习单位的鉴定意见”。六是规范毕业实习成绩考核依据方式。毕业实习成绩评定的基本依据是:实习单位的评定意见、毕业实习总结、毕业实习周记。学生实习结束回校后一周内将上述材料提交指导教师,由指导教师对学生在整个毕业实习期间的政治思想、专业能力、学术水平等方面进行综合考核,作出成绩评定。

2. 校外观摩教学的多样性

校外观摩教学活动是组织学生赴法院等法律实务部门就特定法律事务活动所进行的现场体悟、考察、交流的一种灵活性的实践教学方式。对于校外观摩教学活动的开展主要是基于两个目的:一是使学生对法律职业以及法律实务部门的性质、职责等进行初步了解,使学生认识到自己作为一个未来的“法治人才”所要肩负的使命,从而增强对法学专业的热爱。这种观摩一般是作为新生入学教育的一部分安排在学生入学后不久进行。主要是分批次组织学生到法律实务部门观摩学习,通过与优秀法官、检察官、律师等座谈或者参观法庭、律师事务所、犯罪预防警示教育基地以及观摩案件庭审等,使学生亲身感悟法律职业文化的魅力和法律职业的神圣,增强学生对法律职业的向往和热爱。二是就具体课程学习中所涉及的实务问题,通过观摩能够对相关问题进行直观的体验和感悟,从而真正理解和掌握相关知识。这一方式主要以法庭审判观摩为主,通过法庭审判观摩使学生加深对所学法学知识的理解和把握。从校外实践教学实践来看,除进行传统的法庭审判观摩以外,可供学生进行观摩的法律事务资源越来越多,如组织学生赴律师事务所等就律师案件讨论进行过程观摩,另外还进行了社区矫正工作观摩、仲裁活动观摩等。

# 第五章　立德树人与法学教育师资队伍建设

## 第一节　立德树人与高校教师职业道德建设

### 一、高校教师职业道德的含义及基本要求

#### (一)高校教师职业道德的含义

高校教师职业道德,简称高校师德。从广义上来看,高校师德既包括高校教师的职业道德的品质与规范,也包括社会道德、家庭道德和个人品德等方面的品质与规范;从狭义上来看,高校师德主要指高校教师的职业道德品质与规范,是指教师在从事教育劳动的过程中所形成的相对比较稳定的道德观念、行为规范和道德品质的总和,它是调节教师与他人、与集体及社会相互关系的行为准则,是社会对教师职业行为的首要要求与道德表现的概括。[1] 与师德建设相关联的是师风建设。师风是指教师的教学、学术作风,是教师的思想文化素养和人格修养的综合表现,是教师的道德、才学、素养的集中反映。[2]

高校教师职业道德是教师的灵魂,高校教师职业道德建设是高校道德建设的核心。同时,高校教师职业道德建设又是与师风建设密不可分的,师风是其表现出来的思想和工作作风,二者是一个不可分割的整体。高校教师职业道德是师风的基础,没有良好的职业道德就不可能创造出良好的师风;师风也是培养教师职业道德的重要条件。教师职业道德是一种社会意识,是教育活动中的道德现象、道德关系在观念形态上的反映。师风决定着一个学校的风气,影响着学校的精神面貌,是思想和工作作风的具体表现。一个学校有什么样的教师职业道德观念,决定着学校和教师最终会采取何种教学行为,进而形

---

[1] 参见傅维利主编:《师德读本》,高等教育出版社 2003 年版,第 91 页。

[2] 参见董爱华:《师德师风建设的起点、重点与切入点》,载《高等教育研究》2008 年第 2 期。

成何种风气。良好的教师职业道德观念有助于学校和教师在师德师风建设过程中采取正确的行动,进而促进高校良好师风的建立。同时,良好的师风有利于高校教师职业道德水平提升,高校整体形成了高尚的风气,教师将会自觉地遵守教师职业道德规范。

(二)高校教师职业道德规范的基本要求

关于高校教师职业道德建设,我国还先后出台和制定了相关的文件与规定。例如,2005 年 1 月 13 日,教育部出台的《关于进一步加强和改进师德建设的意见》第 3 条明确提出:加强和改进师德建设要以热爱学生、教书育人为核心,以“学为人师、行为世范”为准则,以提高教师思想政治素质、职业理想和职业道德水平为重点。2011 年 12 月 23 日,教育部、中国教科文卫体工会全国委员会印发的《高等学校教师职业道德规范》。明确提出了,高等学校教师职业道德的六个大类的规范内容:一是爱国守法。热爱祖国,热爱人民,拥护中国共产党领导,拥护中国特色社会主义制度。遵守宪法和法律法规,贯彻党和国家教育方针,依法履行教师职责,维护社会稳定和校园和谐。不得有损害国家利益和不利于学生健康成长的言行。二是敬业爱生。忠诚人民教育事业,树立崇高职业理想,以人才培养、科学研究、社会服务和文化传承创新为己任。恪尽职守,甘于奉献。终身学习,刻苦钻研。真心关爱学生,严格要求学生,公正对待学生,做学生的良师益友。不得损害学生和学校的合法权益。三是教书育人。坚持育人为本,立德树人。遵循教育规律,实施素质教育。注重学思结合,知行合一,因材施教,不断提高教育质量。严慈相济,教学相长,诲人不倦。尊重学生个性,促进学生全面发展。不拒绝学生的合理要求。不得从事影响教育教学工作的兼职。四是严谨治学。弘扬科学精神,勇于探索,追求真理,修正错误,精益求精。实事求是,发扬民主,团结合作,协同创新。秉持学术良知,恪守学术规范。尊重他人劳动和学术成果,维护学术自由和学术尊严。诚实守信,力戒浮躁。坚决抵制学术失范和学术不端行为。五是服务社会。勇担社会责任,为国家富强、民族振兴和人类进步服务。传播优秀文化,普及科学知识。热心公益,服务大众。主动参与社会实践,自觉承担社会义务,积极提供专业服务。坚决反对滥用学术资源和学术影响。六是为人师表。学为人师,行为世范。淡泊名利,志存高远。树立优良学风教风,以高尚师德、人格魅力和学识风范教育感染学生。模范遵守社会公德,维护社会正义,引领社会风尚。言行雅正，举止文明。自尊自律，清廉从教，以身作则。自觉抵制有损教师职业声誉的行为。教育部明确要求，要把贯彻落实这一规范作为高校师德建设的首要任务。为大力加强师德建设，2014 年 9 月 29 日，教育部下发的《关于建立健全高校师德建设长效机制的意见》明确指出，高校教师不得有下列情形：损害国家利益，损害学生和学校合法权益的行为；在教育教学活动中有违背党的路线方针政策的言行；在科研工作中弄虚作假、抄袭剽窃、篡改侵吞他人学术成果、违规使用科研经费以及滥用学术资源和学术影响；影响正常教育教学工作的兼职兼薪行为；在招生、考试、学生推优、保研等工作中徇私舞弊；索要或收受学生及家长的礼品、礼金、有价证券、支付凭证等财物；对学生实施性骚扰或与学生发生不正当关系；其他违反高校教师职业道德的行为。有上述情形的，依法依规分别给予警告、记过、降低专业技术职务等级、撤销专业技术职务或者行政职务、解除聘用合同或者开除。对严重违法违纪的要及时移交相关部门。建立问责机制，对教师严重违反师德行为监管不力、拒不处分、拖延处分或推诿隐瞒，造成不良影响或严重后果的，要追究高校主要负责人的责任。2018 年 11 月，教育部又印发《新时代高校教师职业行为十项准则》，对高校教师职业行为提出了更加具体的要求：一是坚定政治方向。坚持以习近平新时代中国特色社会主义思想为指导，拥护中国共产党的领导，贯彻党的教育方针；不得在教育教学活动中及其他场合有损害党中央权威、违背党的路线方针政策的言行。二是自觉爱国守法。忠于祖国，忠于人民，恪守宪法原则，遵守法律法规，依法履行教师职责；不得损害国家利益、社会公共利益，或违背社会公序良俗。三是传播优秀文化。带头践行社会主义核心价值观，弘扬真善美，传递正能量；不得通过课堂、论坛、讲座、信息网络及其他渠道发表、转发错误观点，或编造散布虚假信息、不良信息。四是潜心教书育人。落实立德树人根本任务，遵循教育规律和学生成长规律，因材施教，教学相长；不得违反教学纪律，敷衍教学，或擅自从事影响教育教学本职工作的兼职兼薪行为。五是关心爱护学生。严慈相济，诲人不倦，真心关爱学生，严格要求学生，做学生的良师益友；不得要求学生从事与教学、科研、社会服务无关的事宜。六是坚持言行雅正。为人师表，以身作则，举止文明，作风正派，自重自爱；不得与学生发生任何不正当关系，严禁任何形式的猥亵、性骚扰行为。七是遵守学术规范。严谨治学，力戒浮躁，潜心问道，勇于探索，坚守学术良知，反对学术不端；不得抄袭剽窃、篡改侵吞他人学术成果,或滥用学术资源和学术影响。八是秉持公平诚信。坚持原则,处事公道,光明磊落,为人正直;不得在招生、考试、推优、保研、就业及绩效考核、岗位聘用、职称评聘、评优评奖等工作中徇私舞弊、弄虚作假。九是坚守廉洁自律。严于律己,清廉从教;不得索要、收受学生及家长财物,不得参加由学生及家长付费的宴请、旅游、娱乐休闲等活动,或利用家长资源谋取私利。十是积极奉献社会。履行社会责任,贡献聪明才智,树立正确义利观;不得假公济私,擅自利用学校名义或校名、校徽、专利、场所等资源谋取个人利益。

教师承担着传播知识、传播思想、传播真理的历史使命,肩负着塑造灵魂、塑造生命、塑造人的时代重任,是教育发展的第一资源,是国家富强、民族振兴、人民幸福的重要基石。因此,高校教师的思想政治素质和道德情操直接影响青年学生世界观、人生观、价值观的养成,决定着人才培养的质量,关系着国家和民族的未来。高校教师职业道德规范是教师职业道德建设的基本内容,也是教师职业道德建设的方向和目标。教育部《关于建立健全高校师德建设长效机制的意见》强调,“加强和改进高校师德建设工作,对于全面提高高等教育质量、推进高等教育事业科学发展,培养中国特色社会主义事业的建设者和接班人、实现中华民族伟大复兴的中国梦,具有重大而深远的意义”。中共中央、国务院《关于全面深化新时代教师队伍建设改革的意见》也指出:“把提高教师思想政治素质和职业道德水平摆在首要位置,把社会主义核心价值观贯穿教书育人全过程,突出全员全方位全过程师德养成,推动教师成为先进思想文化的传播者、党执政的坚定支持者、学生健康成长的指导者。”高校教师必须时刻按照社会主义核心价值观的要求,时刻牢记自身使命,在传承人类文明、引领社会道德风尚、弘扬民族精神、塑造学生高尚品质等方面发挥自身作用,为全面建成小康社会、实现中华民族伟大复兴的中国梦做出应有的贡献。

## 二、高校教师职业道德建设的重要意义

### (一)对高校教师的评价引导作用

规范意义的高校教师职业道德是对教师的道德上的描述。一个高校教师职业道德水平的高低,主要是通过其职业行为体现出来,而对于教师的职业行

为本身是否合乎高校教师职业道德的基本的内在要求，又是通过高校教师的职业行为本身与高校教师职业道德规范对照而反映出来。从上述意义来看，高校教师职业道德具有评价作用。高校教师职业道德的评价作用，是指高校教师职业道德具有通过评价的方式来指导和纠正高校教师的教学行为和相关活动的特点。高校教师职业道德具有内在性的特点，即其是以高校教师在长期的从事教师职业的实践中所形成的高校教师职业道德观念、道德感情、道德信念为基础的。高校教师职业道德首先依靠社会舆论和良心的力量起作用。高校教师职业道德情感调节教师教学活动的方式是灵活多样的，不仅表现为舆论、良心强制的形式，而且也表现为通过社会舆论说服、赞同的形式，表现为自我评价的形式。通过社会舆论、良心、榜样感化和思想教育等手段，使高校教师形成内心的善恶观念和情感信念，自觉地尽到对学生、学校以及社会应尽的责任和义务。可以说，高校教师职业道德评价是高校教师职业调节的主要形式，高校教师职业道德是以“应该不应该”来调节高校教师的职业行为，由此使其表现出规劝和引导的特点。

高校教师职业道德的引导作用，是指高校教师职业道德从现实的职业道德水平出发，指向更高的道德理想，将高校教师的职业行为不断引导至更高的水平，从而不断提高高校教师职业行为的质量。职业道德规范具有明显的导向功能，道德规范可以促进价值认同、信念启发，唤起职业者的“良心”自觉，引导职业者作出正确的价值判断和行为选择。作为一种职业道德，高校教师职业道德赋予了高校教师以丰富的职业道德内涵，由于高校教师职业的特殊性以及这种职业道德所贯穿的为社会培养优秀人才的精神，使它同时拥有丰富的社会道德内涵，在社会道德的建设中具有引导示范的作用。也正是这种具有表率效应的职业道德内涵，使高校教师这种职业获得了崇高的社会地位。从一定意义上说，高校教师职业道德的引导作用也就是高校教师职业道德的教育作用，使高校教师在典型的示范影响下自觉接受高校教师职业道德的教化。

高校教师职业道德所包含的价值观及教育理念能够指导高校教师的个体行为以及高校的整体行为向着正确的方向发展。高校教师职业道德通过目标和价值的引导，可以使高校教师从较高层次上理解高等教育的实质与发展前景。高校教师职业道德的引导作用主要是通过高校教师职业的基本特点和高校教师的基本素养引导社会对高校教师职业的态度和高校教师的发展方向。由于高校教师职业道德鲜明地体现了高校教师义务、责任及高校教师职业的特点，是对高校教师思想、行为的基本要求，因此集中反映了高校教师职业的特殊风貌，以此为基础，进而影响社会对高校教师职业的认识和评价。同时，对高校教师而言，通过高校教师职业道德所蕴含的高校教师职业目标和价值的引导，使高校教师的职业水平不断得到提升。因为恪守高校教师职业道德是高校教师铸造育人品格，坚定理想信念，树立和弘扬奉献精神的思想基础，也是保障其正确履行教书育人职责的前提和基础。

（二）对高校教师的教育塑造作用

高校教师职业道德与一般的道德都是一种约定俗成的非制度性构成，是在长期的教育实践中自发形成的一种行为规则。高校教师职业道德建设的目的在于使高校教师在其生活实践和教学实践中形成一定的内心信念、习惯，孕育出高校教师的群体的职业文化，并根植于灵魂深处，深刻地影响高校教师的思想和行为。加强高校教师职业道德建设对于提升整个高校教师职业群体的职业道德水平无疑具有十分重要的作用。高校教师职业道德对于高校教师的提升作用是通过高校教师职业道德教育来实现的。高校教师职业道德的教育作用是指高校教师职业道德能够通过评价、激励等方式，造成社会舆论，树立道德榜样，塑造高校教师的理想人格，来培养高校教师的职业道德观念、职业道德境界和职业道德行为。高校教师职业道德教育的意义在于把高校教师职业的价值体系、职业行为与高校教师职业观念准则灌输到高校教师的意识中，使其形成相应的高校教师职业道德信念和道德品质，从而使其自身形成职业道德作用的内部机制，使高校教师不仅能在职业道德上自我调节和监督，而且能够参与高校教师职业道德的调节过程。由此可见，对于高校教师的职业道德提升来说，高校教师职业道德教育起着非常重要的作用，决定着高校教师的发展方向和自身的精神面貌。

高校教师职业道德的塑造作用，是指当高校教师职业的价值观被高校教师共同认可后，就会产生一种职业归属感和集体自豪感，形成一种共荣共衰的心理状态。正因为高校教师职业道德具有整合价值观等功能，因此，高校教师职业道德是凝聚整个高校教师职业群体的重要力量。同时，高校教师的不断向上性和高校教师职业自豪感又是高校教师职业道德具有塑造作用的不竭动力。

(三)对高校教师的约束和激励作用

职业道德规范作为行为准则,它的基本功能是调节职业内部个体之间、个体与职业群体之间、职业与外部社会之间的各种利益关系。这个作用主要是通过约束和激励机制来实现的。高校教师职业道德规范的确定性不仅有助于对高校教师职业道德的认知,而且更着眼于把握和适用,高校教师职业道德的特点之一是将高校教师职业的价值理念和目标化为具体的工作要求,从教学态度、责任、义务到范围、标准等都有相关规定,使高校教师职业道德规范之适用能够看得见、摸得着。除了高校教师职业道德规范的反复宣传外,高校教师职业规范的奖惩机制也会在高校教师自身及他人身上反复运用,对这些现象的切身体验和耳闻目睹会不断增强高校教师的职业道德意识,形成愈来愈牢固的职业道德信念。由于高校教师职业道德是通过潜移默化的形式,在高校教师中形成以职业道德规范为核心的行为准则,对其思想和行为起到约束作用。因此,高校教师职业道德在发挥其约束作用的同时,实际上也强化了对高校教师的管理效果。这种管理既是一种自律,又是一种他律。所谓自律,是指高校教师自身对遵守职业道德规范的自我要求;所谓他律,是指被全体高校教师共同认可的一致的道德标准对个体进行约束。应当说,高校教师职业所确立的共同价值观、高校教师职业精神和职业要求等,是高校教师共同追求和实践的结果。它不是外来的东西,而是从每个高校教师内心中生长出来的,多数人均会自愿地尽一切可能通过自己的行为来实现这一共同的职业精神和价值观。可见,高校教师的从教行为不仅依赖于高校教师自身的价值判断和选择,而且受到高校教师职业群体价值判断的巨大影响。在人才培养过程中,高校教师不仅应当根据自己的学识和是非判断作出适当的行为,而且这种行为以一般教师的标准来看也必须具有正当性和恰当性。一个离经叛道,背离群体共同价值取向而恣意行事的教师想要获得其同僚的认同是难以想象的,而由于同僚的认同对于评判高校教师从教水平,确立高校教师在同僚中的威信、地位具有决定性的意义,因此,任何有理性的高校教师都必将忠实地遵循群体的价值取向行事。

高校教师职业道德的激励作用,就是采用激励的理论和方法,对高校教师的各种需要予以不同程度的满足和限制,以此引起其心理状况的变化达到激发动机、引起行为的目的，再通过正反两方面的强化，对行为加以控制和调节。相对于经济管理中的激励机制，高校教师职业道德的激励功能主要是一种道德激励。道德激励的出发点是人的正当需要，它不仅对人的行为产生激励作用，而且还使追求这种需要的人的道德境界趋于崇高，给他人和社会带来良好的道德影响。

高校教师职业道德的激励作用具有特定的价值目标，即高校教师职业的基本价值目标。由于人是一个不断发展完善的主体，其正当需要也会随着自身的发展而不断提高。与此相一致，高校教师职业道德的激励同时又是一个不断认识、评价和调控的过程。高校教师在受到激励的同时，又在不断认识和调控新出现的内外环境，强化自身的意志和信念，从而进一步增强自我完善的内在动力。

高校教师职业道德的激励功能主要体现在以下方面：(1)有利于调动高校教师的职业热情。高校教师职业道德通过建立和改善高校教师职业环境，营造道德激励的良好氛围，将高校教师的自身需求融入高校的整体价值目标，从而调动高校教师的职业积极性。(2)有助于形成良好的集体观念。高校教师职业道德的激励不同于经济利益的激励，它不单纯是针对高校教师个人的，而是通过调动高校教师职业群体的道德需要和自我实现的需要，通过营造氛围、相互影响，以激发全体高校教师强烈的集体观念来实现整体协调发展。(3)高校教师自身素质的提高。高校教师职业道德的激励，既是用先进的思想教育人，更是用优秀的道德成果感召人，通过营造高校教师职业活动的良好氛围，促进高校教师主动提高自身的职业道德素养、业务素质和能力素质。一般来说，如果高校教师职业道德激励能将高校教师的价值追求和行为目标向着与教书育人相统一的方向上引导，并使他们确立和采取一种为社会所需要和提倡的价值观念和行为方式，那么这种激励就是正向的或良性的。相反，如果只是激发、引导高校教师追求个人的、眼前的利益，而忽视了社会的、长远的利益，并使他们确立和采取了一种为社会所不容的价值观念和行为方式，那么就会导致高校教师的职业活动与社会公众认同关系的严重失调，就会滋生出一系列社会问题，这就是一种负向的激励。无疑，我们需要的是高校教师职业道德的正向激励。很显然，高校教师职业道德建设就是一种正向激励。

## 三、高校教师职业道德建设的主要举措

高校教师职业道德建设是高校建设的重要组成部分,具备高尚的道德情操,教师才能以身垂范,起到为人师表的作用。社会主义核心价值观的提出为加强高校师德建设指明了方向,为解决当前出现的师德危机提供了理论指导;加强高校师德建设是社会主义核心价值观的内在要求,有助于促进其培育和践行,二者相互联系,有机促进。从现实的层面来看,要把社会主义核心价值观有机地融入高校教师职业道德建设之中,应当采取以下措施:

### (一)彰显高校教师职业道德规范的约束性效果

在内容上,职业道德总是要鲜明地表达职业义务和职业责任,以及职业行为上的道德准则。规范是职业道德的重要表现形式,没有道德规范或要求,也就无法对人的职业行为作出评价。道德规范是社会给人们提出的行为准则,也是社会判断和评价人们行为是否符合道德的标准,因而在社会道德规范体系中具有关键性的地位和作用,因为它不仅像其他规范一样对人们的行为具有外在的约束力,而且这种约束力具有广泛性和深刻性。道德作为一种社会行为规范,通常是依靠社会舆论、传统习俗和人们的内心信念维系的。道德建设是自律与他律的有机结合,他律促成了自律的最终形成。高校教师职业道德建设是一个从他律走向自律的过程,我国在高校教师职业道德他律机制建设中首先重视的是高校教师职业道德规范的制定,通过健全高校教师职业道德规范,促使高校教师严格遵从教书育人各种规范,注重维护高校教师职业形象。彰显高校教师职业道德规范的约束性效果,在某种意义上就是强化高校教师职业道德规范的制度化建设。因为,制度承载着理念,传递着价值,外在强制性的制度具有权威性、稳定性、长期性,是高校教师职业道德建设的有效载体和重要保障。制度化的建设机制,使高校师德建设可以扎根现实、持续推进,能使高校教师职业道德这一"软建设"有明确、可靠的"硬约束"。[1] 早在1961年我国就制定了《教育部直属高等学校暂行工作条例(草案)》,1978年10月,出台了教育部关于讨论和试行《全国重点高等学校暂行工作条例(试行草

---

〔1〕 参见王梦倩:《高校师德危机与师德建设——兼论社会主义核心价值观的引导与融入》,载《中国矿业大学学报(社会科学版)》2015年第6期。

案)的通知》。随后颁布了《中华人民共和国教师法》《中华人民共和国教育法》《中华人民共和国高等教育法》,教育部印发了《关于进一步加强和改进师德建设的意见》等。在《中小学教师职业道德规范》的基础上,2011 年 12 月 23 日,教育部、中国教科文卫体颁布了《高等学校教师职业道德规范》,对高校教师职业道德的内涵作了明确规定。《高等学校教师职业道德规范》的颁布意在解决个别高校教师责任心不强,教书育人意识淡薄,缺乏爱心,学风浮躁,治学不够严谨,急功近利,要求不严,言行不够规范,不能为人师表,个别教师甚至师德失范、学术不端,严重损害人民教师的职业声誉等问题。2014 年,教育部下发的《关于建立健全高校师德建设长效机制的意见》明确提出了建立健全高校师德建设长效机制的基本原则,对高校师德建设提出了新要求,即"坚持价值引领,以社会主义核心价值观为高校教师崇德修身的基本遵循,促进高校教师带头培育和践行社会主义核心价值观。坚持师德为上,以立德树人为出发点和立足点,找准与高校教师思想的共鸣点,增强高校师德建设的针对性和贴近性,培育高校教师高尚道德情操。坚持以人为本,关注高校教师发展诉求和价值愿望,落实高校教师主体地位,激发高校教师的责任感使命感。坚持改进创新,不断探索新时期高校师德建设的规律特点,善于运用高校教师喜闻乐见的方式方法,增强高校师德建设的实际效果"。党的十八大以来,随着社会主义核心价值观的提出,高校师德建设在内容和形式上也迎来了新的变革。2018 年 1 月 20 日出台的中共中央、国务院《关于全面深化新时代教师队伍建设改革的意见》强调:"实施师德师风建设工程。……注重加强对教师思想政治素质、师德师风等的监察监督,强化师德考评,体现奖优罚劣,推行师德考核负面清单制度,建立教师个人信用记录,完善诚信承诺和失信惩戒机制,着力解决师德失范、学术不端等问题。"为进一步增强高校教师的责任感、使命感、荣誉感,规范职业行为,明确师德底线,引导广大教师努力成为有理想信念、有道德情操、有扎实学识、有仁爱之心的好老师,着力培养德智体美劳全面发展的社会主义建设者和接班人,2018 年 11 月,教育部印发的《新时代高校教师职业行为十项准则》又进一步对高校教师的职业行为提出了规范要求。

实践中,要在落实教育部颁布实施的《高等学校教师职业道德规范》、《新时代高校教师职业行为十项准则》和"红七条"的基础上,融合本校学科特点和实际需要,进一步完善教育教学规范、学术研究规范、校外兼职兼薪规范等配套政策措施，将师德规范要求落实到教师日常管理之中。要大力营造尊师重教的良好环境，将教师权益保障与责任义务要求相结合，科学引导和规范教师言行，更有效地彰显高校教师职业道德规范的约束性效果。

### （二）激发高校教师的道德需要

1. 高校教师道德需要的含义及特点

道德需要是人们基于道德所具有的满足自我与社会的价值、意义的认识和把握而产生的自觉遵守一定道德原则和规范，做一个道德人的心理倾向。个体道德需要是个体道德活动的内驱力和道德积极性的源泉。一个人有了道德的需要，便会做出种种道德的、高尚的行为，从而使其道德需要得到满足。一个人的道德需要越多，其道德的、高尚的行为便越多，其品德便越高尚；一个人的道德需要越少，其道德的、高尚的行为便越少，其品德便越低劣。[1] 高校教师道德需要是高校教师基于精神上的自我满足与正确履行职责的认识而产生的自觉遵守高校教师职业道德行为准则、原则和规范，做一个合格的高校教师，或者在合格的基础上向往做优秀教师的心理倾向。高校教师道德需要具有以下特点：

第一，高校教师道德需要是精神需要或者心理需要。需要分为生存需要、享受需要和发展需要，显然，高校教师道德需要是精神层面的需要而不是物质的或生存的需要。人是要有一点精神的，有正确的精神追求才能保持昂扬的斗志，才能不断奋进，才能推动自身和社会的不断进步。道德需要作为高于物质需要的精神需要，能够推动人们改善相互之间的价值关系，调节人与人之间的交往协作，完善人格。同时，道德又不仅是价值或者价值观念，更是实现价值的行动，是有目的的行动。正是高校教师职业行为的目的性决定了高校教师职业道德行为的方向和价值，体现了高校教师职业道德精神的实践功能。而高校教师职业实践要具有道德意义，就必须干预调节高校教师职业行为目的，进而调节和规范高校教师职业行为。

第二，主体性。高校教师道德需要是以高校教师为主体的，高校教师道德需要的形成是社会道德要求、高校教师道德规范在高校教师自身内化的结果，这种内化在其头脑中产生反应，形成道德意识、道德愿望。但是美德内化是一

---

[1] 参见范虹、彭柏林：《论个体道德需要的生成》，载《云梦学刊》2000 年第 6 期。

个循序渐进的过程，在一个道德个体身上也不是孤立、简单地进行的，而是个体自身的主观因素和个体面临的各种客观因素相互积极作用的结果。[1] 对高校教师而言，形成道德需要首先必须遵守高校教师职业道德原则、规范与准则，然后还要将这些道德原则、规范与准则变成自己的愿望，这才完成内化，形成道德需要。

第三，自觉性。高校教师道德需要是一种自觉的需要。外力可以促成高校教师道德需要的产生，但是起决定作用的还是高校教师自己，促成高校教师道德需要的产生与提升，必须从高校教师的思想着手。一个人有了道德的需要，便会做出种种道德的、高尚的行为，从而使其道德需要得到满足。对高校教师来说，道德需要对其行为的指引作用同样十分明显。高校教师如果具有教书育人的责任感和使命感的道德需要，就会时时处处为学校和学生着想，就会学为人师、行为世范、默默耕耘、无私奉献。反之，如果高校教师把教书育人当成谋取个人私利的手段，则会损害学校、学生的利益，甚至损害国家和社会的利益。

第四，规范性。高校教师的道德需要不是自由放任的，高校教师应当按照《中华人民共和国教师法》《高等学校教师职业道德规范》《新时代高校教师职业行为十项准则》的要求去反省、内化，形成符合这些规范的道德需要。

2. 激发高校教师道德需要的方法

在实践中，激发高校教师道德需要的方法是多种多样的，常见的方法主要有以下几种：

（1）树立高校教师职业的基本信仰

信仰是人生的价值追求和精神导向，统摄着人的精神家园，统领着人的主导价值观。“信仰的根本问题或本质是一种生活价值导向问题。对社会而言，它通常表现为某一社会、民族和社群所选择并确立的一以贯之的价值理想和终极目标，有着鲜明的社会意识形态特性；对个体而言，它总是呈现为某一特殊的成熟个体在其生活实践中所选择并坚信不疑的主导价值观，对其言行有

---

[1] 参见王华：《美德论：传统美德与当代公民道德建设研究》，山东人民出版社 2002 年版，第 127 页。

着支配性和决定性的影响。"[1]信仰不仅能够聚合人们的精神、价值观、世界观,而且能够通过影响人的精神生活,进而影响、促进社会活动。可见,信仰具有价值导向功能,它是主体对客体的一种终极价值追求之精神实践活动。高校教师职业信仰作为一种意识形态,它是从心灵深处和灵魂高处对高等教育的价值认同和理性回归。对高校教师来说,如果没有坚定的高校教师职业信仰,就容易在原则和是非问题上动摇信念,就可能出现严重损害高校教师的职业声誉的问题。

通过树立高校教师职业信仰,能够增强高校教师对中国特色社会主义的政治认同,确保在思想上、政治上保持高度的纯洁性,始终与以习近平同志为核心的党中央在政治上保持高度一致。同时能够增强对中国特色社会主义的道路自信、理论自信、制度自信和文化自信,增强对中国特色社会主义的感情认同,并对走中国道路实现国家现代化和民族伟大复兴中国梦充满信心。

(2)对高校教师进行价值观的教育与引领

通过建构高校教师职业价值体系,引导高校教师树立牢固的正确的世界观、人生观、价值观。价值观决定着一个人的人生追求和人生道路,决定着一个人的思想境界、道德情操和行为准则。加强高校教师价值观教育和引领,对于确保高校教师政治上、思想上保持纯洁具有必要性和紧迫性。对高校教师价值观的教育与引领主要包括以下方面:第一,以社会主义核心价值观引领高校教师的思想和行动。核心价值观能够为全社会提供统一的是非、善恶、美丑的价值标准。中国自古以来就是一个多民族、多宗教信仰的多元文化的国家,在漫长的发展过程中,之所以既能够保持各民族大团结的统一局面,又能不断融合外来民族并充分尊重各民族的风俗习惯和文化传统,就是因为中国传统社会秉持了不同而一、理一分殊的理念,在全社会提倡以仁义礼智信为核心的共同道德规范,并且能够为各个民族、各个宗教信仰的人们所认同,成为全体人民普遍奉行的价值观,形成了社会统一的是非、善恶、美丑的标准。社会主义核心价值观既体现了中国优秀传统文化的价值追求,又涵盖了人类文明优秀成果的价值诉求,还彰显了马克思主义的价值要求,是马克思主义中国化的

[1] 万俊人:《信仰危机的"现代性"根源及其文化解释》,载《清华大学学报(哲学社会科学版)》2001 年第 1 期。

重要组成部分。以社会主义核心价值观引领高校教师的思想和行动,首先,要用马克思主义中国化的最新成果武装高校教师的思想;其次,要大力弘扬以爱国主义为核心的民族精神和以改革创新为核心的时代精神;最后,要对高校教师开展社会主义荣辱观的教育实践活动,使高校教师在教师职业岗位上真正当好人民教师,在生活中严于律己、以身作则、尽职尽责。第二,切实践行《高等学校教师职业道德规范》的要求。

(3)制度激发

制度激发就是加强激发高校教师道德需要的制度建设。道德需要是道德行为的原动力,在道德建设中具有重要的意义。而道德需要作为个体社会属性的一种应然存在,要转化为一种现实的道德力量,需要有良好的外部社会机制,即公正合理的制度保障。制度激发的主要形式包括激励、制裁和导向。激励就是肯定成绩、表彰优秀,制裁就是对违法的和不道德的行为进行批评教育、行政处分和法律制裁,导向就是引导个体作出符合道德要求的行为选择。要激发和提升个体的道德需要就必须加强制度建设,有效地发挥制度在个体道德需要方面的激励和导向功能。[1] 激发高校教师道德需要的保证制度包括学习教育制度、批评与自我批评制度、反省劝诫制度、高校教师职业道德评价制度、高校教师行为规范制度、高校教师行为的奖励与惩罚制度等。

(三)营造高校教师职业道德楷模的示范效应

榜样示范是道德教育的重要方法和途径。中华民族历来重视道德模范的榜样示范作用,有着深厚的文化渊源和悠久的实践传统。狭义的道德榜样是指从一定社会道德实践中涌现出的符合道德理想类型的典型人物。道德榜样一般具有以下特征:一是道德性。即榜样道德品质的崇高性,榜样具有正面的道德价值和人格力量,具有诚实守信、乐于助人、无私奉献的高尚情操。二是先进性。即榜样人物所体现的品行高尚、事迹突出、贡献显著的特征。无论是在科学、文化、艺术等各个行业产生的干事创业的榜样,还是日常生活中出现的英雄模范人物,榜样永远以其无私奉献的品德、孜孜不倦的努力或者舍己为人的壮举,做出被广泛认可的有益于他人或者社会的事迹或者业绩,在一定时

---

[1] 参见沈慧芳:《道德需要与制度公正》,载《福建农林大学学报(哲学社会科学版)》2003 年第 4 期。

期或者一定群体中起着表率和引领作用。三是群众性。即榜样在本质上是普通群众中的一员,是群众公认的楷模,在群众中享有崇高的威信。道德榜样是人而不是神,同普通人一样真实存在。他们的崇高人格和善行义举给了普通人一个可以实现的人格目标。四是时代性与超越性。任何榜样都是特定时代的产物,是特定时代的先锋模范。不同的民族、不同的时代都可能有不同的道德榜样,代表着不同社会历史状况下的道德价值。同时,因为一些道德价值具有超越性,道德精神具有长久的力量,特定历史时期的道德模范也很可能流芳百世。

在高校师德建设中,应当发掘师德典型、讲好师德故事,加强引领,注重感召,弘扬楷模,形成强大正能量。营造高校教师职业道德楷模的示范效应具有重要作用:一是具有对高校教师思想的感染激励作用。心理学研究表明,榜样的思想感染、榜样行为的影响,能使人们达成共识,使人们的思想品德发生相应的变化,产生向榜样看齐的愿望。我国古代教育家、思想家对典型的作用早就有不少论述。“近朱者赤、近墨者黑”的古训就说明了这种潜移默化的感染作用。长期以来,榜样引导、典型示范是我们党的重要工作方法,高校通过丰富多彩的榜样文化建设活动,注意运用先进典型激励高校教师,在高校形成了争先创优、见贤思齐的文化氛围,对提高高校教师的素质和调动高校教师的积极性发挥了重要作用。二是对于高校教师的思想意识具有调节矫正功能。在社会主义社会,道德榜样往往具有崇高的道德理想和道德境界、高尚的道德人格和道德品质、巨大的道德魅力和道德吸引力。以他们为典范,对社会成员进行道德价值引导,能够使道德教育变得更加生动、直接、真实、典型,对受教育者的思想和行为产生较大的影响。先进典型人物对社会公众犹如一面镜子,人们可以对照先进典型重新审视自己,从而调节和矫正自己的行为,自觉形成良好的道德品质和职业行为习惯,达到以典型为镜,见善必从,知过必改的效果。高校教师职业道德楷模作为高校教师身边的榜样,应当说其对高校教师的影响更为直接,效果更好,对高校教师的思想品德和行为方式的调节和矫正作用也更为明显。

(四)构建高校教师职业道德评价体系

道德评价是依据一定社会或阶级的道德标准对他人和自己的行为进行善恶、荣辱、正当或不正当等道德价值的评论和断定。道德评价对道德行为进行全面考察并作出决断，分析判断哪些行为是善的，哪些行为是恶的；对善的行为给予赞扬、褒奖，对恶的行为加以批评、谴责，进而帮助人们明确自己承担的道德责任。它可以揭示一个人行为的善恶价值，判明这些行为是否符合一定的道德原则和规范，是否符合道德理想，从而通过社会舆论和内心信念，形成一种巨大的精神力量，弃恶扬善，以调整人与人之间以及个人与社会之间的关系。

高校教师道德评价是指高校教师或者高校以及社会等评价主体依据一定的高校教师职业道德准则，对自己、他人的职业行为、品质或可感知的意向，从善恶、正邪、价值大小等方面所作的价值判断以及所表示的褒贬态度。高校教师职业道德评价贯穿于高校教师职业活动的全过程，是高校教师自我监督、自我调控以及社会监督、社会调控的重要方式。高校教师职业道德评价的过程，就是通过对具体高校教师职业行为的善恶评判、褒扬和贬抑、称赞与谴责，使客观的高校教师职业道德规范向高校教师个人道德自律转化，逐步使社会的客观道德要求转变为高校教师的职业行为和道德品质。高校教师职业道德评价是社会道德评价的重要组成部分，是社会道德评价的一种特殊形式。

1. 高校教师职业道德评价的意义

高校教师职业道德评价对高校教师的道德行为和品质培养，对良好的高校教师职业道德风尚的形成、巩固和发展，具有积极的促进和推动作用。

第一，高校教师职业道德评价是维护高校教师职业道德准则和社会道德准则，并是使其得以实现的有力保障。高校教师职业道德具有一定的强制性，但它表现为内心的命令、舆论的压力和传统习俗的束缚，因此具有内在性的特点，即它是以高校教师在长期的职业实践中所形成的职业道德观念、道德感情、道德信念为基础的。高校教师职业道德首先依靠社会舆论和良心力量起作用。高校教师职业道德情感调节教师职业活动的方式是灵活多样的，不仅表现为舆论、良心强制的形式，而且也表现为通过社会舆论说服、赞同的形式以及自我评价的形式等。可以说，高校教师职业道德评价是高校教师职业道德调节的主要形式。社会舆论、传统习惯和内心信念是高校教师职业道德所赖以发挥作用的力量。高校教师职业道德评价根据高校教师职业道德规范和社会道德规范，判明高校教师职业行为的善恶价值，形成关于高校教师职业行为善恶是非的社会舆论和群众心理，在高校教师和广大师生心中确立一定的道德标准、道德信念,从而维护和树立高校教师职业道德和社会道德规范。

第二,高校教师职业道德评价是客观的职业道德规范转化为高校教师职业活动前个人行为品质的杠杆。良好的道德品质是人们追求自我完善的重要标准,道德品质作为道德认识、情感、意志、信念的综合体现,它的形成不是自发的,而是要经过学习和实践的过程才能完成。道德的基础是人类精神的自律,道德主要靠社会舆论、传统习惯和公众的内心信念起作用,更多的是靠人们的自觉遵守。高校教师的职业道德水平,会在不同程度上影响高校的发展和声誉。因此,高校教师应当有更强的自律性,应当把自己的职责化为信念,成为职业责任心,自觉遵守道德规范,实现自我监督。高校教师职业道德评价不仅要认定高校教师具体的行为是什么,更要对整体行为的道德作出评价,或者对构成行为的具体动机、过程和结果作出分别的道德评判。高校教师职业道德评价的过程,就是通过对高校教师具体职业行为的善恶评判、褒扬和贬抑、称赞和谴责,使客观的高校教师职业道德规范向个人的道德自律转化,使高校教师的职业道德行为由自发变为自觉,逐渐使社会的客观道德要求转变为高校教师的行为和道德品质。

第三,高校教师职业道德评价是贯彻和不断完善高校教师职业道德规范的有效途径。高校教师职业道德评价是根据高校教师职业道德规范,判明高校教师行为的善恶价值,形成关于高校教师职业行为善恶是非的社会舆论和公众心理,在高校教师、高校和社会公众中确立一定的道德标准、道德信念,从而维护高校教师职业道德和社会道德规范。高校教师职业道德评价过程对既有高校教师职业道德规范的贯彻和不断完善有着重要意义。高校教师职业道德规范所确立的尺度的好坏只能在规范的适用中得到证实,而尺度所存在的问题也只能在适用的过程中被发现。高校教师职业道德评价标准的优良化只能通过评价活动和对评价活动的不断反思来实现。在高校教师职业道德评价活动中,评价主体不仅是用评价标准评价、检验高校教师的职业行为,同时也是在验证所用标准的准确性与合理性。其实在教育实践中,源于高校教师职业道德规范的高校教师职业道德评价标准时时刻刻都在发挥作用,每个高校教师都在自觉或者不自觉地运用这些标准来衡量自己的行为。正是在这一过程中高校教师才能发现自己在遵守高校教师职业道德规范中的不足,发现高校教师职业道德规范中的某些缺失。可见,高校教师职业道德评价不仅为高校教师提供了道德提升的机会，同时也为高校教师职业道德规范的不断完善创造了可能。

2. 高校教师职业道德评价的手段

通过几十年的理论研究和实践摸索，高校教师职业道德基本形成了相对完整的评价体系。高校教师职业道德评价隶属于教师评价的一个方面，它能促进高校教师职业道德水平的完善和提高，不以奖惩为主要目的，而以高校教师职业道德价值判断为核心。评价主体为教师、同行、学生，客体为学校等。由于高校教师职业道德分为多个方面，因此评价的手段也具有多样性。评价的方式应该有严格的标准和规范，将高校教师职业道德评价置于专业规范之中，高校教师职业道德才能拥有全面的评价；否则，会削弱评价的整体严肃性。

在高校教师职业道德建设中，最重要的实践环节就是教师职业道德评价，而科学有效合理的职业道德评价能够正确地引导高校教师的道德行为，同时保证道德评价的可信度与效果，全面发挥道德评价的功能，有助于高校的整体师资建设，促进高校更好地向社会输送全面的人才。

高校教师职业道德的评价手段主要有社会舆论、传统习惯和内心信念三种手段。

(1)社会舆论

社会舆论是高校教师职业道德评价的最重要的手段，它是指社会组织或一定数量社会公众，从一定的善恶观念、传统习惯或道德经验、道德信仰出发，对高校教师职业行为，在或大或小的范围内议论、传播和表达褒贬的善恶态度和看法。它主要包括口头议论和大众传播工具评价两方面。口头议论是指评价人从一定的善恶观点出发，对高校教师本人的具体职业行为进行评论、指责、贬斥或肯定，并通过人们彼此相传的形式，对被评价的高校教师的职业行为施加影响。大众传播工具评价，是通过大众传播媒体对高校教师的具体职业行为进行善恶评价，并对被评价的高校教师施加影响，从而在更大范围内起到抑恶扬善的作用。社会舆论对高校教师具有较强的约束性，能够促使其弃恶向善，使其行为符合高校教师职业道德的要求。加之，社会舆论的评判又具有公开性的特点，其对高校教师的监督教育作用更大。应当说，大力加强大众传播工具为主体的社会舆论在高校教师职业道德评价中的作用，对改善高校教师职业道德风气、培养高校教师优良的道德品质、抵制各种违纪违法的不道德行为具有十分重要的作用。社会舆论具有特殊的作用,其权威性在于它代表着社会公众的某种意志、情感和价值取向,并能给人以荣辱感,迫使高校教师在行为选择时,必须考虑社会舆论对自己的评价。当然,也应看到社会舆论本身并不一定总是正确的。正如黑格尔所说的,“在公共舆论中真理和无穷错误直接混杂在一起”[1]。基于此,在高校教师职业道德评价中,不仅应善于区分正确的社会舆论和错误的社会舆论,更要积极努力在全社会营造良好的舆论环境。

(2)传统习惯

传统习惯,是指在长期社会生活过程中逐步形成和积累起来的,已被人们普遍承认和熟悉的,一些日常的、稳定的道德经验、道德常识、道德情感和道德行为方式等。其形成和发展过程与人们的社会生活过程是同一过程,它不是从外部灌输或者强加给人们的,而是来自人们在生活过程中的直接体验和行为积累。传统习惯是一种既成的、获得性的社会意识现象。由于传统习惯是人们在社会生活中长期形成的,因此在评价人们的行为时,常常把它作为规范的补充,并依据它对人们的行为进行善恶判断。高校教师在长期的职业生活中所形成的职业传统习惯是一种被整个社会公认的高等教育行业的行规。只要高校教师的职业行为符合高校教师职业的传统习惯,就会得到人们的肯定和赞赏;否则,则会得到人们的谴责。可见,传统习惯,特别是高校教师的职业传统习惯对于高校教师的职业行为具有较强的约束作用。同社会舆论一样,传统习惯有好坏之分,对传统习惯进行分析必须一分为二。传统习惯是社会中的人在长期的现实生活中形成的共同的心理特征和行为处事的稳定模式,且一经形成就具有较强的稳定性,不易改变。因此,在社会的政治经济条件发生改变时,特别是在发生巨大的社会变革时,传统习惯往往容易成为阻碍变革的重要力量。根据一个传统习惯是否有利于生产力和生产关系的发展,可以把传统习惯区分为阻碍社会发展进步的旧习、陋习,以及促进新的社会道德规范体系建立的优良传统。在高校教师职业道德评价中,必须要严格区分传统习惯的优良与否,将高校教师忠诚党的教育事业,呕心沥血、默默奉献,潜心治学、教书育人,敢于担当、锐意创新等优秀的传统进一步发扬光大。

---

〔1〕［德］黑格尔:《法哲学原理》,范扬、张企泰译,商务印书馆1961年版,第333页。

(3)内心信念

内心信念主要是指道德信念,是一种内在的、自觉的道德评价行为,是指人们依照自己已形成的道德观念对自己的行为进行自觉地肯定或否定。在道德评价中,人们的内心信念所发挥的维系作用最重要,这首先是因为社会舆论和传统习惯是人们内心信念的社会化表现。其次是因为任何道德原则和道德规范只有化作人们的内心信念,深入思想意识之中,才会得到践行。内心信念是深刻的道德认识、强烈的道德情感和坚强的道德意志的有机统一,是人们进行道德选择的内在动机和道德品质构成的基本要素。首先,它作为一种强烈的责任感,是推动人们对行为进行善恶评价的最直接的内在动力。一般而言,向善的内心信念是人们在积极地进行社会改造和生产活动过程中,在社会的和自然的客观条件影响下形成的。正是这些社会实践所积累的经验,使人们能够深入地掌握特定的道德原则和规范,认清其特性,进而心悦诚服地信仰,将践行和维护这些道德原则和规范视为自身义不容辞的责任和使命。其次,内心信念作为深入人心的道德意识和道德准则,也是道德评价中的直接标准。内心信念常常是借助于良心来发挥作用的,良心实际上是一种道德上的自我监督。一个人的行为发生后,良心能够对其后果和影响作出评价。若行为是合乎道德的,良心就予以肯定和赞扬,从而引起精神上的愉快感觉,并鼓励自己继续选择道德的行为;反之,如果自己的行为是不道德的,则良心就会予以谴责,使自己感到羞愧和不安,甚至在精神上遭受痛苦。所以说,良心是个人行为的内在调节器,是使自己的内心世界服务于道德准则的"自我法庭",是一个人自我修养的巨大动力。高校教师是否有良心,不仅仅是个人的私事,还影响公众对高校教师职业、对高校乃至高等教育的感受、认知和评价,是关系高校教师形象和高校乃至高等教育地位的大事。最后,内心信念也是使道德评价成果成为被评价对象内在的稳定因素的形式。从这一意义上说,道德评价的成果,只有成为被评价对象的内心信念以及日常行为习惯,才能成为道德评价的最终目的。在高校教师职业道德评价中,内心信念总是同责任感和荣辱感结合在一起,作为深入人内心的道德意识和准则,成为高校教师进行道德评价的直接标准,据此审视、鉴别和评判自己行为的善恶。

需要指出的是,在运用社会舆论、传统习惯和内心信念三种手段对高校教师职业行为进行道德评价时，三种手段的作用既有所不同，同时又具有一致性。

社会舆论和传统习惯是来自外在的力量，而内心信念是来自自身的能力，三者之间既有联系又有区别。社会舆论和传统习惯体现着群体的力量，内心信念则体现着个人的内在力量。在时空方面，社会舆论体现着现实力量，传统习惯则体现着历史性力量，三者密切结合才能发挥它们在高校教师职业道德评价中的重要作用。

## 第二节　卓越法治人才培养对法学教育师资队伍建设的要求

### 一、我国法学教育师资队伍建设待完善的方面

高等学校是培养高层次人才的摇篮，但如果高等学校没有高水平的教师队伍，就不可能建成高水平的大学。在国家统筹推进一流大学建设和一流学科建设的新时期，建设一流师资队伍将成为这一建设进程中的首要任务和关键环节。[1] 但是，综观我国高等学校法学专业师资队伍建设的总体情况，有以下五个方面待完善：

#### （一）师资队伍的结构尚需进一步优化

毋庸置疑，近些年来，我国高等学校法学专业师资队伍建设取得的成效是显著的：教师规模不断扩大，教师队伍的学历结构、职称结构、学缘结构等都得到了显著改善，基本适应了高等教育快速发展的需要。但是，高等法学教育的未来发展对高等学校法学专业的师资队伍建设提出了更高要求。其中的问题主要表现在：一是具有硕士以上学位的教师所占比例偏低，教师队伍的整体学历层次需要进一步提高；二是"近亲繁殖"的现象还普遍存在，教师队伍的学缘结构需要不断改善；三是教师队伍逐渐趋于年轻化，使整个教师队伍更加充满活力，给教学科研工作输入了新鲜血液，同时，也为教师队伍的管理、教育教学质量的提高、教师队伍建设的可持续发展等带来了新挑战。[2] 因此，在持续推进师资队伍规模稳步增长的同时，进一步优化高校法学专业师资队伍结构的

---

〔1〕 参见《国务院关于印发统筹推进世界一流大学和一流学科建设总体方案的通知》(国发〔2015〕64号)。

〔2〕 参见黄长喜：《新形势下加强高校教师队伍建设的对策》，载《合肥工业大学学报(社会科学版)》2007年第5期；佟颖：《新时期高校教师队伍建设几点思考》，载《辽宁行政学院学报》2014年第3期。

任务则更突出和艰巨。

(二)教师的聘用和管理机制亟须改革完善

随着高等学校法学专业教师队伍规模的不断扩大,教师的来源渠道日趋多样化。目前,招聘毕业研究生仍然是高校法学专业师资来源的主要渠道,从兄弟高校或有关单位调入也是教师队伍来源的重要渠道,还有,外聘教师也是高校法学专业师资的补充性力量。但是由于教师聘用和管理机制的不健全,不同地区之间、不同高校之间人才的恶性竞争和无序流动的现象依然比较普遍,特别是被授予了“国家杰青”“长江学者”“百千万人才工程人选”等高层次人才称号的中青年人才,更是成为诸多高校法学院人才“猎取”的“香饽饽”,包括已经退休的相关学科领域的著名法学专家学者也争相被有关高校高薪聘请,继续为法学学科建设、团队建设等发挥余热、奔走呼号。可以预见,随着国家高等教育“双一流”建设的实施,新一轮的高层次人才激烈竞争已经拉开大幕,随之相伴的必然是大规模的资金投放、科学研究等工作条件的配套建设。因此,加快推进包括法学院校在内的高等学校人事制度改革,进一步理顺高等学校和教师队伍之间权责利配置关系,规范高层次人才流动的行为和秩序,已经成为摆在各级政府和高等法学院校面前的重要课题。

(三)教师的创新能力有待进一步培养与提高

高等学校法学专业教师队伍的整体素质伴随新老交替、学历学缘结构的持续优化等,已经实现根本性改观。但是,距离复合型、职业型、创新型法治人才培养对广大教师的创新能力提出的客观要求,还存在较大差距。当前,我国正致力于建设创新型国家,党的十八届五中全会更是把“创新发展”确立为指导国家未来发展的五大发展理念之首。在我国经济社会未来发展的进程中,迫切需要培养一大批具有创新精神和创新能力的法治人才,对此,高等法学教育和高等法学院校责无旁贷。“建设创新型国家关键在于创新型人才,创新型人才关键在于创新型教育,创新型教育关键在于创新型教师。”[1]这就要求以人才培养为使命的高等学校必须建设一支具有创新意识与创新能力的师资队伍,为培养具有创新精神和创新能力的高层次人才提供智力支撑。卓越法治

---

[1] 黄长喜:《新形势下加强高校教师队伍建设的对策》,载《合肥工业大学学报(社会科学版)》2007年第5期。

人才的培养,有赖于一支年富力强、业务精湛、富有合作与创新精神的高水平师资团队。不容乐观的是,当前高等学校法学专业教师群体中有部分教师存在功利性、继受性研究的情况,从事原创性和创新性研究的比例仍待提高。因此,在高等学校法学专业师资队伍的建设培养过程中,在继续推进提升学历层次、丰富学术背景、增加知识等方面工作的同时,应该更加重视探索多元化的培养途径,以引导和支持广大教师牢固树立创新发展理念,快速提高创新发展能力。

(四)教师的师德建设急需进一步加强

长期以来,在党和国家的教育方针指引下,包括法学院校在内的高等院校十分重视师德建设,师德建设工作常抓不懈,水平不断提高,涌现了孟二冬、李保国等先进典范。与此同时,高校教师队伍中"师德失范"的现象还时有发生,引发了广大社会公众的高度关注。其中,个别教师事业心不强,敬业精神缺乏,"身在曹营心在汉",不能全身心投入教学和科研工作;个别教师只管教书,不管育人,育人意识淡薄;个别教师自身素质不高,不注重自身修养,难以做到为人师表等。尽管这肯定是广大高校教师队伍中的少部分或极少数,但其危害严重。在培育德才兼备的优秀法治人才的过程中,高校法学专业教师的道德素养和行为风尚起着引领示范、润物无声的重要作用。因此,在新时期新形势下,高等法学院校必须创新师德建设的理念、内容和途径,必须坚持教师师德建设常抓不懈、警钟长鸣,必须强化过程管理、严肃责任追究、注重建设实效。

(五)教师的国际交流与合作能力需要普遍提升

随着经济全球化的发展,高等教育在国际交流与合作中得到进一步加强,不同国家之间的合作研究、信息交流、人员往来日益增多,正在发展成为国际交流与合作中的一道亮丽风景。高等教育国际化程度的提高既有助于缩小国与国之间、地区与地区之间在教育科技方面的差距,增进民族与民族之间的相互了解,也成为保证高等教育质量所不可或缺的条件。[1] 教育部、中央政法委《关于坚持德法兼修实施卓越法治人才教育培养计划 2.0 的意见》强调:"进一步拓宽与国际高水平大学和国际组织合作交流渠道,深化与国际高水平大学

〔1〕 参见管培俊、吕杰、徐金明:《当前高校教师队伍建设与发展的主要趋势——新时期中国高等学校教师培训之一》,载《中国高等教育》2001 年第 2 期。

学分互认、教师互换、学生互派、课程互通等实质性合作，积极创造条件选送法学专业师生到国际组织任职实践，培养一批具有国际视野、通晓国际规则，能够参与国际法律事务、善于维护国家利益、勇于推动全球治理规则变革的高层次涉外法治人才。服务‘一带一路’建设，着力培养熟悉‘一带一路’沿线国家法制的高素质专门法治人才。”因此，高等法学教育国际化程度的不断提高，对高校法学专业教师的国际交流与合作能力提出了更高要求，这就需要广大高校法学专业教师树立开放发展理念，通过出国攻读学位、出国访学、参加国际学术会议等多种形式，搭建起国内外高等学校之间开展人员、学术和文化交流的桥梁，编织好促进不同国家高等法学院校间开展交流与合作的纽带，成长为推动和提升高等法学院校国际化办学水平、培养具有国际视野的高层次法学学科人才的引领和中坚。

## 二、卓越法治人才培养对法学专业教师的素质要求

### （一）法学专业教师必须具有较高的职业道德修养

我国的法学教育肩负着培养德才兼备，具有扎实的专业理论基础和熟练的职业技能、合理的知识结构，具备依法执政、科学立法、依法行政、公正司法、高效高质量法律服务能力与创新创业能力，熟悉和坚持中国特色社会主义法治体系的复合型、应用型、创新型法治人才的使命。法学专业教师的思想政治素质和职业道德水平，直接关系法学教育事业的成败。加强法学专业教师师德师风建设，提高教师的职业道德素养，对于全面提高法学教育质量，办人民满意的法学教育，培养优秀法治人才，具有十分重要的意义。

法治职业所需要的职业操守和职业伦理，不但要求法治人才要具有尊崇宪法、尊崇法律，坚持法律至上、维护法律权威的规则伦理，而且要具有坚持公平正义、维护公共利益、保护社会弱势群体的社会伦理，更要具有敢于同违法犯罪进行斗争、惩恶扬善、勇于担当的责任伦理，这些职业伦理规范约束着法治人才在从事立法、执法、司法和法律服务的过程中，能够始终与良善为伍、与正义为伴。德乃才之帅，优秀的法治人才必须德法兼修、德才兼备，这既是进入新时代党的十九大报告对社会主义法治人才的明确要求，也是全面推进依法治国、建设中国特色社会主义法治国家所必须。当然，无论是法学知识和法

律职业技能的培养,还是法治职业道德的传承均依赖于法学教育的发展以及法学教师的职业素养。可见,基于对法治人才素养的基本要求,法学教育培养的不仅是只掌握了法学知识和职业技能的“技术人才”,还应当是全面发展的复合型人才,是德与法兼修的法治人才。因此,在法学教育中必须要注重学生品德的养成,用正面教育来引导学生、感化学生、激励学生,要突出“德”在培育人才中的分量。中国历来都讲究以德服人,德行好的人会被众人所敬仰,若德行不好纵使才能再出众也不会有所建树,这足见德对于一个人的影响和价值至关重要。在法治人才培养中,要做到立德树人、德法兼修,这对高校法学专业教师的道德素养和行为风尚起着关键作用。道德素养作为教师的根基,是每一位教师真正践行教育使命的核心品质。教师应该是以德施教、以德立身的楷模,因为学生的成长需要“引路人”引好路,“系扣人”系好扣。因此,教师要勇于承担立德树人这一神圣职责,既要教书,更要育人,用自己的学识、阅历、经验点燃学生对真善美的向往。对教师来说,其良好的职业道德素养能够对学生的道德素养的培养和建立产生重要影响,对于学生树立正确的人生观、世界观也会产生积极影响。作为一个法学专业的学生只有在正确的人生观、世界观的引领下,才能够主动地承担起自己的历史使命和社会责任,才能够通过积极的努力促进自己的全面发展,成为合格的中国特色社会主义的建设者和接班人,成为德法兼修的优秀法治人才。基于上述需要,必须要加强教师的师德建设,健全师德建设长效机制,推动师德建设常态化、长效化,创新师德教育,完善师德规范,引导广大教师以德立身、以德立学、以德施教、以德育德,坚持教书与育人相统一、言传与身教相统一、潜心问道与关注社会相统一、学术自由与学术规范相统一,争做“四有”好教师,全心全意做学生锤炼品格、学习知识、创新思维、奉献祖国的引路人。

### (二)法学专业教师必须具有较高的学术素养和法律实务经验

法学是一门社会科学,法治人才都是社会的实践者。所以法学教育必须体现实践性,法学专业教师必须具有将理论与实践充分结合的能力。但也绝不能因为法律的实践性就低估了理论的意义。理论与实践在法律生活和法学教育中应始终保持良性互动。具体表现为理论指导实践,实践供应理论的素材;实践推动理论的活化和发展,理论保证实践的理性和方向。理论是人们对认识到的现实状况及其规律的高度概括和总结,它注重系统性和反思性。理论并不是单纯的对于现实的重述,它是对现实所呈现的规律或者理想的阐释。因而,理论对于实践具有观察、反思、批判和指引的作用。如果认为理论仅仅是现实的简单回放,那无疑是没有理解人类理性的地位和理论的功能。现实只有在经过理论的纯化、梳理和升华之后,才能够更有效地进入教育体系中来,才会更有利于将学生培养成为卓越法治人才,而不仅是了解纷繁复杂的客观世界。基于此,卓越法治人才的教育培养需要不断对立法、执法、司法、守法等各个领域的法律实践在理论层面进行深化,而不能仅仅是对于现实的理解和追随。这同时要求从事法学教育的高校教师一方面必须具有扎实的法学理论功底和较高的法学学术素养,另一方面还必须有一定的法律实务经验。可以说,我国高等法学教育经过多年的发展培养了一大批高水平的法学学术型人才,为高等法学教育高水平师资队伍建设奠定了坚实的基础。但同时也应看到,高校法学专业大部分教师法律实务经验是比较欠缺的,现有法学专业教师一般是从高校硕士博士毕业分配招聘而来,他们从高校的学生到高校的法学教师,很少专门参加社会的法律实践。引进教师重学历,轻能力;重学术能力,轻实践能力;在考核中,重教学实践能力的考核,轻专业实践能力的考核。而教师实践能力的核心是专业实践能力。如今的法科教师队伍中,具有丰富的实践经历和科研经验的"双结合人才"少之又少,个别实践能力强的教师由于得不到重视,流向了实务部门,如做专职律师等,造成了实践能力强的教师流失。由于缺乏具有法律实务经验的教师,在一定程度上也影响了学生法律实务能力的培养。从目前来看,解决上述问题的途径,一方面,切实发挥政府部门、法院、检察院、律师事务所、企业等在法治人才培养中的作用,健全法学院校和法治实务部门双向交流机制,选聘法治实务部门专家到高校任教,选聘高校法学骨干教师到法治实务部门挂职锻炼。另一方面,在法学院校探索设立实务教师岗位,吸收法治实务部门专家参与人才培养方案制定、课程体系设计、教材编写、专业教学,不断提升协同育人效果。

### (三)法学专业教师必须要具有一定的国际视野

当今世界正处于大发展大变革大调整时期,全球治理体系和国际秩序变革加速推进。随着我国综合国力的不断加强,我国在全球治理体系中的国际影响力也大幅度提高,近年来,从"一带一路"倡议的提出,到构建合作共赢的新型国际关系,从建立亚洲基础设施投资银行,到参与解决各类重大国际问题,中国在世界舞台上扮演着越来越重要的角色。与此同时,我国涉外法治建设面临许多挑战,例如,国际规则和新型国际关系的不适应,国际法治改革和国际秩序重构,有些国家和国际组织利用国际法律规则对我国采取限制;在经济领域对我国国际贸易采用反倾销、反补贴和贸易保障措施,限制我国出口;在海洋权益上企图用法律和争端解决机制对我国主权、安全和发展利益造成威胁和影响。中国不能仅仅作为国际规则的接受者和适应者,而需要积极参与全球治理,做国际规则的维护者和建设者,提升国际事务的话语权。不论是国家利益,还是公民和企业在对外交往中的权利,都需要运用国际法规则等手段来维护我国的主权安全和发展利益,积极发挥中国在世界舞台中的影响力。因此,我国亟须培养一批放眼世界、胸怀祖国、知识丰富、业务精良的涉外法治人才队伍,而涉外法治人才的培养离不开高水平的教师队伍,建设一支政治立场坚定、理论功底深厚、熟悉中国国情的高水平涉外法学师资队伍是培养涉外法治人才的重要保障。专业教师是涉外法治人才培养方案的具体执行者,教师专业水平的高低在很大程度上影响涉外法治人才培养方案的贯彻程度,也直接影响培养对象所接受的知识和对涉外法律工作的认识。因此,作为承担涉外法治人才培养的教师在知识结构上必须满足涉外法治人才培养的要求,必须有扎实的国内法、国际法和外国法的专业知识。另外,还应该具备用一种外语教学的能力。为保障教师队伍的稳定性,教师队伍可以由专职教师、兼职教师和特邀教师组成,形成一种有效的补充机制。在健全教师队伍管理机制的同时,应该注意完善对涉外法治教师的激励制度,如对平时工作贡献的奖励,平时奖励可以根据日常的考核和工作绩效进行,包括教学方法的创新、教学工作取得重大进步、相关科研成果发表等;根据岗位职责、工作业绩和实际贡献等设定合理的工资福利和社会保险;营造公平的竞争环境,保障教师的岗位和职称评审活动,形成正常的"优胜劣汰"机制,保持教师队伍的高质量;为教师创造出国进行经验交流、进修等机会,并提供相应的经费保障。

# 第六章　立德树人与法学教育中法律信仰的培养

## 第一节　法律信仰与法学教育培养目标

### 一、法律信仰的内涵和特点

#### (一)法律信仰的内涵

信仰,在现代汉语中,基本含义是指"对某人或某种主张、主义、宗教极度相信和尊敬,拿来作为自己行动的榜样或指南。"[1]信仰实际上是同人类的物质生活、精神生活一同发展起来的精神现象,在其产生伊始便引领指导着其他的意识形态。通过对信仰客体的尊崇和信奉,人们确立了自己的行为方式和价值标准,进而明确了生活的真正目的和终极价值。可以说,信仰是人的精神支柱和行动指南。

信仰的分类有着多种原则和标准,根据不同的原则和标准可以把信仰分为不同的类型。例如,按照形成方式的不同,可将信仰分为自发信仰和人为信仰等;按照历史顺序的不同,可将信仰分为原始信仰、宗教信仰、马克思主义信仰等;按照信仰的不同形态,可将信仰分为道德信仰、政治信仰、哲学信仰和法律信仰等。道德信仰是人们基于道德对于人的生存发展的价值认知,属于一种内在的信仰,具有内化于心、外化于行的特点。政治信仰是人们对于某种政治学说和政治制度真诚信服并加以坚定不移遵守和执行的态度。哲学信仰是指以人自身为核心,以对理想信念、思想或真理的崇敬为特征按照科学的原则对自然、社会、人生进行的理性规划。法律信仰是基于社会主体对社会生活的公平正义的理想和秩序需要的理性认识和情感体验的产物,是根源于人类对

---

〔1〕 中国社会科学院语言研究所词典编辑室编:《现代汉语词典》(第2版),商务印书馆1983年版,第1186页。

人性和社会生活的科学分析和理性选择，进而所形成的对社会现象的信任感和依归感，以及对法的神圣感情和愿意为法而献身的崇高境界。[1] 法律信仰命题是在法律与宗教关系的基础上而提出和证成的，但它本身既无关法律条文，也无关宗教活动，它关乎的是人的法律生活中物质方面与精神方面的辩证统一。从这个角度讲，在我国坚持法律信仰命题具有更加重要的现实意义。2014 年中共中央《关于全面推进依法治国若干重大问题的决定》中涉及法治社会建设的论述，再次使用了"信仰"一词，指出"法律的权威源自人民的内心拥护和真诚信仰"[2]。

法律信仰的内涵十分深刻，既有外在表现又有内在精神，并且和宗教信仰以及其他信仰有着质的不同。法律信仰虽然和宗教信仰一样，带有很大的形而上学性，但它同时带有很大程度的超越性。信仰法律的法律人可以源于对法律的信仰舍弃对名利的追求而为法律献身，为了法律的完善而自我完善，从而实现对个体利益的超越。信仰一般来说包括三个要素，即信仰情感、信仰态度和信仰行为。信仰情感是信仰者对信仰的精神体验，是基于感觉、知觉或基于生命的本能而形成的一种心理倾向。信仰情感的形成有两个方面的原因，首先，所有的信仰体系中都有人生终极目标的指导。其次，信仰为人类在漫长的自然界和社会环境生活中对支配自己的外部力量所形成的依赖感、神圣感提供了寄托。人们对法律的情感也经历了一个漫长的过程。在希腊哲学和罗马法中，人们已开始萌发法律信仰，但还没有激起法律职业以外的其他人的向往之情。但在启蒙思想家的引导下，人们对上帝的依赖开始转向法律，甚至出现了对法律狂热的依赖。法律至上的法治观念开始出现，法官等被严格限制在法律范围内活动，对法典应绝对服从，由法律原则、法律概念、法律规范组成的自足体系能解决所有的社会问题。实际上，从当时的法学资料来看，启蒙思想的一部分人像今天的法治怀疑主义者一样，也看到了法律规则并不万能。但当时的人们仍然像飞蛾扑火一样去追求法治，这主要就是法律的情感所致。情感在很大程度上被认为是非理性的，但对法律的情感不属于迷信，只是反映

---

〔1〕 参见刘旺洪：《法律信仰与法制现代化》，载《法律信仰：中国语境及其意义》，广西师范大学出版社 2003 年版，第 8 页。

〔2〕 刘涛：《中国法律信仰的传统根基与建构路径》，载《法商研究》2016 年第 1 期。

了当时人们对法治社会的执着追求,因而,它在很大程度上是一种理性选择的结果。它是在理性主义驱动下明智的举动。[1] 信仰态度是信仰主体对信仰对象的信服、尊重和奉行程度的主观表现,是信仰中的关键因素和中间环节,人们对法律的态度直接影响其法律行为。同时,人们对待法律的态度取决于法律本身的价值是什么以及法律价值在多大程度上实现。对法律的价值认同在一般意义上决定了人们对法律的态度,而法律实施通过对法律秩序的恢复又强化了人们对法律的尊重。信仰行为是信仰主体在信仰观念指导下的活动,是信仰情感和信仰态度的具体体现。基于法律信仰而做出的行为与在被动状态下做出的行为不同,它是法治社会中精神生活的重要组成部分。

法律信仰在结构上包括法律认知、法律情感、法律意志、法律行为。认知是信仰的前提,无论科学的信仰抑或非科学的信仰都必须建立在一定的认知基础之上。但是,认知不等于认同,由于认知能力和认知水平的差别,人们对事物的认同感就可能不同,只有在认同的条件下,信仰才可能产生,认知只为信仰的产生提供可能性。法律认知指认知主体对法律及其相关现象进行信息加工的心理过程,是个体形成法律信仰的基础。从法律信仰角度探求法律认知的客体包括两部分:一部分是有关法的基本理念认知,如公平、正义、自由、秩序、诚信等法据以存在的价值基础以及对法的历史、起源等的掌握,从而对法形成一种科学、合理的理性认知,为将法律内化为自身价值观打好基础;另一部分就是对国家现行法律的了解与把握,对主要部门法的基础知识以及这些知识的应用与掌握。懂得法在个体实际生活中的应用范围,以及如何利用法律来保护自身的权益,形成权利意识,知道行为的法律界限。[2] 法律情感是个体对现行法律体系及其运行的态度体验和反应。作为法律关系主体之一的自然人,是理性和情感的结合体。其法律情感影响法律关系是否能良性发展,最终可影响到法律对社会关系调整的效力。法律意志是一种对法律终极意义的追求,是以知情意为主要特征的理性与具有强烈情绪情感的非理性的统一。法律意志是对自身知法、守法、护法的一种坚定信念,并以此为目的调节自身行为,克服困难,以期达到维护法律的一种心理过程。个体有了坚定的法律意

[1] 参见陈金钊:《论法律信仰——法治社会的精神要素》,载《法制与社会发展》1997 年第 3 期。

[2] 参见徐淑慧、苏春景:《法律信仰的特点、结构与培养策略》,载《教育研究》2016 年第 6 期。

志，一方面，会抑制触法行为，这是抵抗诱惑和欲望的坚强后盾；另一方面，有意识地加深对法律的认可感，会参与提高自身法律修养的活动。法律意志的具备，核心价值便是保证个体活动的适法，增加其对法律认知的自主性，清晰其对适法与违法的界限。法律行为是法律意志的外在表现活动，它以法律认知为基础，是法律评价和法律情感的表达和流露。[1] 法律行为是在法律需要和动机的驱使下，所具体从事的有关法律活动。这种活动包括以下三个层面：理论层面，通过对法律知识的涉猎，了解自身在社会生活中的基本权利义务，了解目前国家的基本法律体系及其运行状况；实践层面，通过参与涉法行为，成为法律实践的参与者；超理论实践层面，通过学习法律，对法律形成一种神圣的认知，当处于法律关系中时，其目标不仅是为了法律所约定的标的，而是追求对法的尊重，是对法所赋予的价值内涵的追求。总体来看，法律信仰是人们法律心理的有机整体系统，是法律认知、法律评价、法律情感、法律意志和法律行为的集合体，是现代法治国家公民所必备的法律精神。因此，塑造公民的法律信仰是实现全面依法治国的必要环节。

(二)法律信仰的类型

根据法律的产生方式将法律信仰分为自然型法律信仰、价值主义法律信仰与工具主义法律信仰。

自然型法律信仰是指法律中所蕴含的来自自然的、传统的价值内容，人们有意识与无意识当中深受其影响并对其有着深深的信赖。众所周知，我国的法律文化扎根于我国传统文化的基础之上。小农经济体制下的文化发展使我国民众自古以来对“传统习俗”尤为看重，在深受儒家思潮文化影响的封建政治统治之下，人们更多的是注重德的作用而非刑的作用。所以，在现代法律制度当中，人们对于与传统社会观念相契合的内容有着本性使然的认同感与尊崇感，有时候毋庸对其进行宣传与教导，人们随其本心也能做出正确的价值选择。人们对自然型的法律信仰是一种原始的和自发的信仰，且是绝对的信仰，是法律制度与人所追求的价值相统一的结果。

价值主义法律信仰是根据法律的价值功能而产生的。张文显教授认为，

---

[1] 参见李娜：《高等法学教育中法律信仰的培养》，载夏利民、李恩慈主编：《法学教育论》，中国人民公安大学出版社 2006 年版，第 36 页。

法的价值具有双重性质。一方面,它体现了作为主体的人与作为客体的法之间需要和满足的对应关系,即法律价值关系;另一方面,它又体现出法所具有的对主体有意义的、可以满足主体需要的功能和属性。[1] 从心理生成机制来看,任何意识的自觉性都不是短时期自发形成的,而是通过外在和内在两个方面共同作用产生的。在法治建设中,公众通过学习、体验,对法律的理念产生基本的认同,公众的权利意识逐渐觉醒,是法治建设的必然结果;反过来,公众权利意识的觉醒又促进法治的发展,又能坚定公众对法治追求的信念,进而促进法律信仰或者法治信仰的生成。因此,只要主体自觉该法律制度是对自身有价值的,能维护切身的利益,那必然的结果就是社会主体产生对法律的自觉信仰。所以,使社会公众了解我国现有的法律制度、知悉其所拥有的权利义务以及明确当自己的合法权益受到侵害时的具体维护途径,就会使其更加深切体会到我国现行法律制度对自身的价值意义,如此,便可有助于社会公众法律信仰的形成,在这一层面上形成的法律信仰可称为价值主义法律信仰。当然,对于这一类型法律信仰的形成从本质上来讲也是一种自发的、更具效益性的法律信仰。

工具主义法律信仰是法律作为维护统治阶级秩序的工具而产生的。法律是为了维护统治阶级的利益,由国家强制力保证实施的,基于此,法律制度从被制定出来就具有绝对的权威性与至上性。为了维护社会秩序的稳定,维护国家利益与社会公众利益,法律以其强制力与严酷性的角色在社会中发挥着重要的功能,当然在此并不否定法律的教育功能、预防功能以及规范功能等其他社会功能。法律的绝对权威与法律至上是法律信仰的核心内容,而作为国家统治工具的法律与生俱来所具有的权威地位,无疑为公众信仰法律提供了重要的外在保障。但是,工具主义法律信仰带有强制性与被动性,往往在实践运行中的成本高、效益低,但从另一方面来看,如果是合理性工具主义法律信仰,那么在不否定法律的工具价值之上,保证了法律的合理价值,也不免其将成为真正的法律信仰。

### (三)法律信仰的特点

法律信仰是以法律为认识客体而产生的一种强烈的信赖感,并在行动中

---

[1] 参见张文显:《法哲学范畴研究》(修订版),中国政法大学出版社 2001 年版,第 192 页。

以此为自己的行为准则,是个体关于法律的知情意行的合金,是人的法律精神的最高境界。[1] 法律信仰具有以下特点。

第一,法律信仰是科学理性的信仰。随着人类物质生产生活的进步,科学理性的信仰逐渐成为人类信仰的主旋律。科学理性的信仰是以充分的客观事实为依据,是对事物客观规律和发展趋势的审慎把握,它要求人们积极地投身于现实生活。法律信仰中的理性是一种富有逻辑性思维,并对法律知识具有构建升华作用的存在,是建立在法律客观存在与主观存在的统一基础之上。因此,接受了法律信仰就将人对法律的认识、对主体自身的体验(认知、情感、意志)统一起来,使主体形成明确的和稳定的法律观。

第二,法律信仰的稳定性与发展性。法律信仰的稳定性表现为它一旦形成,就成为个体人格特征的一个组成成分,因而具有稳定性。这种稳定性既建立在个体心理与生理的成熟基础上,更建立在法律及其信仰的本质属性基础上。法律信仰形成于青少年身心基本成熟阶段,这使法律信仰有了稳定的主体。稳定的主体必然秉持法律信仰进入定型稳固的形态。而法律及其信仰在本质上具有稳定性。法律信仰是对法律的公正性和威力性的信仰,而这正是法律的根本。所以,法律信仰一旦形成,便具有了稳定性。当然,法律信仰的稳定性不是绝对的,它随着个体阅历和经历以及认识的丰富深刻,随着法律的发展完善而发生变化,从而表现出发展性,法律信仰是一个不断提升飞跃的过程。稳定性体现在法律信仰的本质和性质方面,发展性体现在法律信仰的层次和水平方面。有了稳定性,法律信仰才有条件不断升华和拓展,不断向更高境界飞跃;有了发展性,法律信仰才能真正做到稳定,而且是越来越稳定。

第三,法律信仰是法治建设的基础。法律并不是单纯的行为规则,不仅是维护社会秩序的手段,它是精神和价值的结合体,法治实质上是精神原则指导下的价值选择。法律被信仰的行为提升了法律运行的活力。法律不是僵死的法条,而是可以带给社会与人们生活活力的质剂,法律被信仰的自然结果就是不断增加了人们对法律的热情,法律因此获得生命力。法治大厦的根基并不仅仅需要有一套完整的法治原则和制度,与之相对应的还需要有对法律的普遍尊重与信仰,如果没有对法律的普遍尊重与信仰,再完善的法治原则与制度

[1] 参见徐淑慧、苏春景:《法律信仰的特点、结构与培养策略》,载《教育研究》2016 年第 6 期。

都无法支撑法治的大厦。因此,法律信仰是法治的精神内核,是法治建设的基础。从立法、司法到执法、守法的过程都离不开“人”的参与,从而也就不可避免地会渗入人的主观意识。而法律信仰的树立首先从思想观念里面保证了人们对法律的绝对信赖和遵守,从而法律信仰的培育和形成也就确保了法律运行的每一个环节都建立在不同主体对法律的信仰之上。立法者、司法者、执法者与守法者,每一个推进法律运行的主体都在法律信仰的意识里推动着我国法律的运行和法治的推进,保证了在法律运行的每一个环节当中都不是机械的运作。建立在法律信仰意识之上的一系列法律活动,会在很大程度上激发法律运行的活力,从而赋予法律超越“工具主义”的生命力。[1]

第四,法律信仰是形成法律职业共同体的心理条件。法律信仰是法律职业人之间进行精神和心灵沟通的情感基础,它可以将法律职业人联结起来,形成以共同理想和信念为纽带的法律职业共同体。法律信仰为法律职业人提供了共同的理想和信念。有了共同的理想信念,法律职业人就有了共同的价值目标和价值取向;法律职业人的法治热情就发生汇聚并相互激励;法律职业人就有了共同的理论和概念从而形成共同的思维方式和技能;法律职业人就有了共同遵守的职业纪律。这些方面结合起来就是一种巨大的凝聚力,它是法律职业人为法治事业奋斗的力量源泉。

## 二、法律信仰在法学教育培养目标中的地位

法学教育在建设社会主义法治国家中具有基础性和先导性的战略地位,法学教育的程度在一定意义上已成为衡量社会文明进程和法治建设进程的重要标志。从传统上来看,我国法学教育的核心重点放在了培育学生对于主要的实体法、程序法具备全面的知识,以及进行法律解释与适用的能力上。一般认为这些知识和能力应足以胜任法院的民商事、刑事、行政审判的基本工作,将来经过短期学习即可胜任全部类型的审判工作。这实际上是一种以训练法官能力为主、忽视立法人才培养的法学教育方式,其显然已经不适合当下我国法治人才培养的现实要求。全面推进依法治国的总目标是建设中国特色社会

---

〔1〕 参见常高艳:《当代大学生法律信仰现状及培育对策研究》,西安理工大学 2019 年硕士学位论文,第 13 ~ 14 页。

主义法治体系,建设社会主义法治国家。在中国共产党领导下,坚持中国特色社会主义制度,贯彻中国特色社会主义法治理论,形成完备的法律法规体系、高效的法治实施体系、严密的法治监督体系、有力的法治保障体系和完善的党内法规体系,坚持依法治国、依法执政、依法行政共同推进,坚持法治国家、法治政府、法治社会一体建设,实现科学立法、严格执法、公正司法、全民守法,促进国家治理体系和治理能力现代化。与法治体系的覆盖领域、法治中国建设的需要相适应,对法治人才的范围必须要作扩大化的理解,中共中央办公厅、国务院办公厅印发的《关于完善国家统一法律职业资格考试制度的意见》提出:“法律职业人员是指具有共同的政治素质、业务能力、职业伦理和从业资格要求,专门从事立法、执法、司法、法律服务和法学教育研究等工作的职业群体。担任法官、检察官、律师、公证员、法律顾问、仲裁员(法律类)及政府部门中从事行政处罚决定审核、行政复议、行政裁决的人员,应当取得国家统一法律职业资格。国家鼓励从事法律法规起草的立法工作者、其他行政执法人员、法学教育研究工作者,参加国家统一法律职业资格考试,取得职业资格。”因此,法治人才应当包括立法、执法、司法、法律服务、法学教学研究等各类人才。特别是立法人才,即在各级人大或者政府的法制工作部门,负责起草、修改规范性法律文件的工作人员,更应被列入法治人才的范围。通过高等法学教育培养法治人才的法律信仰,既是法治人才培养的必要环节,也是保障法治人才培养质量的重要举措。高等法学教育作为培养法治人才的专门教育,承担了这一历史的重任。可以说,全面依法治国和法治国家建设在很大程度上取决于法学教育的成果。因此,我国高等法学教育必须重新审视法学教育的目标和任务,为社会培养优秀的法治人才,并通过法治实践将法律信仰传递给社会公众,使法律信仰在人们心中长久生根,使民族精神得以弘扬。正如卢梭所言:“一切法律中最重要的法律既不是铭刻在大理石上,也不是铭刻在铜表上,而是铭刻在公民的内心里,它形成了国家的真正宪法,它每天都在获得新的力量,它可以保持一个民族的精神。”[1]法学教育的任务就在于此。

(一)彰显法律价值的必然要求

法学教育最崇高的目标应体现为对法律价值的弘扬,将自由、秩序、正义

〔1〕[法]卢梭:《社会契约论》,何兆武译,商务印书馆1980年版,第73页。

这些代表社会道德、良知和人类进化的美好目标植入法律人的心灵，使其成为反思、完善法律目标的依据。法律价值有哪些？自古以来就成为人们不断争执的焦点。我国法学界比较权威的观点认为，秩序、正义、自由和效益是法律的四大基本价值。[1] 在这四大价值之下，隐藏着更深层次的法律价值——法律信仰。秩序、正义、自由和效益是法律的基本价值，法律信仰是法律的派生价值。正是由于法律的制定和适用体现了人类社会对秩序、正义、公平和效率等美好价值的追求，因而法律必须被信仰，否则，法律所体现的秩序、正义、公平等将无以为系，法律效率也很难提高。一方面，信仰是一种力量，它巩固、支撑法律得以存在和发展，使秩序、公平、正义的价值观念得以落地生根并最终实现。同时，信仰更是建立、维持法治的最低成本。在许多情况下，法律规则是无能为力的，而信仰却能起到微妙的作用，它指引人们应该做什么，不应该做什么，以及怎样去做，在信仰的有力支撑下，无疑会降低社会的治理成本。另一方面，信仰本身也是法治社会不可或缺的价值依归。任何社会都必须有价值理念和价值追求作为根基，而信仰则是这一根基的重要表现形式。时至今日，法治越来越成为人们共同追求的目标，社会的终极价值更加包含了信仰的内容。法律应被信仰表明，法治不应只是一种治国手段和工具，而应是一种理想的状态。“在任何一个社会，法律本身都力促对其自身神圣性的信念。它以各种方式要求人们的服从，不但诉诸他们物质的、客观的、有限的和理性的利益，而且求诸他们对超越社会功利的真理、正义的信仰。”[2]法治社会中的信仰缘于人们对公平、正义的积极追求。法律信仰正在同秩序、正义、公平、效率一样成为人们生活的精神准则，引领着人们向着社会有序生活的方向前进。[3] 因而，法学教育中必须要重视法律信仰的培养，这样才能使法律信仰真正深入法治人才的内心，认识到法律价值的重要意义，并成为法律价值的自觉践行者。我国当今高校的法学教育主要注重知识的培养，而往往未充分重视对学生的信念的培养，如果长此以往连我们培养出的法律学生都没有对于法律的信仰，那么也会影响我国的法治化进程。

---

[1] 参见张文显：《法哲学范畴研究》（修订版），中国政法大学出版社 2001 年版，第 175 页。

[2] [美]伯尔曼：《法律与宗教》，梁治平译，中国政法大学出版社 2003 年版，第 18 页。

[3] 参见李娜：《高等法学教育中法律信仰的培养》，载夏利民、李恩慈主编：《法学教育论》，中国人民公安大学出版社 2006 年版，第 43 页。

### (二)符合法学教育的内在要求

法治人才的培养要求法学教育不仅在于对学生规范知识的传授与操作技巧的训练,而且更在于培养其法律精神和法治信仰,掌握法律思维方法和运用法律语言。可见,培养法律信仰符合法学教育的这一内在要求。

首先,法学教育为信仰能力的形成奠定知识基础。法律信仰是一种理性信仰。理性是与非理性相对的一个命题。我们之所以说法律信仰是理性的而不是非理性的,是因为法律信仰的理论命题是建立在法律科学及已经得到法律科学证明结论的基础之上。因而法律信仰与知识特别是法律知识密不可分:知识是信仰形成的前提和基础。只有掌握了知识,才可能使信仰具有科学的确证性。将法律知识组织起来并使之科学化和为法律信仰传播布道的是精通法律知识的学者。特别是欧洲大陆,从中古的阿佐、阿库索斯、巴尔多鲁,一直到近代的普芬道夫、萨维尼,无一例外都是大学讲坛上的教授。在当代社会,法学教育是人们获取法律知识的主要途径。因为法学教育培养法治社会的主体——法律人的根本目标的实现,离不开知识特别是法律知识的传授。法学教育通过科学的课程设计,合理的教学安排,为学生构建了合理的知识框架,为法律信仰提供了知识基础。虽然接受法学教育不意味着就养成了相信与怀疑的能力,但是具有相信特别是具有法律怀疑能力的人必定是精通法律知识和掌握与法律相关领域知识的人。唯有知才可能信,有了信才可能对其作进一步的反思。从这个意义上说,法学教育为相信和怀疑能力的形成提供了知识基础。

其次,法学教育激发信仰意识,推动法律信仰的形成。所谓信仰意识是人的自我意识的一部分,是人对自己信仰的认识。信仰意识是信仰形成的推动力。从信仰意识发展的逻辑来看,信仰意识包括初级发展阶段和高级发展阶段。初级发展阶段表现为单纯的相信意识,高级发展阶段则表现为一种反思意识。法律信仰意识的形成和发展也表现为从自发到自觉、由低级到高级的过程。一方面,通过法学教育,有助于法学教育启蒙学生的相信意识。法学教育通过多种途径将法律专业意识呈现在学生面前,能够使学生意识到自己将是法律职业共同体中的一员,法律不仅是自己行为的标准,更为重要的是使学生意识到法律将成为他们评判社会是非曲直的标准,从而启迪学生对法律的自发的相信意识。另一方面,法学教育激发初级信仰意识向高级信仰意识的转化。法学教育的学术自由的氛围和教与学的内在机制促进学生反思意识的形成。反思意识表现为两个方面:对法律信仰对象即法律的反思和法律信仰主体自身的反思。前者就是指法律怀疑精神,即对法律是否完美的思考。后者则是针对信仰主体自身的思考,反思意识形成的前提是独立思考能力的养成。独立的思考能力是法律反思意识的必要条件,只有具备独立思考能力的人才可能在自发的相信意识的基础上启动怀疑性思维。没有独立的思考能力,即使掌握的知识再丰富也只是知识的静态仓库,而不可能对其进行理性的思考,进而也不可能为法律认识的发展、深化有所作为。法学教育不仅培养懂得法律知识的法律实践操作者,还要培养推进法律知识进步的法学家和理论研究者,因此独立的思考能力的培养在各高等院校中日益成为人们关注的重点。法学教育通过教与学主体之间的平等的对话、讨论,在人类法律思想领域展开永无止境的探索,使学生养成理性思考的习惯,从而为法律信仰意识形成奠定能力基础。[1]

最后,法学教育可以为法律信仰的形成提供目标、依据。法律信仰的形成依赖于社会主体对法律信仰对象精神的深刻领悟,依赖于社会主体对自身信仰意义的把握。法律信仰是主体对法律价值和自身价值的确定性的追求。也就是说,社会主体在解决了法律为什么值得信仰和作为法律人自身树立法律信仰的必要性问题之后,理性的法律信仰才可能得以形成。法学教育在解决这两方面问题中起着无可替代的作用。一方面,法学教育不仅传承着人类法治文明进化结晶的知识,更为重要的是传播的法学知识中所蕴含的秩序、正义、自由等法律价值。另一方面,法学教育全面弘扬法治理念,它不仅表达了法律制度对于法治的不可或缺性,还表达了社会主体特别是法律人对法治的必要性,从而有助于激发学生的社会责任感,引导学生反思法律人确立法律信仰的意义。

### (三)培育法律信仰是推动法治国家建设的内在要求

培育以宪法为核心的法律信仰,全面推进依法治国,走法治道路是我们凝聚社会共识的理想途径。法治不仅是指依法办事,更重要的是认同法治价值、弘扬法治精神、恪守法律规则、崇尚法律权威,形成共同推动法治的力量。党

---

〔1〕 参见房文翠:《法学教育价值研究》,吉林大学2003年博士学位论文,第152页。

的十八大把法治作为社会主义核心价值观的一大要素,就是要让法治成为一种全民信仰,化为社会文明进步的强大动力。法治建设首先离不开民众对宪法、法律的认知、认同、信任和信仰。因此,培育以宪法为核心的法律信仰是目前我们凝聚社会共识、促进社会和谐的理想可行的途径。可以说,在法学教育中培育法律信仰,有助于更好地发挥法治人才在立法、执法、司法、守法等法治实践中的关键作用,确保法治建设的顺利开展。

古希腊哲学家亚里士多德曾谈道:法治应包含两重意义,已成立的法律获得普遍服从,而大家所服从的法律本身又应该是制订得良好的法律。因此,良法的制定是实现法治的重要前提。同时,法律信仰在其本质上也要求所信仰的法律必须是制定的良好的法律,即良法,由此,我们可以发现法治与法律信仰在根本意义上是相互统一、协调一致的。由于法律是社会正义和秩序的体现,因此,法律信仰从终极意义上来看,是对社会正义和秩序的信仰。在将社会正义和秩序的价值追求和理念转化为制定法的过程中,法治人才对法律的信仰是关键。法治人才的法律信仰对立法具有间接指引和直接指引两种指引作用。立法需要法律信仰的价值指引,全社会法律信仰的形成是立法的主观基础和思想根源。公众的法律情感和对法的神圣性的观念以及在此基础上所形成的法律信仰,是法存在并具有效力的依据。而全社会法律信仰的形成需要以法治人才的法律信仰为先导,由法治人才的法律信仰到全社会的法律信仰。最后,社会主体的愿望经由国家意志上升为法律,即为法治人才的法律信仰对立法的间接指导作用。另外,法律是由立法机关依照法定职权和法定程序制定的,其中立法工作者在法律制定中作用不应忽视。在我国,立法工作者中有许多是高等法学教育培养的法治人才,他们的法律信仰直接影响法律的制定,影响着社会正义和社会秩序价值的实现,这实际上是立法工作者的法律信仰对立法的直接指引作用的体现。

在法律实施过程中,法律意识起着重要的调整作用。法律意识越强,其调整法律适用的作用就越大,法治和法律秩序也就越巩固。在我国,高等法学教育培养的法治人才有相当一部分成为法律适用的主体,如行政执法人员、法官、检察官等,同时律师也在法律实施过程中发挥着重要作用。在法律适用中,法治人才的法律信仰对于法律适用的调整作用首先表现在对法律的解释上。实践中,司法人员的法律信仰决定着他们对法律精神实质的理解与把握,并直接关系他们所作出的法律决定的正确、合法与否。法律适用的效果如何也与执法者的法律信仰有很大的关系,因为法律适用需要执法者对法的忠诚,不允许执法者贪赃枉法,践踏法律的尊严。

同时,培养法律信仰有助于促进对法律的遵守。从认识论的视角看,知识一定是信念,法律常识只有被知晓才能被遵守。法治是精英的,更是大众的;法治理念价值以及规范原则只有社会化并为社会成员所接受、认可,法治才是现实的、有力量的。法治社会化的标志是社会主体守法精神的生成,重要的是内化为社会生活方式的组成部分。[1] 对法律的信仰是守法坚实的思想基础。美国法学家伯尔曼说过:"没有信仰的法律将退化成为僵死的教条","法律必须被信仰,否则它形同虚设。"[2]法治人才的法律信仰对法律遵守起着积极的促进作用,人们源于自身信仰对法律的遵守是法治建设必不可少的精神推动力和内在保障。在法律的适用中,适用主体的法律信仰促使其严格依法办事,自觉带头守法,排斥滥用权力,在社会正义和秩序的理念下,严格依据法律规范和法律原则秉公办事,平等对待当事人,以实现法律的立法目的和法律理想。可以说,在法治实践中,法治人才只有严格依法办事,遵守法律,才能够成为其他公民行为的榜样,进而使所有的人形成对法律的信仰,促进整个社会正义和秩序的实现。随着法律制度的健全和法治观念的提高,当前,我国公民的法律意识、法律素质已经大大提高,公众的法律思维也在这一过程中逐渐形成,这标志着我国法治建设的一大进步。尤其是法科学生——作为法治中国建设的后备力量和主力军,他们的法律信仰状态,在一定程度上决定了我国法治建设的实际情况。但就实际情况而言,当前我国法科学生的法律意识、法律素养、法律思维等都在不同程度上有所不足。为了保证法治建设的顺利开展,实现依法治国的伟大目标,我们必须从家庭、社会、学校以及学生自身等各个方面出发,培养法科学生的法律意识,从理论和实践中把握学生法律信仰的形成。法治中国的建设离不开全体社会公民的共同努力,当然也离不开法科学生的共同参与和建设,培育法科学生的法律信仰是依法治国、建设社会主义法治国家的重要内容和内在要求。

---

〔1〕 参见范进学:《法的观念与现代化》,山东大学出版社 2002 年版,第 224 页。

〔2〕 [美]伯尔曼:《法律与宗教》,梁治平译,中国政法大学出版社 2003 年版,第 28、64 页。

## 第二节　法学教育中培养法律信仰的途径与方法

### 一、法学教育中培养法律信仰的途径

法律信仰不可能自发形成,法科学生法律信仰的树立需要经过法学教育的积极引导和培育。因此,在法科学生的教育培养中如何引导其树立法律信仰成为根本性问题和关键所在。法律信仰是赋予法律以生命力的主体心灵状态,究其而言,则为法治具有合法性的自然结果和外在确证。基于此,法律信仰的树立显然离不开法治实践。因此,法学教育中培养法科学生的法律信仰也必须立足于法治实践,通过各种教学方式的运用以及实践教学环节的开展,以增强学生对法律的认知,激发其法律情感,达到对法律精神的正确领悟和对法律价值的正确评价,从而形成法律信仰。可见,法律价值体验是培养法律信仰的重要途径。在法学教育中,必须依托法治实践,使学生能够主动体验和认同法律的价值。体验实际上就是亲身经历,体验作为一种认识方式是以实践认知为基础,通过发挥主体自身的主观能动性,运用自己的知识,综合分析认识对象,从而把握认识对象的实质。法律价值体验是主体法律体验的最高层次,是指主体通过对法律这一社会现象的把握、思索其对人类需求满足状况的实践——心理的活动过程。法律价值体验的对象法律及其价值,由于法律制定的人为性和主体认识的差异性,人们对法律价值的体验结果多数情况下是不相同的,这实际上也反映出法律价值的体验过程是极为复杂的。主体在法律价值体验后,应当形成相关的法律价值理念,如正义、秩序、自由、效率等,法的根本目的在于正义的实现。追求法律制度正义与追求执法、司法程序正义始终是法的正义价值取向。正义包含有自由、平等等基本要求,人们对这些要求的承认与否构成了基本的正义观念。秩序则是法的另外一种重要价值,秩序实际上是一种社会环境状态,是一种有序而不混乱的状态,表现了社会公众对社会安全的一种向往。人们只有在认识到法律的这些价值后,才有可能信任法律、忠于和遵守法律,并最终形成对法律的信仰。

法律价值体验过程可分为实践过程和认识过程,包括法治实践、法律认知、法律情感和法律价值评价等环节。[1] 其中法律认知、法律情感和法律价值

---

〔1〕 参见谢晖:《法律信仰的理念与基础》,山东人民出版社1997年版,第199~200页。

评价是形成法律信仰最重要的心理基础。法治实践是主体制定和适用法律的过程,包括立法实践、执法实践、司法实践等。主体的法律价值体验离不开法治实践,从法治实践的形式来看,既有直接的法治实践,也有间接的法治实践,其中直接参与立法、执法、司法,直接运用法律行使各种权利、履行相关义务,直接对法治实践活动的相关环节进行监督等属于直接的法治实践;通过学习了解立法、执法、司法、守法等法律实践状况属于间接法治实践。在我国的高等法学教育中,除了安排毕业实习,开展一些旁听案件审理及参观观摩外,法科学生总体来看真正接触法治实践的机会相对而言并不太多。在课堂上教师讲授的多是法学的基础知识、基本原理和法律的具体条文规定,学生不能很好地把握法治实践的发展动态。因此,学生对法律的理解停留于形式,对法律价值的实践体验较少,不能真正理解法律所体现的正义、秩序等基本价值的深刻内涵,最终难以形成对法律的信仰。当前,我国正处于各方面高速发展的时期,各种利益诉求相互交织、相互作用于社会生活的方方面面。而法学理论与法治实践的矛盾对我国法科学生法律信仰的培育产生了重要的影响。一方面,法治实践在一定程度上超出了法学理论教育的界限,导致法学理论教育无法为动态发展的法治实践提供理论供给;另一方面,法治实践的复杂性同样导致法学理论教育呈现碎片化的研究弊端,使之无法与中国法治进程中的法律实践相契合。但法律信仰问题,从来都不只是一个单纯理论或实践的问题。此外,真正的法律信仰包含法治实践的内容。法律信仰不仅是内心有着对法律的深刻了解、认同和依赖,同时也在外在的行为上表现为对法律的自觉遵守与服从。但由于我国当前高等法学教育对法治实践的重视度不够,法科学生在对法律的学习上更看重理论的学习,导致部分学生在真正进入社会,面对实际问题时,缺乏准确运用所学法律知识的能力,比如,在实际案例的分析中无法准确对应相关法律法规内容,对待实际问题不会运用法律思维进行分析,难以对相关法律问题和观点进行有逻辑、有次序的表述等。这些现象的出现都在一定程度上表明当前我国部分法科学生欠缺法学理论知识的运用能力,往往是处于把法学知识和法学理论的学习停留在头脑里的状态,无法在实际生活中外化、应用所学知识。仅用理论知识的教育来说服学生认同法律、信仰法律是很难实现的。纯粹的理论教学无法在学生内心形成对法律的真正信仰,唯一的办法就是在不断的实践中检验所学法学理论的真实性与可靠性,通过运用法律来增强学生对法律的神圣体验感、坚固学生的法律信仰意志,才能保证学生形成真正的法律信仰。

法律认知是指认知主体对法律及其相关现象进行信息加工的心理过程。主体形成法律认知的原因多种多样,不同的原因将会导致不同的认知结果。成为信仰的认知必定是存在于人们的内心中的,这种认知和良知并存,某种意义上讲,它已经突破了法律条文本身所表达的意思,认知到了条文背后的法律价值,即公平正义的属性。由于法科学生所受的法律教育相对于其他公民来说,综合而具体,深入而全面,因此,他们对法律的认知程度较高,更容易体验到法律的价值。当然,这种体验也需要指引才能实现,所以法学教育的任务就是为法科学生提供更多参与法治实践的机会,把专业学习与法治实践有机结合起来,促进学生形成对法律更深层次的认知。

主体经过法治实践和法律认知后,会强烈感受到法律和社会生活的紧密关系,认识到法律的重要作用,进而形成对法律的强烈需求和对法治精神、法律价值的向往和尊崇,这种向往和尊崇实际上即是法律情感。情感是人类心理活动的重要组成部分,也是一种复杂的心理现象。它是人对客观事物的主体性反映,是主体对客观世界积极投射的结果,是人内心世界的外化。“人的心灵不仅易于感受同情的兴奋,它也深深地渴望把自己的情感交流给其他的心灵并得到他们对于这些情感的反映。当我们高兴或痛苦时,我们渴望人们都表现出我们的快乐或悲痛;当我们在爱与恨、在崇敬或轻蔑的时候,我们努力地传播我们的情感,而在周围人们的情感与我们不同的时候,我们就觉得痛苦。”[1]对法律的需求是信任法律的表现,也是激发人信仰法律的最基本因素。同时,主体对法律的需求感增加了,法律的价值也就越来越能够得以有效彰显,法律在社会生活中的地位也就越来越高,其权威性从而会不断得到强化。法律价值体验不是一种本能的适应活动,而是必须以一定的法律认知为基础。法律认知能否完成则受法律情感的影响。这种影响可能是积极的,即法律情感积极地影响人的法律认知;也可能是消极的,即法律情感阻碍法律认知,特别是不良的法律情感促成的消极心理定式,会成为法律价值体验中的障碍因

---

〔1〕［德］弗里德里希·包尔生:《伦理学体系》,何怀宏、廖申白译,中国社会科学出版社 1988 年版,第 510 页。

素。因此,一个国家要实现法治,就必须培养公民特别是法治人才的正确法律情感。况且,在法律价值的体验过程中,法律本身的要素也“赋予法律价值以神圣性,并且因此而强化了民众的法律情感:权利与义务的观念,公正审判的要求,对适用法律前后矛盾的反感,受平等对待的期望,忠实于法律的强烈情感及其相关物,对于非法行为的痛恨,等等”[1]。正是缘于这些法律情感的滋养,才有可能使法科学生形成对法律价值的认同和对法律的信仰。

同时,还应看到,在法律信仰的形成过程中,法律评价和法律价值评价实际上也发挥着重要作用。法律评价和法律价值评价是两个联系密切却又不是完全相同的概念。一般而言,法律评价较为宏观也较为客观,它是主体对国家的法律制度是否能够保障社会主体的正当合法的权利,是否能够实现社会正义,是否能够有效维护社会秩序,以及是否有利于社会生产力的发展和社会文明的进步所作出的判断,法律评价是形成法律信仰的必要条件。法律价值评价是主体完全以自身的法律需求为根据对法律满足其需求状况进行心理或行为的评判验证活动。自身需求是否得到满足是主体进行法律价值评价时的主要参考依据。法律价值评价往往表现出强烈的实用性、功利性和目的性特征。评价活动深受情感的影响,带有明显的情绪体验性质,表现出对法律价值的好恶倾向以及肯定或否定态度。法律价值评价和法律信仰并无必然联系,这是由于主体的需求因人而异,但法律价值并不旨在满足社会单个个体的需求,这就造成了主体对法律价值的评价不同。在这些法律价值评价中,有些是正确的,顺应了社会发展的要求;有些是错误的,仅仅是主体主观需求是否得到满足的反馈。因此,理性化是对法律价值评价的总体要求和目标。法律价值评价的理性化,就是法律价值评价的科学化,使法律价值评价和法律价值尽可能地趋于一致。法治人才法律价值评价的理性化对于法治建设具有重要意义。其原因在于:对法律价值的科学总结是实现法治的重要条件,法律价值本身回答了法律制度的正当性、合理性问题,是法律具有权威性的基础,当然也使法治得到社会公众拥护和认可。因此,法治的实现需要人们对法律价值的科学认知。

---

[1] [美]伯尔曼:《法律与宗教》,梁治平译,中国政法大学出版社 2003 年版,第 13 页。

## 二、法学教育中培养法律信仰的方法

虽然法律价值体验的最终环节和目的是用理性思维形成理性判断和认识,其过程却需要实践的积累。因此,在高等法学教育中,法律价值体验必须通过一定的教学方法来实施,通过多种教学手段的运用使学生切身领会法律的价值,增强对法律的情感认同,形成对法律的信仰。

### (一)加强实践教学环节

我国法学教育长期以来普遍存在重理论、轻实务的问题,正是由于知识教学与实践教学之间的割裂和鸿沟,使实践教学课程的安排几乎在很大程度上独立于知识教学之外,甚至知识教学与实践教学的内容完全不一致,没有真正实现知识教学与实践教学"相辅相促"的良性结合。学生法治能力的培养,既是法学技能的培养,也是对法治理念的培养。法治理念虽然主要在知识学习中养成,但缺乏实践的熏陶和冶炼,只能是空洞的法学口号。同理,法学技能的培养也离不开知识学习中理论的积淀和理念的养成,缺乏法治思想和法治思维的实践技能,只能是按部就班地被动性工作,也只能成为单纯"以法为器"的"法匠",而不可能成为法治人才。因此,法治能力的养成,必须由知识教学和实践教学交互式、贯通式的开展进行,才能使学生养成真正立足于本国国情、民情、法情的法治意识,养成真正能够运用本国法律解决本国问题的能力。[1] 由于实践教学的不足,因此,也就难以为学生提供法律价值的体验机会,这显然不利于法学法律信仰的培养。

习近平总书记在考察中国政法大学时强调:"法学学科是实践性很强的学科,法学教育要处理好知识教学和实践教学的关系。"因此,在法治人才培养中必须要加强实践教学环节,将实践教学贯穿于法治人才培养的始终,这不仅是培养法治人才专业素养的要求,也是培养其法律信仰的基本方法。法律信仰的培养需要主体亲历法治实践的具体环节,在参与法治实践的过程中体验法律的价值。实践性教学环节有助于学生熟悉法治实践的意义和体会各种法律仪式的神圣。但这种仪式化的重要性,在司法实践中却是很容易被人们忽略

---

〔1〕 参见于志刚:《法治人才培养中实践教学模式的中国探索:"同步实践教学"》,载《中国政法大学学报》2017 年第 5 期。

的。在许多国家的法学教育中，为了保障实践教学的开展，开设了大量的实践性课程。也许他们的目的并不在于培养学生的法律信仰，但无论如何在效果上却达到了这一点。[1] 从我国法学教育的实践来看，针对实践教学不足、实践教学效果不强的现实，应当重点加强以下环节：一是重视课堂实践教学的开展。课堂实践教学环节主要是教师通过对教学方法和教学内容的改革，使课堂成为进行实践教学的平台。教学方法由传统的讲授式、传授式向研究性转变。同时，在教学方法上为了弥补概念化、抽象化和机械化的中国传统法学教育体系的不足，教师应在授课过程中更多地引入问题教学、案例教学、研讨式教学等教学方法。其中，研讨式教学模式以问题为中心，以研究讨论方式展开教学，这与源于哈佛大学的案例教学方法不谋而合，它们均是主动性、反思性的学习方式。因此，将研讨式教学与案例教学结合起来，有利于发挥学生学习的能动性，解决法学教育中理论和实践脱节的问题。传统注重基础知识和基础理论的讲授方法虽然可以造就学生扎实的专业功底，但是其局限性明显，学生习惯于被动地接受知识，对问题缺乏主动探究的兴趣，影响了学生将知识运用于实践的能力。而研讨模式的教学则是以问题为导向，基础性、思考性、前沿性的问题形成了不同的问题层次：基础性问题可以锻炼学生对基础知识的归纳总结能力；思考性问题能够引起学生的好奇心，促使其产生问题意识；前沿性问题则会进一步拓展学生思维，发掘新的观点和方法。二是加强学生社会实践环节的训练。暑期社会实践活动对于法学专业学生了解社会、了解基层有很重要的意义。通过开展暑期三下乡、大学生支教、社会调查等活动，学生能够接触到社会的真实情景。而从事法律职业，需要从业者具备对社会伦理、社会风俗等的充分了解。可以采取的实践活动有法律诊所、社区服务、法制宣传教育等。通过法律诊所教育，学生直接面向社会开展相关法律服务，在指导教师的指导下为处于困境中的相关人员提供各种法律帮助，这既有助于学生通过实践训练自己的法律职业技能，又能够切身体会法律的作用和法律的价值，从而增强其对法律价值的认同和对法律的信仰。

对法科学生来说，法学实践教学的开展是其法律价值体验的重要过程。

---

〔1〕 参见李娜：《高等法学教育中法律信仰的培养》，载夏利民、李恩慈主编：《法学教育论》，中国人民公安大学出版社 2006 年版，第 59 页。

在知识的学习中，任何经验的传授都不如直接体验更深刻和直观，通过增加法学实践课程，强化实践教学环节，可以增强学生对法律及其价值的感性认识，进而形成学生在感性认识之上对法律价值的理性评价，促进法律信仰的形成。

（二）改革人才培养模式，增强学生对法律的情感认同

由前面的论述可以看出，法科学生法律信仰的树立的根本途径是其法律价值体验，而在法学教育中这一目的的达成又是通过具体教学方法的实施来实现的。法律情感的增强是通过对法律的认知一点点积累的，法律信仰的养成是通过法律情感的滋养一步一步形成的。从法学教育实践来看，人才培养模式的改革实际上又起着重要作用。

1. 可以参考外国经验，明确培养目标

只有确立明确的培养目标才能培养出优秀的法治人才。当今各国对于法治人才的培养主要集中在通过法学教育将为社会输送什么样的人才。培养的模式主要有美国以培养法律工作者为主的模式；德国以培养具有法律理念和职业技能为目标的培养模式；日本和韩国把法学教育与法律职业严格分离的培养模式。笔者认为，我国可以参考德国的培养模式，不仅要培养学生具有解决实践问题的能力，更要培养学生具有法律的信仰。如果学生只具备相应的能力，而缺乏对于法律正义信仰，那么这样的人对于整个社会不仅不会有益处，还很可能是有害的。只有当我们所培养出的将来从事法律工作的学生具有法律信仰，敢于为法律的正义而献身，这样才能逐渐地影响整个社会，促进整个社会的法治化建设进程。培养学生的法律信仰最主要的就是教师的言传身教，只有作为教师自己真正具备对于法律的信念，他才能通过身体力行将这种无形的东西传授给其学生。

2. 确立学生主体性地位，确保学生法律认知的积极性和主动性

在教学过程中，学生应当是主体而不是客体。但长期以来，我们的教学理念是典型的“教师中心论”，学生却并没有作为真正的学习主体。确立学生的主体地位，从而师生之间的关系实现了从“人格分等”到“人格平等”的转变。威廉姆·多尔认为，教师无疑是一个领导者，但仅仅是作为学习者团体的一个平等的成员。因此，将教师的角色定位于“平等中的首席”（first among equals），教师从外在于学生情景转向与情景共存，教师是内在情景的领导者，

而不是外在的专制者。[1] 实际上,学生不仅具有意识和激情,而且具有学习的需要和目的。在学习过程中,学生具有充分的能动性来体现自己的内心追求。况且,法律信仰的形成最终需要主体对法律及其价值的内心认同,主体的自身体验才是根本途径,仅凭外在的灌输不可能形成对法律的真诚情感和忠诚的信仰。确立学生的主体地位是法律价值体验的心理基础和手段保障。在教学过程中,只有确立学生的主体地位,才能促进学生从心理上注重法学知识和法学理论并在情感上认同法律。同时,确立学生的主体地位,能够增强学生的学习兴趣,促使学生主动对法律形成认知,对法律产生情感。随着学生对法律情感认同的不断增强,法律信仰也就会不知不觉地得以形成和树立。

3. 采用启发式教学方法,促进学生法律情感的形成

长期以来,在法学专业的人才培养过程中,我们主要采用的是灌输式教学方法,它是以教师讲授为主,以教师布置作业、教师提问为辅的一种传统的教学方法。这种方法并不能满足学生进一步学习的需要,也不利于调动学生在教学过程中的积极性和主动性,这实际上也就很难培养学生的法律思维和法律信仰。启发式教学方法的运用是要求教师通过多种教学方法引导学生,使学生通过对法律的学习能够进入"把法律看作生活终极意义的一个必不可少的部分,具有'围绕一切意义领域'之'神妙幽微',对法律报以虔诚敬畏之情,并在此基础上构筑逻辑和政策"[2]。启发式教学方法有助于深化学生对个人价值、社会价值和法律价值的全面认识,促进学生法律情感和法律信仰的形成。可以说,启发式教学方法对于塑造一个真正意义上的法治人才十分重要。在教学过程中,它能够有效强化学生对法律知识和法学理论的掌握,形成法律思维,从而在理性上更加认同法律价值,最终形成对法律的坚定不移的信仰。因此,启发式教学的过程实际上也是一个使法科学生对法律的认识由表及里、外在的知识不断内化为自身信念的过程。

4. 提高教师专业素养,确保学生对法律价值的正确认识

教师是学生进行法律价值体验的引导者,也是学生对法律价值进行理性评价的指导者。因此,法学教师专业素养的高低对于学生法律价值体验的效

---

[1] 陆有铨:《躁动的百年——20世纪的教育历程》,山东教育出版社1997年版,第172页。

[2] [美]伯尔曼:《法律与宗教》,梁治平译,中国政法大学出版社2003年版,第27页。

果来说至关重要。高素质的教师能够凭借自己的知识和能力,促进学生对法律价值的体验,正确引导学生对法律价值形成理性评价。这就决定了教师必须具有较高的专业素养才能胜任培养法治人才的重任。同时,只有教师本身对法律具有坚定的信仰,才有可能培养学生对法律的信仰。对于高校法学教师而言,必须具备以下专业素养:一是高校法学教师必须精通法学理论,熟悉法治实践。作为法学专业教师应当对法学理论有系统、深入的研究,能够深刻把握法律的内在精神和基本原理,能够在教学过程中不仅将法学知识传授给学生,还能够通过对法学理论和法律精神的讲授,给学生以心灵的启迪,引导学生把握法律精神,形成法律思维。同时,教师只有熟悉法治实践,才能引导学生进行法律价值体验,形成对法律价值的正确评价。二是高校法学教师必须具有较为丰富的法治实践经验。法学是一门实践性很强的社会科学。法学教师仅仅掌握书本知识并不能有效引导学生进行法律价值体验。法学教师不仅要精通法学理论,同时还要具有较为丰富的法治实践经验。只有在教学过程中做到两者的有机结合,才能使学生切身体会到法律在法治实践中所发挥的具体作用,从而自觉树立起对法律的崇敬和信仰。

# 第七章　立德树人与法学教育中法治思维的养成

## 第一节　法律思维的特征及基本内容

### 一、法律思维的含义及其特征

#### (一)法律思维的含义

法律思维是思维的一种类型,在对法律思维进行分析之前,有必要首先厘清思维的含义。思维是一个涉及哲学、心理学、生理学诸多学科的概念。思维是客观事物在人脑中间接的和概括的反映,是借助语言所体现的理性认识过程。

从词源上来看,对思维的解释最早可以追溯到亚里士多德时代。亚里士多德认为,思维一般包括两种形式,即"沉思"和"审慎",前一种思维可以使人获得对事物的认识,即获得理论理性;后一种思维可以使人作出正确的决策,即获得实践理性。人类的思维总是由这两种理性发生作用。从认识论上看,辩证唯物主义认识论认为,人的认识是一个辩证的发展过程,包括感性认识和理性认识两个阶段。感性认识是由客观事物直接作用于感官而引起的,是对客观事物外部联系以及现象的认识,是认识的初级阶段。理性认识不同于感性认识,它是在大量的感性材料的基础上,进行由此及彼、由表及里、去粗取精、去伪存真的加工的结果。实际上,理性认识的过程就是思维的过程。可见,思维是人脑对客观现实概括的和间接的反映,它反映的是客观事物的本质及其规律性联系。因此,所谓思维,一般意义上是指依照逻辑推理来观察、认识、判断客观事物在人们头脑中的反映,并以语言、文字等形式加以表现的,以达成认识和实践的活动。[1]

---

〔1〕 参见滕丽:《试论法律教育中法律思维的养成》,载夏利民、李恩慈主编:《法学教育论》,中国人民公安大学出版社2006年版,第65页。

关于法律思维的概念,学界有不同的认识,郑成良教授认为,法律思维是指按照法律的逻辑(包括法律的规范、原则和精神)来观察、分析和解决社会问题的思维方式。[1] 陈金钊教授认为法律思维是指法律思维方式,是人的认识定式和认识运行模式的总和。法律思维方式包括三个方面的内容,即法律思维结构、法律思维方法和法律思维程序。法律思维结构是法律思维的前见,由法律心理、法律理论和法律经验三部分构成;法律思维方法是法律思维的手段和工具,其包括作为思维过程的操作方法和作为理论工具的方法,如法律解释、法律推理、法律论证、价值衡量等方法;法律思维程序是法律思维从一个环节向另一个环节有序过渡的流向。[2] 孙笑侠教授则从法律思维不同于其他思维方式的角度来看法律思维,认为法律思维是一种特殊思维,是指职业法律群体根据法律的品质对人的思维走向进行抽象概括所形成的一种思维定式,是受法律意识和操作方法所影响的一种认识社会现象的方法。它是法律人用法律术语进行观察、思考和判断,是一种通过程序进行思考,遵循向过去看的习惯。[3] 也有学者认为,法律思维是主体融合法律思维方式和法律思维方法解决具体问题的过程,同时也是对法律的再认识和再把握的过程。[4] 从上述不同学者对法律思维的解释可以看出,上述解释具有一个共同点,即法律思维就是按照法律自身的逻辑而进行的思维。这实际上是从狭义的角度来理解法律思维,认为法律思维就是依照法律的逻辑来观察、理解和解决问题的能力。其实,对于法律思维可以有狭义和广义两种不同的理解,因为完整的法律思维应当是兼具学理性思维和实践性思维的能力,是培养合格法治人才所不可或缺的。完整意义上的法律思维除应当包括依照法律的逻辑来观察、理解和解决问题的能力外,还应当包括对法律的理论和应用能力的理解以及对法律职业的使命感和责任感。一般而言,狭义的法律思维就是按照法律的逻辑进行思考,即按照法律的思维规则、推理技术和证成方式来观察、理解和解决问题。离开了具体的规则、技术和方法,法律思维也就成了空洞无物的东西。广义的法律思维并不是单纯地指法律推理中的理解和从法律的角度观察、解决问题

---

〔1〕 参见郑成良:《论法治理念与法律思维》,载《吉林大学社会科学学报》2000 年第 4 期。

〔2〕 参见陈金钊:《法律思维及其对法治的意义》,载《法商研究》2003 年第 6 期。

〔3〕 参见孙笑侠:《法律家的技能和伦理》,载《法学研究》2001 年第 4 期。

〔4〕 参见范春莹:《法律思维研究》,法律出版社 2012 年版,第 34 页。

以及对法律职业的使命感和责任感。显然,从法科学生的培养来看,应当是强化对其广义的法律思维的培养。

(二)法律思维的特征

1. 法律思维是依法进行的思维

法律思维不是一种发散性思维,不像道德思维或者政治思维那样对问题作出开放性的思考,而是首先根据法律规定所进行的思维。这是因为,根据法律规定进行思维是法治的基本要求。法治实际上是依据规则治理。这里的规则通常是指由权威机关事先颁布的一般性规范,人们根据这种一般性规范确定自己的行为,国家机关依据这种规范制止不法行为,裁决当事人之间的纠纷。按照规则办事和依规则对行为进行评判是法治社会的基本特征。因此,法律人在思考和解决法律问题时必须首先从法律出发,依据法律的规定来确定行为的性质。法律作为人类社会中一定历史时期以内的典型行为规范,不仅具有规范、统一等重要属性,而且自从被古罗马人选择成为构建和规范社会秩序的基本规则以后,最终成为法治国家、法治社会中具有最高权威的行为规范系统,特别是受自然法思想的启迪和教化,"法律至上"观念深入人心,这也就决定了法律思维主要表现在"崇尚法律",面对任何社会矛盾和社会纠纷,基本任务在于作出合法与非法的判断,并对照法律规定,"以权利义务为线索",最终作出权利安排和义务界定。[1] 此外,依据法律进行思维也使法律结论具有法律约束力的保障。在现代社会,制定法就是法律权威性依据的渊源,根据制定法进行思维构成了判决正当性的依据,也因此使法律判决具有了权威性。[2]

2. 法律思维是依经验而进行的思维

法律制度实际上是人们通过理性的努力,在总结和凝聚以往社会经验、知识基础上,运用一定的技术并基于一定的意志和利益需要,对理想社会关系和秩序状态的能动建构。因而,法律的实施实际上也就是法律人理解和运用这样一个集合了理性和经验的法律规定解决社会矛盾和社会纠纷的过程,既非

〔1〕 参见石旭斋:《法律思维是法律人应有的基本品格》,载《政法论坛》2007 年第 4 期。

〔2〕 参见范春莹:《法律思维研究》,法律出版社 2012 年版,第 55 页。

单纯的思辨,也非单纯的经验判断。[1] 一方面,法律人作为法律的实践主体,必须综合运用法律原理,理性解读法律规定,要综合考察千变万化、复杂多样的案件事实,最终通过社会矛盾和社会纠纷的解决实现对社会秩序进行合理的建构。因而,法律思维必然是在一定理性主义指导下的思维活动,与法律人的哲学观、价值观等理性认识和思考密不可分。另一方面,法律的目的要求法律职业者能够完美地结合运用经验分析和价值判断,可以说法律思维就是一种经验条件下和范围内的法律人的职业活动。这种经验条件又表现为思维过程的逻辑方法的运用,逻辑方法是法律人在思维过程中最为注重和依赖的工具,法律思维过程就是运用已有法律规范对特定的法律事务和现象进行逻辑分析、判断和推理的过程。可见,在整个法律思维的过程中,强调形式理性而非实质理性,强调逻辑性多于感性,没有逻辑就没有法律推理即法律思维可言,从法官判案到法学家的理论著作都是如此。所以,只有讲求逻辑和经验分析,并注重客观效果,才更能符合法律思维的特征。这实际上意味着法律思维是一种缜密的逻辑思维,它是以法言法语为载体,以合法性为起点,以权利义务为线索的逻辑思维方式。可以说,逻辑方法是法律人在思维过程中最为依赖的方法,在思维和语言表达过程中是否符合逻辑、能否对素材进行逻辑严密的分析、判断和推理,直接体现了法律人专业水平的高低。因此,在培养法律思维的过程中,势必离不开逻辑知识的掌握和逻辑思维的训练。

3. 法律思维的核心内容是权利义务关系

将权利和义务看成是法律的核心内容已成为中外法律界的共识。法学的全部要旨,在于对权利和义务关系问题的破解;法律的全部要旨,在于按何种原则、何种方式对权利和义务进行分配;而法律关系的全部要旨,在于依法分析法律所调整的社会关系中的权利义务实现和存在的状况。[2] 可见,法律思维主要以权利义务作为分析问题的逻辑线索。法是以权利和义务为机制调整人的行为和社会关系的。权利和义务贯穿于法律现象逻辑联系的各个环节、法的一切部门和法律运行的全过程。[3] 法律往往是通过权利义务的双向调节

---

〔1〕 参见石旭斋:《法律思维是法律人应有的基本品格》,载《政法论坛》2007 年第 4 期。

〔2〕 参见谢晖、陈金钊:《法理学》,高等教育出版社 2005 年版,第 238 页。

〔3〕 参见张文显主编:《法理学》,高等教育出版社、北京大学出版社 1999 年版,第 86 页。

机制达到规范人们行为的目的。权利义务在法律规范中的地位决定了其贯穿于法律运行和操作的全过程，从立法、执法、司法、守法到法律监督，是一个确认、落实、遵守和恢复权利的过程。法律思维的特点就是面对任何社会矛盾和社会纠纷，基本任务在于作出合法与非法的判断，并对照法律规定，以权利义务为线索，最终作出权利安排和义务界定，实现对纠纷双方之间权利义务的再分配。

4. 法律思维是规则性思维

所谓规则性思维，就是要求一个社会的全体成员，将宪法、法律、法规、规章等法律规定，作为自己思考问题的出发基点、个人行为的基本准则、公权力行使的边界和界限、社会评价的主要标准和依据。法的主体是法律规则，因此，以法律为主要参照物的法律思维，自然也应是一种规则思维。由于法律规则独特而重要的功能，以及法律规则所具有的稳定性、一致性、连续性和可预测性等优点，在和平时期促进社会经济发展、健全民主政治，并解决个人之间、法人之间、政府与相对人之间的冲突与矛盾，从而决定了它的地位。近代以来，社会控制、人们交往的主要方式则是通过法律规则，法律规则被尊崇成了“至高无上”的公共理性规则，也因此凸显出法律思维的另一方面优秀品格来。[1] 同时，法律思维还应是一种正当程序性的思维。法律思维不是随意发散的思维，也不是仅仅根据经验就能得出结论的经验思维，这就需要法律人在熟练运用法律思维时充分考虑其程序性，做到有程序规定时便依照既定的程序办事，在没有硬性的程序规定时也要参照之前的习惯做法，这样，才能保证法律思维的运用没有差强人意之处。法律思维通过正当程序设计的时间、空间要素以及在实现程序中角色的分配、解决纠纷时形成相对独立空间的作用，来克服和防止法律行为的随意性和随机性，这是对法官绝对权力下恣意的抑制，并且程序性思维也是保障弱势主体实现公平的最有力的精神性要件，它还是对主体行为理性选择的理性保障。法律作为一种具有高度共识的社会规范，本身具有判断、衡量他人行为是否合法或有效的评价功能。[2] 由于法律标准具有客观性、确定性、明确性，因此，在绝大多数情形下，依据法律标准作出

---

〔1〕 参见李淑英：《法律思维的法理学分析》，载《政治与法律》2006 年第 5 期。

〔2〕 参见郑成良：《论法治理念与法律思维》，载《吉林大学社会科学学报》2000 年第 4 期。

的评价结论，尤其是严格依据法律程序作出的评价结论，往往最具有客观性和权威性，引发的社会分歧也最少，因而也具有法律效力上的终极性。

可以说，现代法律制度为法律人的法律思维提供了规范依据。法律人法律思维的培育需要法治环境的保障，而法治环境的建构需要由现代法律制度来维护和完善。制度是支撑社会运行的基石，没有现代的法律制度，就不可能有良好的社会法治环境。而法律人法律思维的依据在于现行的法律制度，它规定法律人如何去进行法律思维，在什么范围内、用什么方法、行使权力的限度等。这同法律思维的内涵是相统一的，法律思维强调尊重法律的思想观念，要求高度重视法律制度规范作用。这是法律思维作为制度之治中的一个重要内容而具有的普遍性、原则性、稳定性和可预期性的优势，这种优势也正好为去除制度性障碍提供最有力的思维支持。

（三）法律思维与法治思维的关系

关于何为“法治思维”，这是在法治建设中绕不开的一个话题。对此，不同的学者也有不同的认识。有学者认为，法治思维是法治原则、法律概念、法学原理、法律方法以及一些法律技术性规定等在思维中的有约束力的表现。法治思维主要表现在法律实施的过程中，法律及其基本原则对人思想的影响。[1] 而有的学者则从认识论的角度认为法治思维在本质上区别于人治思维和权力思维，其实质是各级领导干部想问题作决策办事情，必须时刻牢记人民授权和职权法定，必须严格遵循法律规则和法律程序，必须切实保护人民和尊重保护人权，必须始终坚持法律面前人人平等，必须自觉接受法律的监督和承担法律责任。法律思维和法治思维两者究竟有何区别和联系？厘清这个问题，不仅有利于深化对法治思维的认识，而且可避免概念理解和使用的混乱。实际上，法治思维与法律思维是同源、同质的——都建基于法治的价值之上，尽管两者仍然存在一些内涵、结构、功能的差别。

就主体而言，法律思维主要是法律职业者（法官、检察官、律师等）的思维，是法律职业者处理案件的操作工具和手段，而法律职业者也是借助法律思维才得以“职业化”，从而获得一种职业身份。法治思维的主体则要广泛得多，其

---

〔1〕 陈金钊：《对“法治思维和法治方式”的诠释》，载《国家检察官学院学报》2013 年第 2 期。

中包括所有掌握公权力的人，在中国语境下就是“党政干部”（尤其是领导干部）。[1] 法律思维不同于大众思维（政治思维、道德思维等），它有着特定的作用范围（司法场域）、特定的指向对象（个案事实）、特定的目的（在案件事实和法律规范之间建立一种同构关系，使案件事实所蕴含的矛盾、问题得到规范化处理）、特定的方法、程式（如特殊的语言修辞，特殊的解释、推理、论证方式等）。与法律思维不同，法治思维具有更为广义的内涵、更为广泛的机能，法治思维要解决的主要是社会治理问题，主要是执政者、管理者应秉持的思维方式。

同时，法治思维的内容主要表现为民主法治；法律思维的内容主要表现为权利义务。法治思维的概念决定了其需要体现民主法治的理念。民主可以为法治奠定目标，法治也可以为民主提供保障，民主与法治本身即是当今法治国家所追寻的目标。而法治思维是在法律的基础上把民主和法治统一起来，提升到一个更高的高度，并且向民众提出了更高的要求即人民在观念和行动上需符合法治思维的理念和精神，特别是享有公权力的国家事务的管理者与领导者，更要以法治思维来统率社会，做好社会前进的指引者。法律思维的内容主要表现为权利与义务，法律思维是法律（职业）人所特有的思维活动与过程，它以一定的法律知识为基础，以相应的法律观念和法律意识为背景，以法律概念和法律语言为思维分析工具和载体，在相对稳定的具有职业同质性的法律态度与法律立场上，通过具体运用特定的法律方法和技术，对法律现象进行观察、认识、理解、分析、综合、判断、推理和处理的专门化的认识与思维活动及其过程。

另外，法治思维的评价标准为是否依法行事；法律思维的评价标准为是否具有合法性。法治思维的运用，需考虑方方面面的问题，主要是它的社会性，是否依法行事，形成一定的社会影响和社会效果——这是法治思维所关注的。法治思维，就是管理者运用法律的精神，在社会生活领域确立一套完整的制度，以实现法律上公平正义理念的治国理政的方式，并且在合法性的基础上，兼顾合理性。

应当看到，无论是法治思维还是法律思维，都应当很好地植根于中国当代的政治土壤，发挥各自被赋予的、且应当发挥的作用，并且给予对方以合理的

[1] 参见沈海平：《法治思维与法律思维界分与融通》，载《人民检察》2015 年第 23 期。

发展空间和可能性。如前所述，没有法律思维，法治思维便失去了它发展的基础；而没有了法治思维，法律思维在政治领域内便得不到升华。转型时期的中国，如果不能遵循法治思维与法律思维的共进与互为补充的关系，法治思维对法律思维的指导便失去了最初的意义。同样的道理，忽视了法治思维与法律思维的共进与互为补充的关系，法律思维便也失去了向法治思维借鉴的意义。二者应当相辅相成、互为补充，才能共同促进社会主义法律制度的发展与进一步的完善。所以，此处所强调的法律思维与法治思维的关系中的互为补充这一点至关重要，不容忽视。

## 二、法律思维的基本内容

一般认为，法律思维主要是指法律职业群体根据法律规范进行思考的方式。法律思维大多发生在司法过程之中，体现的是法律人将法律规范与案件事实进行结合的能力与水平。[1] 几乎可以说，只要存在独立的法律职业群体，就会有法律思维。笔者认为，法律思维的基本内容主要包括以下几个方面。

### （一）系统的法律知识

人的思维活动均是在一定程度的知识及经验积累的基础上进行的，因此，知识构成了思维的基础。这些知识既包括基础知识，也包括专业知识。就法律思维来看，思维主体除需要具备一般基础知识之外，最主要的是需要具备系统的法律专业知识。法律专业知识又具体包括法律概念、法律规范和法律原理。法律概念是法律知识中的最基本元素，只有通过法律概念，才能认识把握法律现象。从逻辑上看，概念是思维的最小单位，是组成判断和推理的细胞。概念是思维、表达以及辩论的必要的前提条件。因此，对法律概念的把握是正确进行法律思维的基础。一般来说，知识越丰富，主体所具备的概念体系越复杂和完善，相应的在此基础上建立起来的思维方式也就越复杂和完善，任何思维方式都必须以一定的知识作为其出发点和基本要素。[2] 对法律概念的理解是法律人进行合理法律思维和法律实践的基础。正如博登海默所说："概念乃

〔1〕 参见孙光宁：《从法律思维到法治思维：中国法治进程的拓展与深化》，载《学术交流》2015 年第 1 期。

〔2〕 参见陈中立：《思维方式与社会发展》，社会科学文献出版社 2001 年版，第 135 页。

是解决法律问题所必需的和必不可少的工具,没有限定严格的专门概念,我们就不能清楚地和理性地思考法律问题。没要概念,我们便无法将我们对法律的思考转变为语言,也无法以一种易懂明了方式将这些思考传达给他人。如果我们试图完全摒弃概念,那么整个法律大厦就将化为灰烬。”[1]

当然,掌握法律概念仅仅是认识系统的法律知识的第一步。在理解了法律概念以后,需要进一步熟悉法律规范。法律的价值实现取决于法律的适用,而法律适用的具体过程实际上就是运用法律规范的过程。法律规范的构成要素一般包括行为模式和法律后果。当法律人在进行法律思维时,总是会将问题纳入法律规范调整的领域,分析所发生的案件事实是否能够符合法律规范的构成要件,以此确立应当适用的法律依据。法律规范一般是通过法律条文表现出来的。在有些情况下,一个法律条文表达了一个法律规范,但有时一个法律规范又是由多个法律条文构成的。而且在有些情况下,一个案件涉及多种法律关系,其需要多个法律规范来调整。从一定意义上来看,法律适用的过程又是运用法律规范进行推理的过程。这种推理就是在具体法律实践中,将特定案例事实置于法律规范的要件之下,以获得一定的结论的一种思想过程,即将既定的规则应用于具体案件所作的逻辑分析,其中涉及文字、逻辑、经验、信仰、道德等因素的一项综合性脑力活动。在法律适用中,案件材料之间、法律规范之间、法律规范与案件事实之间等存在各种各样的联系,如何把这些联系反映出来,引申出合乎逻辑的合理结论又取决于法律推理的进行。

另外,法律原理在法律思维的过程中也是一个前提性的因素。法律原理包括法律人从维护法治的角度出发所应遵循的基本理念,如法律至上、权利观念等;同时还包括法的价值以及制定和适用法律规范所应当遵循的基本原则等。从价值体系的结构来看,法的价值体系是由法的目的价值、评价标准和形式价值三种成分组成的价值体系。由于法的价值这一概念具有三种基本的含义和使用方法,因此,法的价值体系又包含着目的价值系统、评价标准系统和形式价值系统三个子系统。其中,目的价值系统在整个法的价值体系中占据

---

[1] [美]埃德加·博登海默:《法理学——法哲学及其方法》,邓正来等译,华夏出版社 1987 年版,第 465 页。

突出的基础地位,它是法的社会作用所要达到的目的,反映着法律制度所追求的社会理想;评价标准系统是用来证成目的价值的准则,也是用以评价形式价值的尺度;形式价值系统则是保障目的价值能够有效实现的必要条件,离开了形式价值的辅佐,目的价值能否实现就要完全由偶然性的因素来摆布。以法的目的价值为基础,法的目的价值、评价标准和形式价值之间相互依存、不可分离,失去任何一方,都会导致法的价值体系的瘫痪和死亡。法律原则是法律的基础性真理、原理,或是其他法律要素提供基础或本源的综合性原理或出发点。法律原则可以是非常抽象的,例如,法律面前人人平等原则、无罪推定原则、自然公正原则;也可以是很具体的,例如,任何人不能作自己案件的审判者。法律原则的功能主要体现在三方面:一是为法律规则和概念提供基础或出发点,对法律的制定具有指导意义,对理解法律规则也有指导意义;二是直接成为审判的依据,许多法律原则可直接作为断案依据,这些原则的作用与规则无异;三是法律原则可以作为疑难案件的断案依据,以纠正严格执行实在法可能带来的不公。

(二)法律方法

法律方法,是指法律人认识、判断、处理和解决法律问题的专门方法,或者说,是指法律人寻求法律问题的正确答案的专门方法。法律方法具有以下特征:一是专业性。法律方法是法律职业者的专门方法。法律人在社会中扮演着特定的角色,有自己思考和解决问题的专门方法,这是一种与其他职业者相区别的判断与解决问题的方法,其核心是法律思维。因此,学习法律,不是简单地了解法律是如何规定的,而是要学会像法律职业者那样思考和解决问题,学会从法律职业者的职业角色看问题。二是法律性。法律方法是根据法律思考解决问题的方法。法律是法律人判断是非的标准,法律人是根据法律判断案件应该如何处理的。法律并不仅仅是一种由各种条文堆砌起来的知识,它还是一种建立在专门的技术和信念基础上的思想方式。在法律人看来,各种类型的社会纠纷、冲突,都需要依照法律的方式解决。法治国家奉行严格形式主义的法律模式,使整个社会生活规范化、程式化。三是实践性。法律方法属于实践方法的范畴,法律方法具有明显的实践性。因为,法律方法的目的是如何有效地解决人们在实际生活中面临的法律问题,法律方法的主体是法律实践主体,法律方法的评价标准是实践标准。

法律人的活动领域相当广泛，涉及立法、行政、司法、非诉讼法律服务等，法律方法的种类、形式极其复杂、多样。其中，司法过程的法律方法则具有典型意义。从司法过程的整体来看，司法过程的法律方法也可以理解为是法律推理。若对司法过程加以具体分析，可以进一步细分为法律推理、法律发现、法律解释、法律论证四个环节。

法律推理是法律人将形式逻辑运用于处理案件过程的思维方式。法律推理的过程总体上可以分为：一是寻找可以适用的法律渊源；二是分析可以适用的法律渊源，从中确定可适用于本案的法律规则或法律原则并将可适用的各法律规范整合到一个统一的规则下；三是分析、研究依据法律可以认定的事实；四是将相关法律规范适用于本案事实，以确定由事实引起的权利和义务，处理案件。这个推理过程基本上就是形式逻辑中的三段论推理在法律领域的运用，在一般的简易案件中，这种推理形式是法律人最常用的，也是法律人的一个基本功。

法律发现是法律推理中的一个相对独立的环节和内容，是指法律人寻找和确定所要适用的法律规定的过程。这个问题的复杂性在于：一个复杂案件所涉及的法律规定可能是多方面多层次的，需要法律人从不同的法律部门、不同法律规则、不同法律文件甚至不同国家的法律中选择最适合所要解决案件的法律规则，同时处理好法律与其他社会规范的关系。这就是通过法律发现所要解决的问题。

法律解释也是法律推理中的一个相对独立的环节和内容，是指法律人在法律适用过程中对法律的含义所做的进一步说明。法律是法律推理的大前提，明确的法律规定才能够推导出确定的答案。在法律规则含义不明确时，法律人不可避免地要解释法律。但是，法律解释毕竟不同于法律本身，研究和分析法律人在解释法律的过程中如何做到不滥用解释的权力，正确解释法律，这是解释法律必须面对的问题。

法律论证与法律推理侧重点不同，是同一个思维过程的两个不同侧面。法律推理需要研究的是法律人如何运用形式逻辑以保证关于法律问题的分歧和争议得到正确处理的推导过程，法律论证则是通过语言的形式，主要是书面语言，根据一定的理由对案件处理决定的正确性进行符合形式逻辑的推导和证明。所以，法律推理强调的是结论形成的实际思维过程；法律论证则是将这个过程用语言的形式予以证明并合乎逻辑地充分反映出来,以达到说服人的目的,因此,法律论证重在结论的正确性。

(三)法律技巧

法律专业知识和法律方法只是法律人进行思维的基本材料,而如何运用专业知识和方法解决具体问题则体现了法律人的技巧。法律技巧是连接案件事实与法律方法的桥梁,如果说法律知识和法律方法是法律思维的静态要素,那么法律技巧就属于法律思维的动态要素,它是法律思维得以顺利展开的重要枢纽。法律技巧属于法律思维结构中的感知模式,不同于思维模式,其往往是主体在个体经验的基础上对法律问题的反映。当然,法律技巧又不是对法律问题简单的感知,而是从感知提炼出来的加工法律问题的普遍程序。因此,法律技巧并不是非理性的,其也体现着主体的理性思考。与法律知识和法律方法更多地带有共通性不同,法律技巧则是更多地具有个人性的东西。掌握法律知识和法律方法只是法律人的基本技能,而技巧的应用则更多地反映的是法律人所具有的智慧。一般而言,缺乏法律技巧的法律人根据法律知识和法律方法也能够解决问题,只不过解决问题的范围只能局限于简单案件,解决的方案可能会比较僵硬。法律技巧作为个人化和主观性的东西往往是与个体经验相联系的,知识是客观的,技巧是主观的;知识是可描述、可复制的,技巧却是不可模仿的。法律技巧是思维主体的灵感思维与思维个体的法律知识和法律经验相结合的结果。法律技巧的不同,决定了思维主体所选择的和应用的法律知识和法律方法也会有所不同,由此导致的法律结果也就不同。因此,在一定意义上,法律技巧决定着法律思维努力的方向,其构成了法律思维中的灵动因素。

## 第二节　立德树人与法学教育中法律思维养成的关系

### 一、立德是法律思维养成的逻辑起点

法学教育具有教育事业的共同属性,其终极理念必然是超越法律职业主义的立德树人的教育,“而非理论知识和认识的堆砌”。[1] 新时代卓越法治人才培养必须注重“法律人的独立人格和法律人的职业伦理精神”的塑造,“把法

〔1〕 吴岩:《一流本科　一流专业　一流人才》,载《中国大学教学》2017 年第 11 期。

科学生公平正义的道德品格作为第一培养目标”。[1] 培养什么人、怎样培养人是教育的根本问题。习近平总书记指出，要培养德智体美全面发展的社会主义建设者和接班人。育人的根本在于立德。要把立德树人的成效作为检验学校一切工作的根本标准。德是政治思想、道德和个性心理品质的总称，是“立德树人”的关键，在立德树人过程中引领方向、构筑基石、提供动力，是三位一体共同作用的合力体系。立德树人这一根本任务科学揭示了教育的根本目的是促进人的全面发展，教育就是把自然人转化为社会人，最根本的是促进人道德属性成长，德性成长是人全面发展的根本保障。因此，大学生思想政治教育必须把育德放在首位，着重于传道，加强社会主义核心价值观教育，培养道德高尚的社会主义建设者和接班人。社会主义核心价值观凝结着中国人民共同的价值追求，集中体现了当代中国精神，也是大学生成长成才和道德的基本遵循。树立正确的价值观就像穿衣服扣扣子一样，如果第一粒扣子扣错了，剩余的扣子都会扣错。[2]

价值观是社会成员用来评价行为、事物以及从各种可能的目标中选择自己合意目标的准则。价值观通过人们的行为取向及对事物的评价、态度反映出来，是世界观的核心，是驱使人们行为的内部动力。它支配和调节一切社会行为，涉及社会生活的各个领域。价值观是人们对社会存在的反映。人们所处的自然环境和社会环境，包括人的社会地位和物质生活条件，决定着人们的价值观念。处于相同的自然环境和社会环境的人，会产生基本相同的价值观念，每一个社会都有一些共同认可的普遍的价值标准，从而发现普遍一致的或大部分一致的行为定式，或曰社会行为模式。价值观念是后天形成的，是通过社会化培养起来的。家庭、学校等群体对个人价值观念的形成起着关键的作用，其他社会环境对其也有重要的影响。个人价值观有一个形成过程，是随着知识的增长和生活经验的积累而逐步确立起来的。个人的价值观一旦确立，便具有相对的稳定性，形成一定的价值取向和行为定式，是不易改变的。但就社会和群体而言，由于人员的更替和环境的变化，社会或群体的价值观念又是

---

[1] 陈云良：《新时代高素质法治人才法律职业伦理培养方案研究》，载《法制与社会发展》2018 年第 4 期。

[2] 参见习近平：《青年要自觉践行社会主义核心价值观——在北京大学师生座谈会上的讲话》，载《人民日报》2014 年 5 月 5 日，第 2 版。

不断变化着的。传统价值观念会不断地受到新价值观的挑战，这种价值冲突的结果，总的趋势是前者逐步让位于后者。价值观念的变化是社会改革的前提，又是社会改革的必然结果。价值观是个人实现自我完善的内在根源，是形成个人道德品质和道德修养的重要影响因素。一个人只有具有正确的价值观，才能在职业生活、家庭生活和公共生活中表现出良好的实践行为。只有当一个人具有较高的道德信念、正确的道德观念、较强的道德判断和选择能力，以及较强的道德自律能力，才能自觉履行应尽的道德义务。法律职业人职业道德水平的高低，不仅要受到社会环境、相关制度、群体意识、教育状况等因素的影响，又与法律职业人个人的价值观紧密相关。因为人们在作出判断和行为选择时，并不完全取决于理性分析和逻辑推理，更多的是受到个人信念、态度、愿望、目的、偏好等因素的影响。树立正确的价值观，是法律职业人确立坚定的法律职业道德信念的基础，法律职业道德信念是法律职业人的立身之本、奋斗动力和行为坐标。通过强化法律职业的职业道德信念，能够不断提高其思想境界和职业道德素养，增强其自我约束力，在法律职业活动中才能表现出乐于履行、锲而不舍、一往无前的职业道德精神和态度；如果法律职业人价值观出现扭曲，就会导致职业道德信念的缺失、意志力量的薄弱，进而引发道德行为的妥协和退让。因此，必须要加强对法律职业人价值观教育和引导，使其牢固树立马克思主义人生观、价值观，树立正确的是非观、权力观、事业观，自觉抵制金钱、人情和关系对法律职业工作的侵蚀和影响，牢固树立宗旨意识，在履行职责中，才能以最广大人民的根本利益为出发点，正确行使法律赋予的权力，维护社会公平、正义和公民的合法权益，树立良好的法律职业形象。由于法律是一个需要从业者的判断力、推理能力、阐释及思考问题严谨性很强的专业，需要法律人具备理性、公正等职业品格，因此，职业品格的培养对于法律人也具有重要意义。[1] 现在人们普遍承认，法律家或法官的人格和信仰等人文精神对于法律的实现有重要影响，它们不仅影响到对法律规则进行解释，而且影响到对当事人所提出的证据如何进行认定。所以，就不可避免地影响到

---

〔1〕 参见王晋：《论法学教育中学生法律思维的培养》，载《内蒙古财经学院学报（综合版）》2012 年第1期。

"已经发现"的案件事实。[1] 培养法治人才的职业品格过程中,法律思维方式能够保证法治人才在规范的思维下确保法律适用的统一性和精确性,能够实现法律条款与实际案件的关联与结合,能够督促法治人才遵守职业道德和规范,确保司法公正。法律思维方式的培养对于法治人才优秀职业品格的塑造及保障法律公平、公正地实施都有积极作用。

法律思维是法治社会中的一种思维方式,这种思维方式如果能够被社会中更多的人认同并将其作为自己的行动的指南,那么法治的实现就更容易些。当法律思维作为思维方式,它的一端便连接着法律的形而上层面,联系着法律和法律人的文化内涵、品格和精神需求;当法律思维作为思维方法时,它的另一端连接着法律的形而下层面,它在对解释、推理、论证等法律方法的探索中使法律为人们的生活提供了更为理性的安排……法律思维成了沟通两个法律世界的桥梁。法律作为一种社会控制的手段,内在地表达了人们对于通过法律来达到善的内在意愿和诉求,而这正是人们对作为规范意义上的法律内在的社会价值追求。此外,不论从立法、执法还是守法来说,其实都蕴含着道德因素的影响,在立法环节,依法治国所依据的必须是反映人们意志和社会发展客观规律的,是合乎理性、公平、正义观念的法。要制定这样的法,从参加人员、制定过程到内容都必须以正确的思想道德观念为指导,并将某一部分道德规范变成法律规范。在立法过程中必须充分考虑道德因素和道德标准,以相应形式将道德的基本原则、主导内容法律化,从而使法律具有相应的道德意蕴,同时立法也不能违背正义观念、公共利益和其他道德原则;否则,将使法律不仅难以实施,而且会使立法者失信于民,使法律权威受到破坏。在审判实践中,法官从接手每一个案件的开始,到最后最终判决作出的过程,其实质是我们可以把它认为就是一个将法律条文中所包含的价值观念进行具体化的过程。卡尔·拉伦茨指出,在审判案件的过程中,法官在判断待决的案件事实和具体法律法条中的构成要件是否相符合时,并不是像人们想象中的那样,通过简单的逻辑推导的涵摄过程就能完成的,法官在这个过程中必须要做出各种

---

〔1〕 [美]彼得·斯坦等:《西方社会的法律价值》,王献平译,中国人民公安大学出版社1990年版,第36页。

可能的判断,这时价值判断在案件事实和具体法条搭设桥梁的作用就凸显出来了。[1] 实际上,法官应当是法律思维的典型主体,然而我们从法院的判决书中却很难发现法官法律思维的脉络。因为大部分的判决仅仅是适用法律条文得出判决结果,而对于如何由法律条文到判决结果的过程不做分析,从而遮蔽了判决得出的理由。这说明我们的法官还缺乏法律思维的训练,还没有把法律思维作为法官工作的常态思维并将这种思维的过程通过判决书的形式展现出来。[2] 在执法活动中,法律的正确执行,在很大程度上取决于执法主体的道德能力,即执法者的道德水平的高低与执法质量的好坏有着直接联系。一般认为,执法主体具体适用法律规范的行为,代表了正义、公正、秩序的道德观。执法者在其执法活动中道德水平低下,其后果较之执法者法律水平不高要严重得多,它直接影响执法机关的形象和法律的权威。因此,执法主体需要良好的法律职业道德,具有可行的道德能力保证,才能够在履行法律职务过程中忠于职守、唯法是从、刚正不阿、廉洁公正。必须看到,这种道德能力的获取和提高,并不是法律职业本身所赋予的,而是依靠执法主体在法律思维的养成过程中对职业道德要求发自内心的体验和认识,形成强烈的正义感、责任心和气节来维系的。此外,从守法环节来看,依法治国的直接目的是法的实现。法的实现是法律规范在人们行为中的具体落实。守法是一种道德义务,大多数社会成员并不仅仅是因为法律的强制而守法,在许多的情况下是由于他们的道德习惯而守法。健康的守法心态是社会道德要求在人们心理上的反映和积淀,其实质内容主要是对法律遵守的义务感和对违反法律的耻辱心。换言之,法律可以利用其威慑力量迫使人们就范或对违法行为进行惩罚,但无法保证每一个人任何时候都是守法者,只有道德上的知耻才是守法最深厚、最持久的力量。[3] 可见,法律思维不仅是一个逻辑推理,更是内在地体现和包含大量的价值判断和实质推理,作为一种职业思维它本身就是对法律表达忠诚、显示职业人对法律的信仰的形式,所以大学法学教育传授的应当是一种法律的艺术,而不是一种纯粹的法律技术,除了包括对知识的系统性理解以外还包括对法律

---

〔1〕 [德]卡尔·拉伦茨:《法学方法论》,陈爱娥译,商务印书馆 2003 年版,第 165 页。

〔2〕 参见范春莹:《法律思维研究》,法律出版社 2012 年版,第 12 页。

〔3〕 参见李建华等:《法律伦理学》,湖南人民出版社 2006 年版,第 62 页。

的深层的人文的理解和真诚的信仰，对学生人本主义精神和社会正义感的教育也就成为法学教育必不可少的内容，特别是要注重培养法科学生公平正义的理念、崇尚法律和献身法治的精神、清正廉洁的职业道德、忠于法律和维护法律的使命感与责任感，以及良好的合作能力与团队精神。

## 二、法律思维的培养是实现法学教育中德法兼修的重要途径

随着全面推进依法治国，建设社会主义法治国家的不断深入，新时代不但需要大量与之相适应的法治人才，而且对法治人才的核心素养也提出了新的要求。新时代社会主义法治人才必须具备坚定的社会主义信念与坚实的思想政治素养，拥有高尚的法治职业操守与德法兼修的法律道德素养，兼有完善的法治理论知识和法律专业知识素养。这些不仅是法律专门人才的基本要求，也是法学专业学生应具备的综合素质的重要组成部分。在法治社会，法律职业所需要的职业操守和职业伦理，都要求具有尊崇宪法、尊崇法律，坚持法律至上、维护法律权威的基本伦理，要具有坚持公平正义、维护公共利益、保护社会弱势群体的社会伦理，更要具有敢于同违法犯罪进行斗争、惩恶扬善、勇于担当的责任伦理，这些职业伦理规范不仅直接约束着法治人才在从事立法、执法、司法和法律服务的过程中的每个法律人，同样也是所有法学专业学生在专业学习中所必须掌握的伦理要求。

从我国高等法学教育实践来看，传统上很多高校忽视学生职业道德素质的培养，忽视学生法律精神的培养，忽视学生法律至上意识的培养。因此，法学毕业生有的沦为法律职场上的“掮客”，希望通过金钱与权力寻找“捷径”。在这种背景下，习近平总书记提出“德法兼修”无疑具有深刻的思想内涵和时代意义，必须准确理解、把握并贯穿于法治人才培养全程，推行“健全人格教育”，从政治信仰、道德情操、专业素养等方面把“德法兼修”的要求落到实处。[1] 德法兼修是对法律人的时代要求。习近平总书记指出“德法兼修”，就是在告诫法律人，练技别忘修身、立身先要立德，培育德行和教授专业知识要同步进行。将法律教育与道德教育相结合，一方面，培养良好的品德，养成良好的行为习惯；另一方面，学习法治相关专业知识，加大业务知识的储备，提高

〔1〕 参见部占川：《新时代卓越法治人才培养之道与术》，载《政法论坛》2019 年第 2 期。

含金量,德法兼修才是正道。[1] 可以预期,在“立德树人,德法兼修”的总基调下,法学高等教育将在改革中激发内在动力和活力。

从观念和思维的角度来说,对法学专业学生的培养与其说是开展一种有关规则知识的学习以及实务技巧的灌输,毋宁说是进行一种有关法律专业思维的训练。换言之,法律教育的宏旨在于培养法律人思维,即所谓“像法律人那样思考”。由于法律是一个需要从业者的判断力、推理能力、阐释及思考问题严谨性很强的专业,需要法律人具备理性、公正等职业品格,因此,职业品格的培养对于法律人也具有重要意义。在培养法律人的职业品格过程中,法律思维方式能够保证法律人在规范的思维下确保法律适用的统一性和精确性,能够实现法律条款与实际案件的关联与结合,能够督促法律人遵守职业道德和规范,确保司法公正。法律思维方式的培养对于法律人优秀职业品格的塑造及保障法律公平、公正地实施都有积极作用。我国高等法学教育一般定位为教授学生职业技巧和职业知识,培养具有法律思维能力和素质的法治人才。为了培养和造就合格的法治人才,高等法学教育应当着眼于培养和训练学生法律思维。对于法律人来讲,思维方式甚至比他们的专业知识更为重要。因为他们的专业知识是有据(法律规定)可查的,而思维方式是决定他们认识和判断的基本因素,况且非经长期专门训练则无以养成。[2] 为此,在教授法律知识过程中,应当立足于透过法律条文的表象,深入考察隐藏在条文背后的法律原则、论证体系和社会目的,对每一法律规则的理解和接受,需要从其缘起的条件、发展的历程以及根植的法律原则等方面着手,通过严密的法律论证确定当前选择这一规则的社会价值。这样不仅可使学生易于理解和接受,更能让学生学会探索法律知识最为重要的方法,形成一套独特的法律思维模式和以共同法律知识为背景的先见。[3] 法律职业道德的培养有助于实现学生法律思维养成与人格塑造的有机结合。法律职业道德对法律职业的重要意义决定了法学教育开设法律职业道德课程对学生进行道德教育的必要性。同时,法律

---

〔1〕 参见付子堂:《立德树人、德法兼修,为全面依法治国培养高素质法治人才》,载《中国法学教育研究》2017 年第 3 期。

〔2〕 参见孙笑侠:《法律人思维的规律》,载葛洪义主编:《法律方法与法律思维》第 1 辑,中国政法大学出版社 2002 年版,第 81 页。

〔3〕 参见石旭斋:《法律思维是法律人应有的基本品格》,载《政法论坛》2007 年第 4 期。

职业道德作为法律职业共同体在履行职责过程中所遵循的规范和准则,从广义上说,也属于知识范畴,有着自己独特的体系、逻辑和评价标准,这又决定了法学教育可以通过课程设置的方式实现伦理知识的直接授受,培养学生的道德认知。法律职业道德课程通过传授法律职业伦理知识,可以使学生认识法律职业道德之于法律职业的重要意义,即法律职业道德是法律职业维护的一个重要因素。

## 第三节 以培养法律思维为目标的法学教育改革

### 一、树立以培养法律思维为目标的人才培养理念

理论知识与应用能力可以说是任何专业教育培养的共同目标,而法学教育与其他专业教育的最大不同就在于法律思维的培养,因为法学专业知识的理解与领会,法律职业能力的掌握,都需要运用法律思维。法律思维的培养在整个法学教育体系中占据极其重要的地位,在为建设法治国家输送合格法律人才的过程中起到了非同小可的作用。对于法学教育而言,仅有法律专业知识的传授是远远不够的,通过对法律知识的学习从而培养一种法律思维方式,才是法学教育更重要的目的所在,也会使学者受益终身,因为这种思维方式一旦养成,绝不会随着对法条或知识点记忆的减退而有所改变。法学教育既要培养像律师、法官、检察官一样的法律实践工作者,又要培养法律研究者,而且也可将他们统称为法治人才。但是,法学教育关注的不应该只是培养学生今后干什么,而是无论他们干什么,都必须具有"法律头脑",即要善于运用法律规则、法律逻辑、法律技术去发现问题、分析问题及解决问题。无论培养的学生今后是做法官、检察官、律师,还是做法律研究工作,都要学会法律推理、法律适用与法律解释等,而这些都体现为法律思维能力,而且法律本身是随着社会的发展变化而变化的,学生在大学学习法律,不可能穷尽所有的法律条文,必须具备批判性和创造性的法律思维方法,这样才能解决不断变化着的社会问题,才能成为合格的法律实践者和研究者。因此,无论采用哪种法学教育模式,法学专业教育的核心目标应该是法律思维的培养。[1] 对于法治人才的培养,应当在进行专业知识结构的教授的同时还必须要强化其法律思维的培养。

---

〔1〕 参见邓佑文、彭敏:《法学专业教育中法律思维的培养》,载《中国大学教学》2008 年第 12 期。

而法治人才较强的法律思维能力的形成很大程度上依赖于包括法学教育理念、法学教学内容、法学教学方法、法学教学管理系统在内的合理的法学教育模式的设计和选择。

适应法治社会之需,法律思维依层级可分为:就思维理念而言,法律思维即为法律意识,是法治实现意义上的;否则,即使国家制定了各种法律制度、人们知悉各种法律知识,但如果人们仍是按照道德的、政治的或其他思维方式而没有以法律理解、观察、解决问题的意识,那么法治仍是可望而不可即的。就思维工具和方法角度而言,法律思维即是为法的适用及法的研究而对法律方法的适用,此是法律思维的形成阶段。就思维习性而言,法律思维即是以前述过程为基础本能的依法思考的性格,此可谓专业意义上的法律思维的形成,是法律思维的熟练与升华。该意义上的法律思维的形成的衡量标准是法学教育的检验标准。[1] 因此,衡量法律人素质高下的标准,并不仅仅在于其法律知识的多寡,更在于是否具有法律人独特的思维方式与优良的思维品质。用思维指导行动,用行动践行法治,可以说作为法治国家的建设者,法律人的法律思维水平与法治实现的程度有着实质性的联系并最终决定建设法治国家的成败。因此,法律思维的培养在整个法学教育体系中占据极其重要的地位,在为建设法治国家输送合格法律人才的过程中起到了非同小可的作用。对于法学教育而言,仅有法律专业知识的传授是远远不够的,通过对法律知识的学习从而培养一种法律思维方式,才是法学教育更重要的目的所在,也会使学者受益终身,因为这种思维方式一旦养成,绝不会随着对法条或知识点记忆的减退而有所改变。[2] 从我国传统的教育模式来看,其实并没有把培养学生具有较强的法律思维能力作为教育理念,这直接影响法学专业人才培养模式的确立和运行。法律思维是衡量法律人准入或水准的折尺,亦是法治实现的前提。然而,在我国,由于相关理论的粗浅、认识上的错误抑或制度上的因素,使传统的法学教育因此迷失了方向,与此相应的法学教育自无效率可言,更无法律人或高精尖法律人适量涌出的可能。长期以来,我国法学教育存在重知识传播而

---

〔1〕 参见王玉兰:《法学高等教育中法律思维缺失的实证研究》,载《黑龙江高教研究》2010年第10期。

〔2〕 参见邢娜:《论大学法学教育中法律思维的培养》,载《云南大学学报(法学版)》2015年第1期。

不是能力教育的重大缺陷,法学教育并没有重视引导学生们批判地思索法律问题及对法律的起源、目标、用途等方面问题的理论探讨,忽略了培养学生应用法律的能力。法律思维缺失的原因无外乎法律思维意识的淡薄、法律思维构筑的内在知识体系未能有效建立以及法律思维形成与提高的外在因素的促进作用未能充分展现。在法学专业人才培养过程中,对于学生而言,首先应当教授的是法学的系统知识、法学原理、法律制度以及相关的人文科学。其次应当培养学生从事法律职业必备的技能和素质。同时还应当培养的是一种法律职业者的独特的批判性和创新性的法律思维,即训练学生像法官和律师那样思维。因此,法学教育的一项重要任务就是培养学生的法律思维。对将来从事法律职业的法科学生来说,在培养自身法律专业素养过程中,只有先对法律思维方式进行深入的分析和学习,掌握法律思维方式,才能实现法律学习的进步与提升。传递与创新法律知识、训练和提升法律技能、养成和改善法律思维方式、培育法律职业道德、坚定法律信仰是法律人专业素养的培养目标,而在这些内容中,法律思维方式的培养与提升是法学教育的核心,是决定其判断能力和对于法律问题基本认识的关键。[1] 这种能力需要经过一系列科学的法律专业教育才能养成,所以在法律人教育过程中,所有教育内容都应该围绕法律思维方式的培养这一核心目标来设计,才能实现法律教育培养的高效性。而对于法律思维的培养来说,至少应当包含以下两层含义:一是法律思维的培养是一个训练的过程,需要教师的有效指导和学生的积极参与。二是法律思维的养成过程主要是训练学生按照法律的思维规则、推理技术和证成方式来观察、理解和解决问题,同时要具备对法律理论和应用能力的理解以及对法律职业的高度的使命感和责任感。

法学教育的目的不仅在于传授法律知识和方法,而且更在于培养法律精神和法治信仰,掌握法律思维方法和运用法律语言的能力等。法律是一门应用性学科,在教学内容和教学方法上注重同法律职业的结合,这也是通识教育中理论与实践相结合、书本知识与社会知识相结合的具体体现。法律人作为具有共同的思维特征和科学的知识体系的职业群体,分享共同的法律思维、法律推理逻辑、法律语言符号、法律知识结构,这种共同的法律思维和法律知识

---

[1] 参见段贞锋:《论法学本科教学中学生法律思维的培养》,载《怀化学院学报》2013 年第 4 期。

体系的形成首先源于统一的法律专业教育。这既是职业互通的需要,也是整个社会法治统一和规范的要求。对于法律人来说,思维方式甚至比他们的专业知识更重要,因为法律人的专业知识主要表现为具体的法律规定,而这往往是看得到的和短时间内有可能掌握的,但思维方式是决定法律人认识和判断的基本因素,况且非经长期的专门训练是无以养成的。换言之,具有特征的法律思维是法律人必须具备的重要的内在要素之一,这种理性的思维特点是经过专业的训练才能获得的,不是从来具有的。法律思维是法律职业区别于其他职业的内在的质的规定。

综上可见,无论法学教育的培养模式如何设计,法学教育的核心与关键都应当是法律思维的养成。因此,只有树立以培养法律思维为目标的人才培养理念,才能为实现学生法律思维的培养奠定认识基础。

## 二、完善以培养法律思维为目标的课程体系

法律思维包括对法律的理论和应用能力的理解、对法律的职业使命感和责任感。长期以来,我国法学教育一直比较注重理论环节教学活动的开展,重视法学理论知识的灌输。在目标的取向上,是要把学生培养成具有进行法学研究、写作论文、发表论文能力的法学人才,而不是具有法治思维以及法律职业技能的实用性法治人才。在人才培养过程中,如果教师把自己的注意力更多地放在了理论研究中,而缺乏对法治实践问题的关注,这实际上也使教师自己缺乏法律运用能力。教学环节是完成教学计划,实现法治人才培养目标的基本手段和主要途径,因此,法学教育内容的改革首先是要构建科学合理的教学课程体系。由于法学课程结构体系涉及教学模式、专业发展、质量评价、课程建设等核心主题,并最终影响法治人才培养的标准与质量。因此,改革与完善法学课程结构体系已成为世界上大多数国家的法学教育所面临的共性课题。[1] 如英国在三学年制的课程设置方面,设定了必修课和选修课。大陆法系的德国,为了改变“法学教育教学重点过于狭窄,忽略了学生其他法律专业能力的培养,毕业后的学生进入律师行业后并不具备辩论、磋商等法律专业技能”的客观现状,在立法教材中提出法学教育要培养“具有全方位能力的法律

---

〔1〕 参见刘同君:《新时代卓越法治人才培养的三个基本问题》,载《法学》2019 年第 10 期。

人”的培养目标。我国从1998年教育部发布的《关于普通高等学校修订本科专业教学计划的原则意见》起算，直至2011年教育部、中央政法委发布的《关于实施卓越法律人才教育培养计划的若干意见》为止，这一阶段我国法学教育的改革更加偏重于对理论课程内容和体系的完善，例如，法学专业核心课程原有14门，后来通过《普通高等学校本科专业目录和专业介绍(2012年)》微调至16门，每个核心课程内部也不断探索优化课程建设的最佳方式。实践中，法学专业从以供给者为中心的课程设置体制，渐次转向以需要者为中心的设置模式，以需要者的需求为基础确定课程结构，使学生根据自己的兴趣与毕业去向自由地选择课程，强化课程结构的逻辑性与规范性。教师开设课程的自由范围也越来越大，除专业必修课外，可根据教师的研究领域，开设专门化的课程。[1] 2015年12月20日，中共中央办公厅、国务院办公厅印发的《关于完善国家统一法律职业资格制度的意见》第6条规定，统一法律职业资格“考试内容增加中国特色社会主义法治理论。着重考查宪法法律知识、法治思维和法治能力，以案例分析、法律方法检验考生在法律适用和事实认定等方面的法治实践水平。加大法律职业伦理的考察力度，使法律职业道德成为法律职业人员入职的重要条件。考试以案例为主，每年更新相当比例的案例。大幅度提高案例题的分值比重”。统一法律职业资格改革除了要求强化法律实践教学和法律职业伦理教育外，中国特色社会主义法治理论、操作性案例分析能力和法律思维的应用能力也成为新时代法学专业课程的重要教学任务，这就要求法学专业的课程相应作出调整，在对应中国特色社会主义法律体系的课程设置框架之下，释放学生自主学习、动手操作的能力，尤其要重视对学生法律思维能力的培养。2017年5月3日，习近平总书记在考察中国政法大学时明确提出，中国法学教育和法治人才培养要坚持立德树人德法兼修，培养高素质法治专门人才。随后，教育部高等学校法学类专业教学指导委员会召开全体会议，并最终于2018年6月18日完成了法学专业核心课程的调整工作。调整后的法学专业核心课程采取“10 + X”分类设置模式。“10”是指法学专业学生必须完成的10门专业必修课，包括：法理学、宪法学、中国法律史、刑法、民法、刑

---

〔1〕 参见刘坤轮：《我国法学专业核心课程的流变及最新调整》，载《中国法学教育研究》2019年第2期。

事诉讼法、民事诉讼法、行政法与行政诉讼法、国际法和法律职业伦理。“X”是指各院校根据办学特色开设的其他专业必修课,包括:经济法、知识产权法、商法、国际私法、国际经济法、环境资源法、劳动与社会保障法、证据法和财税法等,“X”选择设置门数原则上不低于5门。

在法学专业核心课程设置的前提下,不同法学院校在专业课程设计时,应当结合自身的特点以力求突出自身的特色。办学力量较强的法学院系应当立足前沿,重视开拓创新,在交叉学科、国际化等投入大、要求高的领域形成国际竞争力,满足国家法治现代化和“一带一路”倡议等要求。办学力量相对薄弱的高校法学院系则应当坚持错位竞争思维,发挥其区域性高校的地缘优势,坚持服务地方经济发展,在设计课程模块时避免求全求新,应当集中办学力量,选择少数几个鲜明方向形成相对优势。

在具体课程设置上,第一,要强化基础理论课程,尤其是中国特色社会主义法治理论课程。通过基础理论课程教学,培养学生的抽象理论思维能力以及法律修养的理性和尚法的思维模式。一般来说,理论知识的传授与应用能力的培养是所有专业教育都具有的共同目标,而法学教育的个性正在于引导学生形成特有的法律思维,因为学生对法学专业知识的理解与把握,对各种涉法性社会纷争予以解决的实践能力的培养,均离不开法律思维的运用。通过强化基础理论课程,培养学生学习法律的兴趣,增强成为卓越法治人才的使命感,为学好法学的其他课程,奠定坚实的基础。第二,增加开设方法论、工具类的课程以训练学生的法律思维。如法学方法论、法律语言学、法律逻辑学等课程为法律思维的养成提供有力的手段。法学之所以被称为一门独立的学科,很大程度上取决于其自身具有一套独立的方法理论。方法比知识更重要,因为方法是获取知识的手段。在现代法学理论中,法学方法逐渐从法学知识中分离出来,成为一门独立的关于法学方法的学问,法学方法的核心就是法律适用和法律解释,而这也正是法律思维的关键部分。可见,开设法学方法论对于养成学生的法律思维至关重要。法学方法论是法学学者对法学知识生产的思维模式、认知范式、研究进路、分析方法的系统化思考。随着我国法学研究的不断深入,在法学领域内被研究和运用的研究方法日趋多元化、专业化、精细化,初步形成了较为齐全的法学方法体系,包括阶级分析、语义分析、价值分析、历史分析、规范分析、比较分析、逻辑分析、经济分析、权利义务分析、文化分析、社会调查、统计分析、利益分析、体系化、解释学、类型学、计量等方法。法律解释学的开设对于训练学生的法律思维也是相当必要的,法律解释学为法律实践提供了理解、说明和适用法律的各种方法。制定法是用概念、定义来表达的。为保障法律安全性,必须尊重法律定义,实施文义解释优先;从而使法律定义成为思维的指引以及裁判的标准等。没有对法律现象的体系思维和解释,不仅难以学好法学提升法律思维水平,更难以做好法律实务。"如果我们从理解的意义上认识法律解释,那么我们甚至可以说,法律解释乃是法律的生命所在。因为,没有人理解、解释和运用法律,法律便没有任何价值"[1]。由于法律规范具有非常高的概括性,然而语言概括性越高,其适用面就越宽,其不周延性和模糊性就可能越突出。解决这一矛盾的方法不能靠制定包罗万象、适用每一个案件的法律,而必须加强法律解释学的学习和研究,用法律解释学所提供的方法来弥补法律本身的缺陷,而这也是法律解释学的重要任务。而法律语言学的开设对于培养学生的法律思维具有重要意义。在社会生活中,语言(包括文字、口头、行为语言)让我们知道发生什么、去思考什么、要表达什么。不同的角色,就有不同的语言系统;不同的语词,就有不同的思维。法律是一种专门的技艺,而法言法语是这门技艺的最基本的要素,是法律人必须要具有的基本素养。法律语言是民族共同语在长期的法律科学和法律实践中逐步形成的、服务于一切法律活动而且具有法律专业特色的一种社会方言,是在法治发展过程中,按法律活动(立法、司法、法律科研)的要求逐步磨砺、逐步构建的一种有别于日常语言的技术语言,是全民语言的一个社会功能变体。它包括表述各种法律规范的立法用语和为诉讼活动、非诉讼的法律事务服务的司法用语。司法用语又表现为司法口语和司法书面语。司法书面语主要表现为诉讼和非诉讼法律活动中普遍运用的具有法律效力或法律意义的非规范性的法律文书的语言。法律语言,是指法律工作者在立法、司法等实践工作中所使用的特殊专业语言。不同时代的法律用语多少带有阶级的色彩,但从全部法律语言的材料来看,它并没有独立的语言系统,语法结构系统和词汇系统,法律语言的构成和句法结构受到全民共同语言的制约,不过,法律语言又有自己特有的习惯用语、句型和独特的风格,由法律工作的性质所决定,法律语言主

---

[1] 陈金钊、谢晖主编:《法律方法》(第2卷),山东人民出版社2003年版,第171页。

要具有庄重性、严密性的特征。法言法语至少具有三方面的功能：一是交流的功能，即法律人之间使用法言法语进行交流，可以快速地使问题凸显；二是转化的功能，即把所有的社会问题用法言法语转化成法律问题来解决；三是阻碍的功能，即法律术语的使用可以排除非专业的思考，排斥法律外因素的干扰。所以，法律语言的训练和正确使用对于法律思维的养成是至关重要的。在法律思维中，法律语言中所包含的专业性问题也无所不在，而且法律思维过程中遇到的许多问题本身就是语言问题。[1] 法律逻辑学不仅与法律思维有直接的关系，而且与法律解释、法律语言有密切的联系。法律逻辑学是作为一门工具性学科，作为帮助人们正确进行思维和表达思想的手段而不断完善和发展起来的。现代法学在两个方面已经不可避免地必须以法律逻辑的方式来进行研究。一方面是，法律解释的方法论，人们在争论法律推理是可形式化的还是不可形式化的。如果按照可形式化的观点研究，法律解释最终可以归结为一种形式化评价工作，形式平台是一样的，但是价值初始极其不一样，这种研究明确了形式和价值的区别。法律逻辑另一方面是，诉讼事实的论证问题，人们期待知道法律上的论证是何种性质的，证明的可能性怎么样，证明的技术和手段是什么，证据方面有什么是独立于逻辑规则甚至反逻辑规则的，以及这些变异可能的原因。逻辑方法是法律工作者思维过程中最注重和依赖的工具，从某种角度来说，法律人依据其对逻辑的把握和运用的程度而区分出其实力的强弱和水平的高低。法律的适用与法律逻辑天然密不可分，也正因如此，法律人永远给人留下逻辑严谨的深刻印象。

在重视法学专业基础理论课程设置的同时，还必须强化实践教学课程的开设。法学教育的核心是实践，而法学教育又是实践最有力的助推器。实践教学是提升学生综合素质、培养学生法律思维和专业技能的必要条件，也是彰显学校培养优势，展现培养质量的重要场域。作为法律人，特别是法官，其所具备的法律专业技能应包括缜密的逻辑推理能力、娴熟的法律解释和分析能力、严谨的法律语言表达能力等。因此，法律教育的方式应着眼于培养和训练法律职业群体的法律思维。也就是说，应当将法学教育的重心放在培养和训

[1] 参见葛洪义：《法律方法与法律思维中的语言问题》，载葛洪义主编：《法律方法与法律思维》第2辑，中国政法大学出版社2003年版，第7页。

练以法律方法发现问题、分析问题和解决问题的思路、方法和技巧上。对于法律人来讲,思维方式甚至比他们的专业知识更为重要。因为他们的专业知识是有据(法律规定)可查的,而思维方式是决定他们认识和判断的基本因素,况且非经长期专门训练则无以养成。因此,我们应改变原有僵化的法学教育模式,不能仅站在法律条文的角度上看法律,也不能过多地注重法律职业资格考试的普及,不能让法科学生只专注于法律职业资格考试的复习,不能忽视荒废对法律知识分析等能力的塑造和法治精神的培养,而应当立足于透过法律条文的表象,深入考察隐藏在条文背后的法律原则、论证体系和社会目的,对每一法律规则的理解和接受,需要从其缘起的条件、发展的历程以及根植的法律原则等方面着手,通过严密的法律论证确定当前选择这一规则的社会价值。实际上,这样的法学教育方式不仅可以让学生易于认识、理解和接受,更为重要的是能让学生发挥主观能动性,自觉发现、学会适合自己探索法学理论最为重要的方法,进而形成一套独特的法律思维模式。实践课程是国家规定的有计划、结构性地以全体学生为教学对象,以促进学生认知和能力的协调统一发展为主要目标,以过程为主、结果为辅作为评价方式的课程。实践课程提高法科学生对法律运行的认知,增强法律思维能力,不断增进法律实践能力。法学实践课程强调知能合一,以培养法科学生动手能力和法律思维为目标。实践教学给予学生更为广阔的学习空间,引导学生分析每一起真实的案例,逐步熟悉法律程序的每一个环节直至具体流程。通过强调学生的动手操作,强调学生的主体地位,让学生关注身边的实际法律问题。在解决具体案件的过程中记忆法条和相关司法解释,从而学会运用法律,学以致用,学而善用,培养能动的法律思维。

根据"新国标"的原则要求,可以从实践课程、理论课程的实践环节以及校外实践三个方面加强实践教学。目前,我国高校法学专业的实践教学主要强调了以下三个环节:一是完善法科学生培养方案,改革课程结构体系,实践学分的占比远远大于15%,同时参考域外职业教育经验,改革理论教学方法,即在理论教学课程中适当增加实践教学内容,引入案例教学,并把法律职业资格考试辅导融入实践教学环节;二是在实践教学经费上增加投入,设立模拟法庭、购买实训软件系统、建立校外实践基地;三是加强实践环节管理,建立实践教学中心,实现与法律实务部门的对接机制;等等。可以说在实践教学的技术操作层面也逐步打破了法学实践教学依附于法学知识教学的体制壁垒，较好地适应了我国法学教育的特质与发展阶段，也收到了较好的实践教学效果，同时也提升了学生的就业能力。[1]

## 三、改革适应法律思维养成的教学方法和培养机制

### （一）改革教学方法

为实现对法科学生专业素养目标下的法律思维能力的培养，对法学专业教学方法的改革和创新是极其重要的环节。法律思维的培养要求学生应该主动养成自身创造性学习的能力，一方面，要增强自身对于法学知识理性运用能力；另一方面，在教师的法学教学和学生的法学学习过程中，也要更关注法律思维方式与法律案例和法律知识原理的结合。上述能力的重要性是不言而喻的，正如燕树棠先生所言："分析是科学方法，是科学精神，学习法律的人若是得不到剖辩的能力，若是不注意自己剖辩的习惯和精神，那是等于没有受过法律的训练。"[2]法律思维的培养最应该避免的就是传统的"填鸭式"教学方法，充分调动学生在学习中的主动性、积极性。法学教学方式的改革应当体现以学生为中心的要求。教学过程中的以学生为中心，实际上也就是突出学生在教学过程中的主体地位。教学过程中学生的主体地位是指学生应是教学活动的中心，教师、教材、教学手段都应为学生的"学"服务，学生应积极地参与到教学活动的每一个环节中去，成为教学活动的主角。学生是学习的承担者，是保障其主体地位的决定者，一个善于学习的学生，就是一个善于把自己置于主体地位、主动学习的学生。在法学教学实践中，不论是理论教学环节，还是实践教学环节的开展，均应当体现学生的主体地位，并以此为目的采用相应的教学方法。

第一，在课堂教学中，应该注重教学的互动性，通过课堂提问、分组讨论等方式使师生之间、学生之间具有足够的交流。使学生在运用法言法语的交流过程中，领会法律思维的真谛。传统教学理念指导下的教学是一种知识的讲授与接收活动，"教学仅仅关注学生掌握知识多少"。[3] 因此，"交流互动式"

---

〔1〕 参见刘同君：《新时代卓越法治人才培养的三个基本问题》，载《法学》2019年第10期。

〔2〕 燕树棠：《法律教育之目的》，载孙晓楼：《法律教育》，中国政法大学出版社1997年版，第154页。

〔3〕 罗三桂：《现代教学理念下的教学方法改革》，载《中国高等教育》2009年第6期。

教学需要教师和学生都充分发挥自己的主观能动性,参与到对所提问、讨论的问题的探究的认知过程中来。学生作为问题主体的优点在于提出的问题是他们在学习过程中遇到的疑难困惑,针对性强,分析和解决此类问题即是释疑解惑的过程,能激发学生的积极主动性,不仅促使学生认真掌握每一个知识点,而且有助于围绕一定思维路径,探索出解决问题的相关方法。

第二,加强案例教学方法的运用,通过学生对案例教学的参与,促进其法律思维的形成。案例分析教学法、案例课堂讨论法等的适当运用,对训练学生形成法律思维习惯,提高发现法律事实、分析解决法律问题的能力更具重要意义。首先,案例教学能激发学生法律思维培养的兴趣。案例教学法相比较传统教学模式,对于激发学生学习兴趣具有天然的优势。一方面,教师所选择的案例往往都是现实生活中的典型案例,真实可感且具有形象性。典型案例能够将抽象的法律知识和法律原理形象化具体化,对于激发学生的学习兴趣具有重要意义。而学生学习兴趣一旦激发起来,就会积极思考探索案例相关问题,学生法律思维能力就能得到潜滋暗长。另一方面,案例教学法的启发教学能有效激发学生的学习兴趣。案例教学中,教师引导学生讨论,启发诱导学生积极思维探索案例处理方法和结果,有效培养学生法律思维能力。在现代法学教育中,案例教学已经成为不可或缺的教学组织模式和方法。不同的案例教学模式反映了不同的国家和法系对职业法律人执业能力的定位。案例教学法最重要的特征就是改变以往教师单向的传授方式,而由教师和学生之间的互动关系来推动各个教学环节的展开。学生的法律思维可以通过案例教学法得到比较好的培养,这也是案例教学法的价值所在。案例教学法的目的就是要通过学生对个案的分析,运用所学的法律知识解决具体、生动、复杂的社会问题,逐步形成独特的法律思维方式,提高其分析问题和解决问题的能力。案例教学的重点不在于寻找正确的答案,而在于注重如何进行思考的过程,从而激发学生积极主动地去思考,养成勤于思考的习惯,形成善于思考的方法,这是培养提高学生分析解决问题能力的非常有效的途径。这些能力的培养对于成为一名优秀法治人才是十分必要的。其次,案例教学有助于有效训练学生的法律思维方式。法律思维方法不在于创新,而在于在人类“经验”范围内找出解决当下案件的具体方法。训练学生法律思维方式主要是培养学生学会运用法律原理、法律规范、法律逻辑、证据规则和法律程序思考和判断具有法律意义的问题。案例教学法相比较传统的讲授教学法而言，对学生养成法律思维方式具有重要意义。在案例教学中，教师引导学生分析和探索案情的过程，就是学生法律思维方式养成的过程。从目前我国法学教育的实践来看，案例教学法已经成为仅次于传统教学方式的重要的教学方法之一。特别是在所谓的诊所式法学教育中，案例教学法逐渐成为其中最核心的内容。通过对案例的分析和解读，学生可以在一定程度上了解真实的司法运作过程，可以对未来的法律职业角色有着真切的体验经历。在案例教学法中，学生需要从每个细节考虑案件的分析视角，特别是从那些以赢得诉讼为直接目标的案件中，学生更可以体会到司法实践的真实与残酷。这种接近实战的教学方式对于培养学生的法律思维、更好地适应日后的实践工作，有着相当的益处。最后，案例教学能有效训练学生法律思维能力。法学教育最主要的目标是培养学生就运用法律知识和法律原理去解决法律实践问题。法律思维实际上是培养学生分析和解决法律问题的能力，法律思维能力既包括法律逻辑推理，也包括对案例事实的探索、证据的归纳和对案件核心问题的提炼和掌握。案例教学法通过学生对个案的分析，让学生运用其所学法律知识解决具体而复杂的社会法律问题。为了更好地提高学生法律逻辑分析能力，在对案例分析的过程中，教师应选择那些具有专业性、真实性、可讨论性，以及事实、法律和逻辑结合紧密能够促使学生养成主动学习和批判思考的推理能力的案例，如法律概念遭遇立法空白、法律推理出现法与理矛盾、法律文书论证存在缺陷等案例。在法学相关课程的教学过程中，根据教学目的的需要每一个环节都可以运用案例教学法，如在课堂教学中，可以组织学生对特定案例进行讨论或者辩论，提高学生全方位、多视角的观察思考能力和准确表达法律思想能力。课堂之外还可以根据条件和需要组织模拟法庭。模拟法庭不仅可以为学生准备一个良好的审判环境，同时也是促进学生综合运用法律知识解决具体问题、进行法律思维的直观性教学方式。

### （二）强化与法律实务部门的协同育人机制

习近平总书记明确指出："全面推进依法治国必须走对路。要从中国国情和实际出发，走适合自己的法治道路，决不能照搬别国模式和做法。"[1]新时代

---

〔1〕 习近平：《加强党对全面依法治国的领导》，载《求是》2019 年第 4 期。

卓越法治人才培养,应当充分利用校地协同育人机制,立足立德树人根本任务,建立以法治实务部门为平台的第二课堂,在开展传统的实习实践活动基础上,大力发掘法治实务部门的优质资源,为学生参与法治实践提供平台和机会。法学学科不仅具有很强的理论性,同时也具有很强的实践性,是一个理论与实践并重的学科和专业,对学生理论联系实际解决法治问题的能力要求较高。法学专业教育的主要目的即在于使学生通过学习与研究养成一种特有的思维习惯来分析与解决法律相关问题。[1] 目前,对法学专业学生实践能力培养的主要途径就是法治实务部门专家授课、案件旁听以及实习实践等方式,形式相对陈旧,没有完全发挥出校地协同育人的有效作用,离卓越法治人才培养目标还有一定差距。同时,由于法治实务部门工作性质原因在人员互聘、实习实践平台搭建等协同育人机制上存在一定的难度和障碍,并且实践中也存在重设立和聘任、轻建设和运用的现象,协同性没有很好地发挥出来,成为制约学生实践能力培养的"瓶颈"和卓越法治人才培养的障碍。笔者认为,要想搭建好协同育人平台,有效发掘法治实务部门的人才和资源优势,充分发挥在学生实践能力培养方面的育人功能,对于学校而言应当加强实践能力培养课程体系和教学实践机制建设。针对目前普遍存在的实习实践机制不健全问题,学校应当加强与法治实务部门充分对接,了解其对法治人才实践育人环节的意见建议,建立科学完善的法治实务课程、实习实践运行模式、人员互聘互用机制,并将其融入人才培养方案切实落实到教育教学的各个环节。

---

[1] 参见张毫:《我国高校民法教学模式改革研究》,载《知与行》2017 年第 4 期。

# 主要参考文献


（一）论文类

1. 习近平:《加快建设社会主义法治国家》,载《求是》2015 年第 1 期。

2. 习近平:《把思想政治工作贯穿教育教学全过程》,载新华网,http//www. xinhuanet. com/politics/2016 – 12/08/c_1120082577. htm。

3. 习近平:《加强党对全面依法治国的领导》,载《求是》2019 年第 4 期。

4. 杜殿坤:《瓦·阿·苏霍姆林斯基的德育观点概述》,载《外国教育资料》1980 年第 1 期。

5. 王仲兴:《对 21 世纪早期法学本科人才规格的思考》,载《政法论坛》1994 年第 4 期。

6. 陈金钊:《论法律信仰——法治社会的精神要素》,载《法制与社会发展》1997 年第 3 期。

7. 龚怡祖:《略论大学培养模式》,载《高等教育研究》1998 年第 1 期。

8. 吴刚平:《校本课程开发的特点与条件》,载《教育研究与实验》1999 年第 3 期。

9. 陈厚丰、谢再根:《论大学创造性人才培养模式的构建与实施》,载《江苏高教》1999 年第 4 期。

10. 郑成良:《论法治理念与法律思维》,载《吉林大学学报(社会科学版)》2000 年第 4 期。

11. 周汉华:《法律教育的双重性与中国法律教育改革》,载《比较法研究》2000 年第 4 期。

12. 管培俊、吕杰、徐金明:《当前高校教师队伍建设与发展的主要趋势——新时期中国高等学校教师培训》,载《中国高等教育》2001 年第 2 期。

13. 孙笑侠:《法律家的技能与伦理》,载《法学研究》2001 年第 4 期。

14. 马国军:《构建创新人才培养模式的研究》,载《高等农业教育》2001 年第 4 期。

15. 李建勇:《美国加拿大高等法律职业教育制度简评》,载《上海市政法管理干部学院学报》2002 年第 2 期。

16. 刘红梅:《21 世纪初高教人才培养模式基本原则探析》,载《齐齐哈尔医学院学报》2002 年第 5 期。

17. 周一平、周郴保:《论新时期法学教育的改革》,载《甘肃政法学院学报》2002 年第 5 期。

18. 刘旺洪:《法律信仰与法制现代化》,载《法律信仰:中国语境及其意义》,广西师范大学出版社 2003 年版。

19. 葛洪义:《法律方法与法律思维中的语言问题》,载葛洪义主编:《法律方法与法律思维》第 2 辑,中国政法大学出版社 2003 年版。

20. 房文翠:《法学教育价值研究》,吉林大学 2003 年博士学位论文。

21. 邵建东:《德国法学教育最新改革的核心:强化素质和技能》,载《比较法研究》2004 年第 1 期。

22. 韩赤风:《当代德国法学教育及其启示》,载《比较法研究》2004 年第 1 期。

23. [美]刘朱胜:《从巴尔的摩大学法学院看美国法学教育的发展趋向》,载《山东大学法律评论》2004 年第 1 期。

24. 霍宪丹:《中国法治的造型基因——简论国家司法考试制度的建立与法律人才培养模式的重塑》,载《环球法律评论》2004 年第 4 期。

25 赵肖筠、王姝蕾:《新时期法律人才培养模式探析》,载《山西教育(教育教学版)》2005 年第 1 期。

26. 张月明:《论复合型法律人才的培养》,载《广西大学学报(哲学社会科学版)》2005 年第 4 期。

27. 李军:《法律诊所教育与法律援助》,载《山西师大学报(社会科学版)》2005 年第 4 期。

28. 李道刚:《德国法学教育述评》,载《甘肃政法学院学报》2005 年第 5 期。

29. 李祖平:《高师法学实践教学与创新型法律人才培养模式的构建》,载

《黑龙江高教研究》2005 年第 5 期。

30. 夏利民:《法学专业实习模式的改革探索》,载夏利民、李恩慈主编:《法学教育论》,中国人民公安大学出版社 2006 年版。

31. 李娜:《高等法学教育中法律信仰的培养》,载夏利民、李恩慈主编:《法学教育论》,中国人民公安大学出版社 2006 年版。

32. 马涛:《普通本科法学教育培养目标研究》,载夏利民、李恩慈主编:《法学教育论》,中国人民公安大学出版社 2006 年版。

33. 郑永流:《知行合一　经世致用——德国法学教育再述》,载《比较法研究》2007 年第 1 期。

34. 黄长喜:《新形势下加强高校教师队伍建设的对策》,载《合肥工业大学学报(社会科学版)》2007 年第 5 期。

35. 张丽英:《英国的法律职业与法学教育及其借鉴》,载《西安电子科技大学学报(社会科学版)》2007 年第 6 期。

36. 綦玮:《浅析法学教育存在的问题及解决方法》,载《辽宁教育行政学院学报》2008 年第 10 期。

37. 白云、苗正达:《论法律职业伦理教育》,载《黑龙江高教研究》2008 年第 11 期。

38. 刘根、杜辉:《地方高校应用型法律人才培养模式探讨》,载《法制与经济》2008 年第 11 期。

39. 苏世芬:《复合型法律人才培养模式研究》,载《青海社会科学》2008 年第 6 期。

40. 王启龙、徐涵:《职业教育人才培养模式的内涵及构成要素》,载《江苏技术师范学院学报(职教通讯)》2008 年第 6 期。

41. 邓佑文、彭敏:《法学专业教育中法律思维的培养》,载《中国大学教学》2008 年第 12 期。

42. 奚玮、郝亮:《论法学人才培养模式的创新——以培养创新型法律人才为视角》,载《继续教育研究》2009 年第 1 期。

43. 孙国祥、张书琴:《中国法学本科教育的矛盾性展开与破解》,载《当代法学》2009 年第 2 期。

44. 罗三桂:《现代教学理念下的教学方法改革》,载《中国高等教育》2009

年第 6 期。

45. 汪倩:《目前我国法学教育中存在的问题与对策》,载《长沙大学学报》2009 年第 3 期。

46. 时昌云:《法学教育特色人才培养模式研究》,载《教育与职业》2009 年第 20 期。

47. [美] Judith A. McMorrow:《美国法学教育和法律职业养成》,载《法学家》2009 年第 6 期。

48. 房文翠:《法学教育中的法学实践教学原则》,载《中国大学教学》2010 年第 6 期。

49. 周世中:《构建创新型法律人才培养模式的方法和途径——广西师范大学法律人才培养创新实验区建设系列论文之一》,载《高教论坛》2010 年第 8 期。

50. 王玉兰:《法学高等教育中法律思维缺失的实证研究》,载《黑龙江高教研究》2010 年第 10 期。

51. 张云玲:《和谐语境下应用型法律人才的培养模式》,载《郑州航空工业管理学院学报(社会科学版)》2010 年第 6 期。

52. 徐立:《美国法学教育及其对我国的启示》,载《法学杂志》2010 年第 12 期。

53. 包玉华、颜士鹏、侯璐:《"3321"应用型法律人才培养模式创新体系的构建》,载《东北农业大学学报(社会科学版)》2011 年第 3 期。

54. 聂鑫:《美国法学教育模式利弊检讨》,载《环球法律评论》2011 年第 3 期。

55. 王琦:《我国法律人才培养模式的反思与创新——以法学实验实践教学改革为视角》,载《海南大学学报(人文社会科学版)》2011 年第 5 期。

56. 乔宝杰:《论高校法学人才培养模式的改革与创新》,载《中国高等教育》2011 年第 Z3 期。

57. 朱美宁、方益权等:《地方性高校卓越实务型法律职业人才培养探究》,载《中国高教研究》2012 年第 1 期。

58. 王晋:《论法学教育中学生法律思维的培养》,载《内蒙古财经学院学报(综合版)》2012 年第 1 期。

59. 邹良伟:《以家庭德育教育为先导有效开展德育教育》,载《辽宁教育》2012 年第 6 期。

60. 董琳:《两大法系法学教育价值观之比较研究》,载《理论界》2012 年第 7 期。

61. 刘坤轮:《德艺并重,打造卓越法律人才国家标准体系说明》,载《中国法学教育研究》2012 年第 3 期。

62. 徐航:《法学教育职业导向性——从历史与比较的观点看》,载《比较法研究》2012 年第 4 期。

63. 周扬:《职业化训练:卓越法律人才理念的践行——访清华大学法学院副院长施天涛》,载《中国大学教学》2012 年第 9 期。

64. 何伦坤:《法学教育中的功利化倾向及其克服》,载《教育评论》2012 年第 6 期。

65. 余涛:《从法学的学科属性谈卓越法律人才培养——法律职业能力导向下的法学教育改革》,载《朝阳法律评论》2012 年第 2 期。

66. 张力:《纵论立德树人——教育的根本任务》,载《人民教育》2013 年第 1 期。

67.《深入学习贯彻党的十八大精神　把立德树人作为教育的根本任务——访党的十八大代表、教育部党组书记、部长袁贵仁》,载《思想理论教育导刊》2013 年第 1 期。

68. 周桂英、熊命辉、杨学科:《卓越法律人才教育背景下的地方高校法学教育转型之思——以湘南学院法学系实践性法学教育为例》,载《湘南学院学报》2013 年第 1 期。

69. 闫立宏、马跃进、薛建兰、张旭娟:《财经高校卓越法律人才培养机制研究》,载《高等财经教育研究》2013 年第 2 期。

70. 刘斌斌、郭秀峰:《卓越法律人才培养模式的探析与构建》,载《科学经济社会》2013 年第 2 期。

71. 李晓霖:《法学实训课程建设与实践教学改革——基于中美法学实践教学发展的视角》,载《沈阳师范大学学报(社会科学版)》2013 年第 3 期。

72. 王利明:《卓越法律人才培养的思考》,载《中国高等教育》2013 年第 12 期。

73. 骆郁廷、郭莉:《“立德树人”的实现路径及有效机制》,载《思想教育研究》2013 年第 7 期。

74. 李玉兰:《法学专业为何亮红灯? 培养的质量低 or 培养错位?》,载腾讯网,https://edu. qq. com/a/20130710/002369. htm。

75. 陈勇、陈蕾、陈旻:《立德树人:当代大学生思想政治教育的根本任务》,载《思想理论教育导刊》2013 年第 4 期。

76. 段贞锋:《论法学本科教学中学生法律思维的培养》,载《怀化学院学报》2013 年第 4 期。

77. 方晓珍:《高校“立德树人”的理论指导与实践路径》,载《思想理论教育导刊》2013 年第 6 期。

78. 朱志峰:《由“卓越法律人才教育培养计划”看中国法学教育模式变革》,载《社会科学研究》2013 年第 6 期。

79. 周毅:《论财经院校卓越法律人才培养模式的创新》,载《吉林工商学院学报》2013 年第 6 期。

80. 江利红:《论新世纪日本的法律教育改革及其问题——以美国式法科大学院制度的导入为中心》,载《浙江社会科学》2014 年第 1 期。

81. 卞桂平、焦晶:《浅议立德树人:内涵、实质及要求》,载《南昌工程学院学报》2014 年第 2 期。

82. 范水兰:《“应用法学”视野下法律人才培养模式创新路径探索》,载《科教导刊(中旬刊)》2014 年第 3 期。

83. 佟颖:《新时期高校教师队伍建设几点思考》,载《辽宁行政学院学报》2014 年第 3 期。

84. 田宏杰:《中国法学创新人才的培养》,载《光明日报》2014 年 7 月 2 日,第 16 版。

85. 林泉:《卓越航空法律人才标准的系统设计》,载《理论建设》2014 年第 5 期。

86. 龚成:《高校立德树人的价值内涵与实践策略》,载《煤炭高等教育》2014 年第 6 期。

87. 孙光宁:《从法律思维到法治思维:中国法治进程的拓展与深化》,载《学术交流》2015 年第 1 期。

88. 邢娜:《论大学法学教育中法律思维的培养》,载《云南大学学报(法学版)》2015 年第 1 期。

89. 王蔚:《法国高等教育平等权的法律保护及其对中国的启示》,载《中国法学教育研究》2015 年第 2 期。

90. 吴娟梅:《法治中国背景下法治人才培养模式探析》,载《中共乐山市委党校学报》2015 年第 4 期。

91. 孙智:《卓越法律人才培养模式的建构与创新——兼论传统法学教育之弊》,载《凯里学院学报》2015 年第 4 期。

92. 华锋:《法治社会视域下卓越法律人才培养模式改革的探索》,载《新乡学院学报》2015 年第 5 期。

93. 何勤华:《全面推进依法治国视野下的法学教育改革》,载《中国高等教育》2015 年第 6 期。

94. 朱梦羽:《美法两国法学教育模式对我国高等法学教育的启示》,载《中国大学教学》2015 年第 12 期。

95. 李晓霖:《法学实训课程建设与实践教学研究》,载张文显主编:《中国法学教育年刊》第 3 卷,法律出版社 2015 年版。

96. 刘建利:《日本的法学教育对我国的启示》,载《东南法学》2016 年第 1 期。

97. 刘涛:《中国法律信仰的传统根基与建构路径》,载《法商研究》2016 年第 1 期。

98. 张靖:《卓越法律人才培养目标和培养模式的创新研究》,载《当代教育论坛》2016 年第 3 期。

99. 邓世豹:《超越司法中心主义——面向全面实施依法治国的法治人才培养》,载《法学评论》2016 年第 4 期。

100. 颜三忠:《法律专业诊所教学模式困境与出路》,中国法学教育研究会 2016 年年会论文。

101. 徐淑慧、苏春景:《法律信仰的特点、结构与培养策略》,载《教育研究》2016 年第 6 期。

102. 韩丽颖:《立德树人:生成逻辑 · 精神实质 · 实践进路》,载《东北师大学报(哲学社会科学版)》2016 年第 6 期。

103. 安世遨:《基于案例的大学对话教学模式设计与应用策略》,载《中国高教研究》2017 年第 3 期。

104. 王鹏:《论交叉学科在法学本科人才培养体系中的作用》,载《海峡法学》2017 年第 2 期。

105. 肖建国:《实践育人的关键点》,载《中国教育报》2017 年 4 月 13 日,第 5 版。

106. 付子堂:《完善中国特色社会主义法学体系》,载《学习时报》2017 年 6 月 7 日,第 1 版。

107. 王磊:《模拟法庭课程教学中的法律职业伦理培养》,载《洛阳师范学院学报》2017 年第 7 期。

108. 张志勇:《立德树人是教育的根本任务——深入学习习近平总书记教育思想(三)》,载《中国教育报》2017 年 8 月 9 日,第 1 版。

109. 付晓玲、徐东辉:《论"立德树人"思想内涵的传承及其哲学意义》,载《黑龙江工业学院学报(综合版)》2017 年第 4 期。

110. 张毫:《我国高校民法教学模式改革研究》,载《知与行》2017 年第 4 期。

111. 孟涛:《美国法学教育模式的反思》,载《中国政法大学学报》2017 年第 4 期。

112. 于志刚:《法治人才培养中实践教学模式的中国探索:"同步实践教学"》,载《中国政法大学学报》2017 年第 5 期。

113. 黄进:《坚持立德树人、德法兼修培养高素质法治人才》,载《中国高等教育》2017 年第 10 期。

114. 靳诺:《立德树人:高等教育的根本任务和时代使命》,载《中国高等教育》2017 年第 18 期。

115. 戴锐、曹红玲:《"立德树人"的理论内涵与实践方略》,载《思想教育研究》2017 年第 6 期。

116. 付子堂:《立德树人、德法兼修,为全面依法治国培养高素质法治人才》,载《中国法学教育研究》2017 年第 3 期。

117. 张慰:《成为德国法官的教育之路——基于在德国联邦宪法法学的访学经历》,载王瀚主编:《法学教育研究》第 16 卷,法律出版社 2017 年版。

118. 杨松:《深化法学教育改革的关键性措施探讨》,载黄进主编:《中国法学教育研究》第 3 辑,中国政法大学出版社 2017 年版。

119. 高地:《立德树人:文化基因、世界经验与中国道路》,载《东北师大学报(哲学社会科学版)》2018 年第 1 期。

120. 杨兴林:《关于高校立德树人问题的思考》,载《重庆高教研究》2018 年第 1 期。

121. 王学俭、杨昌华:《立德树人:中国特色社会主义高校的立身之本》,载《新疆师范大学学报(哲学社会科学版)》2018 年第 1 期。

122. 李晓华、袁晓萍:《高校立德树人的时代内涵和实践路径》,载《高等教育研究》2018 年第 3 期。

123. 连忠锋:《强化立德树人提高人才培养能力》,载《中国大学教学》2018 年第 5 期。

124. 谢安国:《习近平立德树人思想的科学内涵和重大意义》,载《国家教育行政学院学报》2018 年第 8 期。

125. 周叶中:《新时代中国法学教育的问题与使命》,载《人民法治》2018 年第 16 期。

126. 刘颖:《日本法学本科教育的特色》,载《人民法治》2018 年第 18 期。

127. 邹联克:《加强新时代师德师风建设要把握"五个度"》,载《贵州日报》2018 年 10 月 16 日,第 18 版。

128. 徐显明、黄进、潘剑锋、韩大元、申卫星:《改革开放四十年的中国法学教育》,载《中国法律评论》2018 年第 3 期。

129. 李婧嵘:《德国法学教育改革发展的经验与借鉴》,载《法学教育研究》2018 年第 3 期。

130. 胡明:《用中国特色社会主义法治理论引领法治体系建设》,载《中国法学》2018 年第 3 期。

131. 李帅、庄严:《坚持立德树人目标培养德法兼修人才》,载人民网,http://dangjian.people.com.cn/n1/2019/0222/c117104-30897130.html。

132. 郜占川:《新时代卓越法治人才培养之道与术》,载《政法论坛》2019 年第 2 期。

133. 刘坤轮:《"学训一体"法律职业伦理教学模式的实践与创新》,载《政法论坛》2019 年第 2 期。

134. 程建平:《聚焦立德树人根本任务　努力推进思政课改革创新》,载《光明日报》2019 年 5 月 13 日,第 6 版。

135. 郑家娜:《新时代加强高校师德建设的思考》,载《淮海工学院学报(人文社会科学版)》2019 年第 5 期。

136. 石红梅:《高校师德师风的时代性及其建设路径分析》,载《黑龙江教育学院学报》2019 年第 5 期。

137. 刘坤轮:《我国法学专业核心课程的流变及最新调整》,载《中国法学教育研究》2019 年第 2 期。

138. 李学成:《新时代背景下我国法学教育的新境界》,载《河南教育学院学报(哲学社会科学版)》2019 年第 3 期。

139. 李林:《新时代坚定不移走中国特色社会主义法治道路》,载《中国法学》2019 年第 3 期。

140. 董娟、赵威:《从法律人才到法治人才:法律硕士培养目标的新转变》,载《学位与研究生教育》2019 年第 5 期。

141. 李响:《美国法学教育的人才培养机制及其借鉴》,载《学位与研究生教育》2019 年第 5 期。

142. 董娟、李俐娇:《论习近平法治人才培养观》,载《哈尔滨学院学报》2019 年第 7 期。

143. 刘同君:《新时代卓越法治人才培养的三个基本问题》,载《法学》2019 年第 10 期。

144. 常高艳:《当代大学生法律信仰现状及培育对策研究》,西安理工大学 2019 年硕士学位论文。

145. Edmund M. Morgan, *The Case Method*, Journal of Legal Education, 1951, V4.

146. K. S. Okamoto, *Learning and Learning-to-Learn by Doing: Simulating Corporate Practice in Law School*, Journal of Legal Education, 1995.

(二)著作类

1. 胡锦涛:《高举中国特色社会主义伟大旗帜　为夺取全面建设小康社会新胜利而奋斗——在中国共产党第十七次全国代表大会上的报告》,人民出版社 2007 年版。

2. 张焕庭主编:《西方资产阶级教育论著选》,人民教育出版社 1964 年版。

3. 中国社会科学院语言研究所词典编辑室编:《现代汉语词典》(第 2 版),商务印书馆 1983 年版。

4. 孙晓楼:《法律教育》,中国政法大学出版社 1997 年版。

5. 谢晖:《法律信仰的理念与基础》,山东人民出版社 1997 年版。

6. 陆有铨:《躁动的百年——20 世纪的教育历程》,山东教育出版社 1997 年版。

7. 张文显主编:《法理学》,高等教育出版社、北京大学出版社 1999 年版。

8. 张文显:《法哲学范畴研究》(修订版),中国政法大学出版社 2001 年版。

9. 陈中立:《思维方式与社会发展》,社会科学文献出版社 2001 年版。

10. 范进学:《法的观念与现代化》,山东大学出版社 2002 年版。

11. 王华:《美德论:传统美德与当代公民道德建设研究》,山东人民出版社 2002 年版。

12. 魏英敏主编:《新伦理学教程》(第 2 版),北京大学出版社 2003 年版。

13. 傅维利主编:《师德读本》,高等教育出版社 2003 年版。

14. 陈金钊、谢晖主编:《法律方法》(第 2 卷),山东人民出版社 2003 年版。

15. 何勤华主编:《外国法律史研究》,中国政法大学出版社 2004 年版。

16. 谢晖、陈金钊:《法理学》,高等教育出版社 2005 年版。

17. 李建华等:《法律伦理学》,湖南人民出版社 2006 年版。

18. 蒋太岩等主编:《中美高校学分制下的人才培养》,辽宁大学出版社 2006 年版。

19. (战国)左丘明:《左传》,中华书局 2007 年版。

20. 俞世伟、白燕:《规范 · 德性 · 德行——动态伦理道德体系的实践性研究》,商务印书馆 2009 年版。

21. 中共安徽省委宣传部、安徽省社会科学院编著:《经典天天读》(第 2 辑),黄山书社 2011 年版。

22. 范春莹:《法律思维研究》,法律出版社 2012 年版。

23. 高其才编著:《司法制度与法律职业道德》(第 2 版),清华大学出版社 2014 年版。

24. 刘坤轮:《中国法律职业伦理教育考察》,中国政法大学出版社 2014 年版。

25. [德]黑格尔:《法哲学原理》,范扬、张企泰译,商务印书馆 1961 年版。

26. [法]卢梭:《社会契约论》,何兆武译,商务印书馆 1980 年版。

27. [苏联]B. H. 契尔那葛卓娃等:《教师道德》,严缘华、盛宗范译,华东师范大学出版社 1982 年版。

28. [美]哈罗德·伯曼:《美国法律讲话》,陈若桓译,三联书店 1988 年版。

29. [日]东京第二律师协会编:《各国律师制度》,朱育璜、王舜华译,法律出版社 1989 年版。

30. [美]彼得·斯坦等:《西方社会的法律价值》,王献平译,中国人民公安大学出版社 1990 年版。

31. [德]H. 茨威格特、K. 克茨:《比较法总论》,潘汉典等译,贵州人民出版社 1992 年版。

32. [美]格伦顿等:《比较法律传统》,米健等译,中国政法大学出版社 1993 年版。

33. [美]伯纳德·施瓦茨:《美国法律史》,王军等译,中国政法大学出版社 1997 年版。

34. [日]大木雅夫:《比较法》,范愉译,法律出版社 1999 年版。

35. [美]R. M. 昂格尔:《现代社会中的法律》,吴玉章、周汉华译,译林出版社 2001 年版。

36. [美]伯尔曼:《法律与宗教》,梁治平译,中国政法大学出版社 2003 年版。

37. [德]卡尔·拉伦茨:《法学方法论》,陈爱娥译,商务印书馆 2003 年版。

38. [美]E. 博登海默:《法理学——法律哲学与法律方法》,邓正来译,中国政法大学出版社 2010 年版。

39. [美]马修·桑格、理查德·奥斯古索普:《师德教育培训手册》,刘玉琼译,中国青年出版社 2015 年版。

# 后　记

立德树人是发展社会主义教育事业的核心，它既是培养中国特色社会主义合格建设者和可靠接班人的本质要求，也是高校的立身之本。我国法学教育肩负着培养高素质法治人才的使命，习近平总书记指出："法治人才培养上不去，法治领域不能人才辈出，全面依法治国就不可能做好。"[1]全面推进依法治国为我国的法治人才培养提出了新要求，我国法学教育必须坚持中国特色社会主义法治道路，坚持以马克思主义法学思想和中国特色社会主义法治理论为指导，立德树人，德法兼修，培养高素质法治人才。

立德树人要求我国法学教育在卓越法治人才培养上，必须要创新培养理念，加强理想信念教育，深入开展社会主义核心价值观和社会主义法治理念教育。这不仅是建设社会主义法治国家的宏观战略要求，也是尊重法治人才成长规律，培养高素质法治人才的内在要求。从我国法学教育实践来看，我国法治人才培养质量和机制还存在一些需进一步完善之处。如不同地区之间法学教育资源特别是师资配置不平衡，法学院校与法治实务部门协同育人机制不够完善，法学教育与法律职业资格考试、法律职业的衔接不够紧密，职业化与法律职业伦理教育的相互结合还不够到位，很大程度上存在重智育轻德育、重教书轻育人的偏差，因此，加强和改进中国特色社会主义法治人才培养工作需要进一步创新法治人才培养机制。坚持立德树人，创新卓越法治人才培养应当重点解决好以下问题：一是如何确保法治人才培养的正确政治方向。卓越法治人才培养必须把立德树人作为根本任务，在不断提高法治人才专业水平的同时，要加强法治人才高尚的操行和纯朴的情感的培养。二是逐步建立与

〔1〕 习近平：《立德树人德法兼修抓好法治人才培养　励志勤学刻苦磨炼促进青年成长进步》，载《中国青年报》2017年5月4日，第01版。

高素质法治人才培养目标相适应,具有鲜明中国特色、完整知识结构、适度学分要求、丰富选择空间的法学课程体系。三是进一步改革法治人才的培养模式,加强复合型、职业型、创新型卓越法治人才的培养。四是优化法学实践教学。法治人才必须具备法律职业技能和法治实践能力,这就要求培养过程中必须要强化法学实践教学。法治人才培养的重点是职业能力和职业伦理,这一目标的有效达成有赖于法学理论教学与实践教学的有机结合。五是强化法律信仰和法律思维能力的培养。法治人才的培养要求法学教育不仅在于对学生规范知识的传授与操作技巧的训练,而且更在于培养其法律精神和法治信仰,掌握法律思维方法和运用法律语言。法学教育中培养法科学生的法律信仰必须立足于法治实践,通过各种教学方式的运用以及实践教学环节的开展,增强学生对法律的认知,激发其法律情感,达到对法律精神的正确领悟和对法律价值的正确评价,从而形成法律信仰。另外,无论法学教育的培养模式如何设计,法学教育的核心与关键应当是法律思维的养成。因此,只有树立以培养法律思维为目标的人才培养理念,才能为实现学生法律思维的培养奠定认识基础。

应当说,以立德树人为切入点,深入探讨我国卓越法治人才培养的创新问题有着重要的理论价值和实践意义,本书的研究如能对我国法治人才的培养有所裨益,笔者将深感欣慰。